中国制造迈向全球价值链中高端研究

路径与方略

肖兴志 等著

图书在版编目（CIP）数据

中国制造迈向全球价值链中高端研究：路径与方略／肖兴志
等著 . — 北京：商务印书馆，2021
ISBN 978－7－100－19244－6

Ⅰ.①中…　Ⅱ.①肖…　Ⅲ.①制造工业—国际竞争力—
研究—中国　Ⅳ.① F426.4

中国版本图书馆 CIP 数据核字（2020）第 252976 号

中国制造迈向全球价值链中高端研究：
路径与方略
肖兴志　等著

商 务 印 书 馆 出 版
（北京王府井大街 36 号　邮政编码 100710）
商 务 印 书 馆 发 行
北京中科印刷有限公司印刷
ISBN 978－7－100－19244－6

2021 年 1 月第 1 版　　　　　开本 880×1240　1/32
2021 年 1 月北京第 1 次印刷　印张 10¼

定价：68.00 元

前　言

党的十九大报告指出，中国经济已由高速增长阶段转向高质量发展阶段，正处在转变发展方式、优化经济结构、转换增长动力的攻关期。习近平总书记指出，要"推动制造业产业模式和企业形态根本性转变""促进中国产业迈向全球价值链中高端"，促进制造业价值链全面升级，增强中国制造业价值创造能力和国际竞争力，这对于中国抓住全球新一轮科技革命和产业变革机遇、实现经济高质量发展具有重要意义。

改革开放四十多年来，中国已经成为名副其实的制造业大国，在这个过程中我们以巨大的自然资源、环境和人力资源的消耗来追求制造业的速度、规模，但面对国际竞争对手时，我们在技术、人才、品牌、标准和机制体制上的短板暴露无遗。

从产业链看，中国许多制造企业仍然以"代工"为主，贴牌生产多，自主品牌少。即便在高技术领域，也有不少产业主要以加工贸易方式参与全球产业链分工，自身的研发设计能力有限，营销渠道和品牌建设能力都较为落后，在产业链的价值传递中被锁定在低价值领域。从价值链看，与发达国家相比，中国制造业整体产出效率存在不小差距。当前，中国制造业增加值率为21%左右，而发达国家约为35%—40%；中国人均制造业增加值只有3000多美元，居全球第54位，仅为发达国家水平的三分之一。从投入产出看，中国制造业固定资产投资占GDP比重为26%，与制造业增加值占GDP的比重（27%）相当，而美国制造业投资占GDP的比重仅为2.9%，创造的增加值占GDP的比重达到12%。因此，产业迈向中高端的进程也是不断弥补现存短板的过程。

2018年以来，中美经贸摩擦不断升级，美国等发达国家针对"中国制造2025"制定了重点产业的封锁和遏制政策，处于价值链中高端的国家牢牢把控重点行业和领域的关键核心技术，在创新设计、关键技术创新、国际标准制定等方面掌握着话语权。而即使在中低端领域，中国制造业也逐渐失去了成本和价格优势。全球制造业已进入更多维度、更深层次、更高水平的全方位竞争阶段，中国产业迈向中高端面临"双向挤压"的严峻挑战。应该讲，产业迈向全球价值链中高端的宏观战略不仅是中国企业积极融入全球价值链、参与国际分工、获得开放红利的现实选择，更是中国产业不断增强全球视野，追求技术、产品、标准乃至组织形式的创新，以创新驱动产业转型发展的迫切要求。

那么，如何促进中国产业迈向全球价值链中高端，培育若干世界级先进制造业集群？按照十九大的要求，要以供给侧结构性改革为主线，通过质量变革、效率变革、动力变革这三大变革，不断实现产业流程最优化和价值最大化。在明确这一基本方向之后，确定一个思路清晰、方略可行的基本路径，以及搭建行之有效的政策框架体系，就成为产业迈向全球价值链中高端的先决条件。

结构安排

中国产业迈向全球价值链中高端需要明确两个基本出发点：一个是明确全球价值链中高端具有哪些特征，这些特征是中国产业发展的方向，是对标先进、补齐自身短板的重要依据，也是评价产业在价值链上攀升的权威标准；另一个是明确中国产业在全球价值链体系中的地位与分布，摸清中国产业的竞争力，以及典型产业锁定在全球价值链中低端的原因。而后面的价值链中低端锁定的攀升路径和突破机制，都是在上述两个基本出发点上展开的。在选择攀升路径的过程中，我们借鉴了有关全球价值链升级内涵的权威研究及经典框架（John Humphrey & Hubert Schmitz, 2002; Stefano Ponte & Joachim Ewert, 2009; Jiri Blazek, 2015），并结合中国实际，从产品升级、技术升级、功能升级和跨产业升级四个方面探索产业价值链攀升的可行性路径。最后我们结合中国"一带一路"对外合作开放倡议、中美经贸摩擦等当前国际经贸新形势提出我们的政策建议，提供了一个产业迈向全球价值链中高端的政策方略。我们从重构全球价值链核心环节、苦练产业竞争力内功、全球布局和开放融通等角度提

出了中国制造迈向全球价值链中高端的基本思路和政策体系。既从解决当前产业难点、痛点出发思考问题，又考虑到了更为宏大的国际视野和更为长远的国内外资源获取和融通机制，为提出科学的产业发展政策和"十四五"产业规划提供决策参考。

本书共分九章，第一章主要是提纲挈领地介绍本书的研究背景、研究要解决的问题、研究体系、研究方法和研究创新之处等，从全局角度把握本书的价值。

第二章为全球价值链的中高端特征及其价值增值模式。本章从全球价值链中高端的高技术水平特征、品牌特征、生产标准话语权以及制造业服务化特征四个方面对价值链中高端特征进行了全面总结和梳理。阐述了微笑曲线、武藏曲线、数字化曲线等全球价值链中高端的几种典型价值增值模式，并通过比较美国、日本、德国的制造业升级战略，提出中国在实施"中国制造2025"战略时应当加强对工业基础技术的研究，努力提高生产效率，实现精益生产，保持自身在工业领域的竞争力。

第三章是中国制造产业在全球价值链中的分布特征。本章采用增加值贸易分解测算方法和基于行业上游度、出口上游度的测算方法对中国制造业整体和分行业的价值链地位特征进行了定量分析。研究发现，从2000年到2011年，虽然中国融入全球价值链的速度加快，但在价值链中所处的位置反而向下游偏移，表现出"价值链低端锁定"的特征。2012年之后，中国在全球价值链活动中出现脱离，但在国家加工贸易转型升级政策的引导下，先进制造业的前向参与度进一步提升，科技服务部门与生产制造部门的融合使得出口产品的研发要素数量和技术水平含量都出现显著增长，推动了中国向全球价值链的中上游位置攀升。分行业来看，中国多数传统制造业部门明显超过发达国家，但也面临着来自后发发展中国家和新兴工业国的竞争压力，先进制造业部门与发达国家相比仍存在较大差距。

第四章是价值链低端锁定效应及其突破机制。本章结合对中国制造业全球价值链地位和分布特征的测算结果，分析了中国价值链低端锁定的形成原因，指出关键核心技术缺乏、自主品牌影响力低、高端龙头企业带动力不足等原因是中国处在价值链中低端的症结所在。对此，我们提出通过产品升级、技术工艺升级、产业功能升级和跨产业升级的攀升路径，建立起"内外结合"的价值链低端锁定突破机制。

第五章到第八章分别就产品升级、技术升级、功能升级和跨产业升级四个攀升路径进行详细论述和分析。第五章为产品升级：对全球价值链中高端产品的替代策略。这部分从拓展产品功能、打造产品品牌、提升科技学习能力和培育国内高端市场四个方面分析了实现产品升级的可行模式。此外，结合国内典型企业案例，借鉴美国、日本等发达国家典型做法指出，积极提高自主创新能力、提升产品技术含量才是实现产品升级的关键。第六章为技术升级：重大关键技术瓶颈及优先发展策略。本章提出通过培养高端人才、推进海外并购、探索逆向研发外包等措施来促进产业关键性技术升级。价值链从产品升级、技术升级再到功能升级、跨产业升级的四个层次中，前两种类型的升级为价值链环节内在属性的变动，后两种类型的升级为价值链外在组合的变动。因此，技术升级和产品升级主要作用于生产环节，而只有通过功

能升级和跨产业升级才能从根本上转变企业价值创造模式，从全球价值链分工中赚取更多利润。第七章为功能升级：创新要素配置、高端嵌入与制造业服务化转型。本章分析了中国产业在全球价值链功能升级中受阻的原因及后果，提出从优化产业创新要素配置、提升产业高端嵌入能力和推动制造业服务化转型等方面实现价值链功能升级的可行路径。第八章为跨产业升级：跨产业融合实现产业升级的基本模式和一般规律。本章分析了在全球价值链中实现跨产业升级的模式和条件，总结了典型经验事实及其基本特征，结合中国产业现状提出通过新兴产业与传统产业相融合，以及通过区域产业联动实现跨产业升级的现实选择。

第九章是产业迈向全球价值链中高端的政策方略与政策建议。本章基于大量资料数据的收集和分析，对中国当前的国际贸易新形势、制造业国际分工地位、价值链所处环节进行了定位判断。在此基础上提出"打造链主、苦练内功、全球布局、开放融通"的政策方略，并详细给出了推动中国产业迈向价值链中高端的政策建议。

主要观点

本书针对中国产业迈向全球价值链中高端问题，提出了一些建设性观点。一方面从具有产业价值链中高端特质的国家中，总结出了多个角度的价值增值模式，表明中国不一定要走发达国家的老路；另一方面比较了主要制造业强国的产业升级策略，坚定了中国方向，此外通过中国产业在全球价值链的位置测算，明确了现有位置和不足，从经典理论和中国发展的独特性出发，探索出了突破低端锁定的一般路径和中国方略。本书所提观点鲜明、实事求是、严谨有力，具有代表性的观点如下：

第一，只要抓住技术革命的机遇，随着数字化网络技术的发展，中国制造业可能迎来了告别微笑曲线低端的机会，借力于智能制造、工业互联网、大数据、云计算等一系列新型网络信息技术，中国制造业可以翻转微笑曲线，获得生产制造和加工组装环节的高利润率。

第二，中国资源密集型和劳动密集型行业的国际竞争力不断下降，但资本技术密集型制造业的国际竞争力显著提升。中国制造业部门的国际竞争力在全球价值链中的主要表现已经具备了"制造强国"的基本特征。对于制造业部门，从技术标准分类来看，中国在传统制造业部门的多数行业的国际竞争力明显超过发达国家，但普遍面临着后发发展中国家和新兴工业国的竞争压力；中国在先进制造业部门的竞争力水平与发达国家仍然存在较大差距，但与新兴工业国相比，竞争优势明显。

第三，中国促进加工贸易转型升级、提升在全球价值链中地位的战略政策初现成效，国家政策推动效应明显。但在制造业升级过程中，传统制造业部门的竞争优势逐渐退化，面临的国际竞争压力也越来越大。这就使得我们更应高度重视传统制造业部门中企业所处的困境和遇到的难题，采取有效措施以保障产业结构调整和制造业部门升级的平稳过渡。

第四，中国全球价值链低端锁定的原因主要包括国内因素和国外因素两方面。从国内角度看，价值链的低端锁定主要是由于国内企业本身所存在的问题导致，包括中国企业过分依赖行业相对优势、缺乏自主创新能力、制度质量和契约环境差、企业家心智模式滞后四个方面；从国外角度看，主要是由于跨国公司对中国企业技术创新进行了严密封锁。就具体产业而言，高端装备制造业面临着比较优势、技术和品牌的多重锁定，电子信息产业主要是缺乏关键核心技术的突破，汽车产业自主品牌的影响力不足，纺织服装等传统优势产业始终没有全球知名的高端龙头企业。

第五，打造本土链主。在国家价值链条件下，价值链系统整体层面竞争能力的培育与获得必须依附于国家价值链中的终端集成或技术关键环节的主导企业。将在专利、标准、技术研发、品牌或营销渠道等方面具有控制能力的主导企业作为国家价值链分工体系的中心，各种供应商、小企业多层分包协作，形成具有柔性能力的生产体系。

第六，推动经济高质量发展，就要集聚整合有利于高质量发展的要素资源，使各产业各领域的发展质量不断提升，使经济发展中的高质量部分比重不断提升。而这些高质量部分恰恰又是发展中的短板：比如在芯片、传感器、控制系统、发动机等核心元器件和部件生产领域存在的技术短板，以及在制度供给、管理和国际贸易环境等方面存在的制度环境短板。

第七，充分发挥"一带一路"的国际合作平台作用，推进互惠共赢产业合作新机制；利用好中非合作论坛、中国－中东欧国家合作和上合组织等重要的产业合作机遇，重塑中国产业在全球价值链中的地位。同时，要积极参与全球治理和国际经济新秩序规则的制定，包括 WTO 的改革，以及大国之间的贸易协定的

制定，要坚守国家发展定力，保障现代经济体系的建设和日臻
完善。

本书贡献

全球价值链是全球经济循环中最为关键的链条之一。在中国
的劳动力、资源、环境逐渐丧失比较优势，产业全球价值链的高
端国家企图扼制中国高端制造业和高科技创新的快速发展的不利
境况下，如何重塑中国产业在全球价值链中的地位，解决产业发
展过程中的突出矛盾和痛点，利用好全球性生产网络，坚持扩大
对外开放，加快产业升级步伐，研发掌握核心技术，实现产业向
全球价值链高端迈进就显得尤为重要。本书正是系统性回答上述
产业发展问题，为主动迎接挑战、变不利为有利提供思路的一部
著作。

本书通过研究全球价值链中高端特质以及价值增值模式，定
量测算了中国制造业在全球价值链中的地位与分布特征，揭示了
导致中国产业价值链锁定在低端的原因，提出了突破价值链低端
的攀升路径与机制设计。在此基础上，分别对产品升级、技术升
级、功能升级和跨产业升级等四个细分升级路径进行详细论述，
厘清了从易到难、层层递进的产业价值链升级模式和升级策略，
进而从"打造链主、苦练内功、全球布局、开放融通"四个方面
提炼出实现中国产业迈向价值链中高端的政策方略与建议。无论
是研究对象的重要意义、理论运用的科学性，还是提出思路对策
的实用价值，都令人期待。

首先，本书从"技术、产品、功能与跨产业升级的多重耦

合"这一新颖角度研究中国企业全球价值链地位、问题,破解企业全球价值链升级中的"技术性"发展障碍。企业全球价值链提升需要从多个维度去判断,而且从分类可知其所遵循的"原理—技术—产品—功能"的演进路径其实是密不可分的多重耦合过程,任何一个环节的缺失和脱节都将造成价值链提升障碍。本书从"技术源探析、技术组织驱动、产品升级方向、功能升级定位、跨产业协同与融合"等角度综合剖析全球价值链提升的来源,突破先前从单一维度破解价值链提升问题的局限。

其次,以中国产业向全球价值链中高端迁移机制为着力点,解决产业低层次建设的重大难题。本书以中国产业向全球价值链中高端迁移机制为着力点,通过对中国产业向中高端转型升级现状与问题的剖析,一方面系统研究技术、资本、高端人才等产业发展要素在全球范围市场的整合问题,探讨制约要素市场国际化融合的体制机制障碍,提出促进中国产业发展要素融入国际要素市场配置的路径,另一方面重点考察中国产业融入全球价值链的问题,研究新兴经济体的产业链国际分工现状及形成规律,提出中国产业融入全球价值链中高端的现实路径,有效解决中国新兴产业低层次重复的问题。

最后,从"要素国际整合 + 产业链国际融合"的国际化发展视角,研究企业全球价值链提升政策。本书采取"要素国际整合 + 产业链国际融合"的国际化发展的视角,一方面系统研究技术、资本、高端人才等发展要素的国际整合问题,另一方面重点考察企业全球价值链提升过程中如何有效融入典型国家的成功经验,尤其是成功的政策扶持经验,研究价值链国际分工的形成规律。关于"如何将经验做法转化为实践应用"，本书在总结相关主要国家高科技占领全球价值链中高端的成功经验的基础上，结合中国实际，有选择地探索国外"政策移植"的试点和推广应用，最终形成促进中国企业全球价值链提升的路径。

本书是国家社科基金重大项目"供给侧结构性改革下东北地区创新要素结构分析与优化对策研究"（18ZDA042）的阶段性成果。肖兴志、李宇、李宏舟、何文韬、蓝天、姜文学等参与了本书的撰写。同时，在课题研究和本书的撰写工作中，一些专家和学者给出了有价值的意见和建议，在此表示诚挚的感谢。书中的不足之处，恳请学术同人批评指正。

目 录

导论

第一章

研究背景

  全球价值链是全球经济循环中最为关键的链条之一。随着全球性生产网络的建立、新一轮产业革命与新一代信息技术的推动，全球价值链实现了快速发展，深刻改变了世界经济格局，也改变了国家间的贸易、投资和生产联系。在全球价值链发生结构性变化的同时，中国经济也步入新常态发展阶段，劳动力、资源环境不再具有比较优势，这就要求原先处于全球价值链低端环节的产业向价值链中高端攀升，由追求数量增长转向追求附加值的增长。为此，党的十九大报告明确提出要"促进我国产业迈向全球价值链中高端，培育若干世界级先进制造业集群"。中国企业不能像过去那样只是简单嵌入全球价值链，而应当争取在一些产业领域谋求全球价值链中的主导地位和竞争优势，努力摆脱价值链低端锁定所带来的种种不利影响。

  当前中国已充分融入了全球产业链，有效地承接了国际产能转移，并通过学习借鉴先进技术和经验，逐渐形成了门类齐全、加工水平较高的工业体系，成为全球第二大经济体、发展中国家中最大的外资流入国和对外投资国。以高铁技术为核心的轨道交通装备、以核电技术为代表的清洁高效能源装备、以长征系列运载火箭为典型的航空航天装备都已经成为中国装备制造业参与国际合作、制定区域发展战略的热点和亮点。以阿里巴巴为代表的中国电商依托"互联网＋"平台逐渐成为该领域全球价值链的新主导者。中国企业从被动参与到主动布局，正在深刻影响着全球价值链的发展。然而，也应当看到，虽然 2017 年中国制造业产值能够占到全世界的 33% 左右，约为 4.5 万亿美元，是美国制造业产值的两倍，但是中国制造业总体水平仍处在全球价值链的中低端，企业的国际竞争力总体上还不够强，特别是在品牌、质量和标准上差距较大。此外，以美国为代表的发达国家处于全球价值链的有利位置，为了满足其国内资本扩张的需要，它们不愿现有全球价值链体系发生改变，也不允许其他国家打破这种"平衡状态"。为此，近期美国针对"中国制造 2025"变本加厉开出征税清单，挑起中美经贸争端，企图遏制中国高端制造业和高科技创新的快速发展，固化全球产业链布局，保证其对全球资源的持续占有和消费。在全球化背景下，美国发动的贸易战必将增加中间产品零部件出口商的成本，引发全球产业链的连锁反应，对世界经济发展造成重大冲击。对此中国在应对有关纷争之时，坚持扩大对外开放、加快产业升级步伐、研发掌握核心技术、实现全球价值链高端化就显得尤为重要。

相关研究回顾

产业在全球价值链中的地位判定研究

全球价值链包括从产品开始到最终到达消费者在国际市场上所需完成的一系列任务（包括研发、产品设计、制造零部件、装配和配送等）（Gereffi and Karina, 2011）。目前，测算特定行业

在全球价值链中所处位置的指标可以分为以下四类：（1）采用全球价值链位置（GVC-Position）指数，通过比较特定行业作为中间品提供者和需求者的相对重要性来衡量它在全球价值链中的位置（周升起等，2014；王岚，2014；李跟强和潘文卿，2016）；（2）使用上游度（Upstreamness）指数，通过测度特定行业中间品在成为最终需求品前所经历的生产阶段的个数来反映特定行业在全球价值链中所处的位置（王金亮，2014；刘洪铎和曹瑜强，2016）；（3）以出口技术复杂度（ESI）指数来衡量各行业在全球价值链中的地位，考察融入全球价值链对特定行业国际分工地位的影响（姚洋和张晔，2008；邱斌等，2012；刘维林等，2014）；（4）从附加值贸易视角对中国整体及特定行业的外贸依存度进行测量，进而分析中国在全球价值链中的国际分工地位（李昕，2012；张海燕，2013）。现有文献的测度指标为准确界定产业在全球价值链中的位置提供了有效方法，有助于增加发展中国家特定行业与发达国家中高端行业的可比性，同时为实证研究提供了理论基础。

在具体研究中，刘琳（2015）从附加值贸易视角对中国整体及三类技术制造业行业参与全球价值链的程度及其在国际分工中的地位进行了测度和分析，研究表明中国参与全球价值链的程度逐年增强，加入WTO更是加速了这一进程，同时中国的全球价值链位置指数均为负，说明中国整体处于全球价值链的下游地位，在国际分工中的地位较低。李跟强和潘文卿（2016）从增加值流转视角，从垂直专业化生产、增加值供给偏好和区域再流出三个维度考察中国各区域对全球价值链的嵌入模式，首次将国内价值链和国外价值链整合到一个统一的逻辑框架下进行分析。
Jyrki 和 Rouvinen（2015）观察了具有实际内部企业数据的单个
产品的具体全球价值链的运行情况。这些宏观和微观的方法是互
补的，并得出了类似的结论。对于中国来说，全球价值链已经成
为"中国制造"产品进入国际市场，特别是高收入国家市场的
媒介。

特定产业处于全球价值链中低端的症结分析

现有文献从不同角度对中国特定产业处于全球价值链低端地
位的成因进行了分析研判，可以分外因和内因两类进行梳理。

从外因来看，贸易壁垒、跨国公司、外商直接投资等因素的
分析较多。王孝松等（2017）使用对中国总贸易流量的完整分析
方法，从贸易壁垒与全球价值链嵌入视角，定量识别贸易伙伴反
倾销对中国各行业参与全球价值链及其地位提升所产生的负面效
应；葛顺奇和罗伟（2015）从跨国公司进入和全球价值链视角
进行分析，结果表明跨国公司进入不仅影响生产效率和产出构成
等传统变量，还对制造业的工序构成产生直接和间接影响，总体
上提升了制造业中资本和人力资本密集度工序的份额；马野青等
（2017）通过实证研究表明，外商直接投资流入并不能有效改善
中国制造业在全球价值链中的地位，而生产性服务业的发展和国
内生产配套能力的提高均能显著提升中国制造业在全球价值链中
的地位。

同时，也有文献从国内企业的增值能力、嵌入位置、技术
创新、企业加成率、劳动力等视角进行内因剖析。王岚和李宏

艳（2015）在刻画1995—2011年中国制造业参与价值链分工整体格局的基础上，重点剖析嵌入位置和增值能力对不同技术水平制造业融入价值链路径的影响，据此识别制约中国制造业国际分工地位攀升的主要因素。肖兴志和王海（2015）研究认为，国有企业在创新持续发展中没有表现出明显的贡献，应当加快国企改革，完善股权融资市场，提高企业创新活力。张杰和郑文平（2017）基于中国本土企业参与全球价值链过程中"出口引致进口"的特征事实，实证检验中间产品和产品出口对中国本土企业创新活动的影响，发现进口促进了一般贸易企业的创新活动，但抑制了加工贸易企业的创新活动；这一结论一定程度上验证了中国本土企业所遭受的全球价值链俘获效应的假说，提供了必要的政策依据。

产业突破价值链低端锁定的攀升路径与机制设计相关研究

现有文献对产业如何突破在全球价值链中地位的低端锁定和重构迈向中高端机制进行了有益探索和理论贡献。

从产品、功能视角，分析如何从国际分工和加工贸易中寻找适合中国产业攀升全球价值链的可能路径。唐海燕和张会清（2009）基于40个发展中国家的样本，从产品内国际分工视角对发展中国家价值链提升的影响进行了实证研究，认为中国在参与产品内国际分工的过程中，价值链位置得到较大幅度的提升，交通服务质量的改进和偏向于高层次分工的政策引导起到关键作用，在人力资本和制度环境上还有进一步改善的潜力；同时，一些学者通过加入动态化或模块化特征（李海舰和原磊，2005；李平和狄辉，2006；等等），基于微笑曲线概念从功能架构视角对攀升路径进行理论丰富；刘维林（2012）则基于案例分析，认为单纯基于功能视角的价值链延伸难以突破低端锁定，强调了产品架构和功能架构的双重嵌入在价值链模块的动态调整过程中对制造企业全球价值链升级的重要意义；马述忠等（2017）将来料加工和进料加工贸易方式引入理论模型，并基于中国工业企业数据和海关数据，实证研究了中国加工贸易企业的融资约束与其在全球价值链中地位提升的关系，对促进中国企业在全球价值链中的地位提升和产业转型升级提供了借鉴意义。

在对中国产业的研究中，肖兴志和王伊攀（2014）以中国战略性新兴产业为研究对象，发现市场和政府双重失效是造成企业热衷社会资本投资而不是研发创新投资的根源，这阻碍了中国新兴产业通过创新向价值链高端迈进的步伐。因此要切实转变补贴重点，逐步探索补贴退出机制。吕越等（2015）研究发现，高效率企业更倾向嵌入全球价值链，而融资约束会形成阻碍，同时发现效率与全球价位链嵌入呈现"U"形关系，为"走出去"战略的合理必要性和突破价值链低端锁定困局提供了有益理论探索；刘斌等（2016）系统考察了制造业服务化对企业价值链升级的影响，结果表明制造业服务化不仅提高了中国企业价值链的参与程度，而且提升了中国企业在价值链体系中的分工地位，同时通过垂直效应和水平效应提升了企业出口产品品质；苏杭等（2017）分别从产业层面和企业层面考察要素投入在制造业产业升级中的作用，同时发现融入全球价值链分工有利于"干中学"效应的发挥，进而推动中国制造业在参与国际分工的同时进行产业升级。

本书关注的问题

其一，现有文献倾向于从静态角度做单一因素分析，而没有将制约价值链提升的各类因素放在一个动态演化的框架下，缺乏从内外全局视角进行深入剖析。本书将着力研究中国高端技术在全球价值链中的嵌入位置与存在的问题，探讨内部、外部技术源培育开拓的策略与途径，研究技术交易市场的长期建设与运作模式，并基于技术成果转化脱节的严峻现实与技术组织的缺陷，逐次分析技术组织优化的路径与措施。其中，在技术源培育中，如何协调利用现有科技资源，如何促进基础共用技术的供给与扩散，以及在技术组织优化中，如何进行技术组织优化的宏观布局、平台引导和基础构建的设计，均是本书的重点。

其二，现有文献多采取以结果为导向的研究思路，将利润更大、控制力更强的分工环节作为全球价值链升级的目标。研究所得结果仅消除了"统计幻象"，却与现实状况存在较大差距。本书将全球价值链升级问题进行细化，尝试回答以下问题：全球价值链中功能升级的主要表现形式有哪些？全球价值链中功能升级如何衡量？其影响因素有哪些？中国企业如何充分利用"互联网＋"新业态的优势，实现产品、技术以及功能的系统全面升级？如何进一步识别出影响功能升级的关键因素？中国企业如何实现全球价值链中的功能升级？

其三，现有文献所提出的全球价值链升级思路缺乏明确的参照，未能以全球视野分析中国产业价值链升级的实践方向、具体举措和可行路径。对此，本书将重点解析、评价发达国家的研发创新政策、财政政策、税收政策、金融政策以及产业政策，以加深对价值链提升政策的理解。对这些政策进行移植有效性分析则可以更直接地作用于中国促进价值链提升的有关政策体系的构建。然而，对发达国家有关政策进行评价依然缺乏适当的评价标准、评价体系，亟须进行深入研究。产业政策评价需要综合政治制度、经济基础、经济体制、文化背景、意识形态等条件，通过网络分析视角分析政策移植架构，最终形成政策移植的对策及最优路径，而这些均是本书研究的重点和难点所在。

研究意义与价值

全球价值链的发展关乎中国经济的稳定发展和制造企业的生存成长，分析对比中国制造产业在全球价值链中的治理和升级问题，深入研究价值链升级的支持性条件和最优路径，最终实现价值链升级并获取高额附加值，具有重大现实意义。因此，本书将系统研究中国产业在全球价值链中治理和升级的相关理论和政策，力求解决阻碍中国产业发展升级的瓶颈问题，最终提出完善推动中国产业迈向全球价值链中高端的政策体系的建议，为政府科学决策提供理论支撑与政策思路。

有助于准确把握中国制造业在全球价值链中的地位

本书通过研究全球价值链的中高端特质以及价值增值模式，寻找适合中国产业升级的路径，并基于全球价值链的产业升级模

式分析，寻找适合中国产业的在全球价值链中的分布范围与提升方向。通过研究产业在全球价值链中的发展状况，以全球价值链中的产品、技术和功能三大核心为切入点探讨中国产业在全球价值链中出现的新旧问题，破解制约产业迈向全球价值链中高端的体制性障碍，完善产业在全球价值链中升级的政策体系，无疑具有重大的理论意义和实践价值。

加强产品升级是推动价值链升级的前提条件

产品升级是产业升级的一个重要方面，产业升级是进一步提升中国经济发展水平的必经之路，提升中国（制造业）产品在全球价值链中的地位是实现中国产业价值链迈向高端的重要一环。本书从产品技术复杂度和产品质量两个维度来分析影响中国产品升级的关键因素，进而确定出推动中国产品实现价值链升级的可行途径。要想实现在全球价值链中的产品升级，就应当加强中国出口产品升级路径研究和产品与服务相融合的创新价值链研究。产品实现升级不但为企业创造了更多利润，也对促进经济社会发展、提升经济增长质量具有重要意义，因此政府有必要采取切实措施，扶持企业的产品升级行为，推动中国产品价值链升级的政府策略研究，培育基于价值链视角的中国产业软实力，重点研究如何提升中国企业的品牌意识，并通过市场培育中国品牌，从而推动中国产品向着价值链的中高端移动，打破由发达国家主导的国际分工。

持续高效的技术升级是推动中国产业全球价值链升级的必要条件

技术升级是产业迈向全球价值链高端的必要条件。因此，中国包含国际尖端技术的产品和拥有国际尖端技术的产业如何更多更广地分布在全球，如何通过创新驱动提升中国出口产品技术复杂度，如何通过商业模式创新将中国技术向海外输出，都是值得研究的课题。基于此，在实地调研、企业家座谈、国内外经验借鉴的基础上，本书将研究重点放在提升"中国对外出口技术复杂度"上，全方位立体化地把握和解读中国高技术在国际市场上的发展态势，力图为新时代中国技术升级与迈向全球价值链中高端提供坚实的国情与国际视野。基于中国高科技企业嵌入全球价值链中高端的国情基础与新时代的发展目标，本书将在系统整理和分析主要发达国家经验的基础上，结合中国经济社会发展的特定阶段和资源禀赋特征，有选择地汲取好的发展模式和经验做法，为推动中国产业迈向全球价值链中高端提供政策移植的经验参考。

加强培育新功能、促使功能升级是中国产业价值链升级的重要保障

功能升级侧重于开发产品的新功能及升级旧功能，创造消费者新需求，提高企业对价值链的组织和控制能力，确保拥有工艺流程升级和产品升级所创造出来的价值增值。但是，由于目前企业功能升级缓慢，影响了企业的链的升级和新价值链的高附加值的获取，中国产业处在全球价值链中的不利地位。功能升级是中国企业攀升全球价值链的关键一环，要更多地转变为依靠技术和创新的现代经济增长方式，才能在国际分工中获得分工利益和交换利益，从而有利于国家的产业平衡和产业安全。基于此，本书致力于研究全球价值链中功能升级的维度及其影响因素，寻找中

国企业在全球价值链中功能升级的实现途径，提出加强培育新功能、促使功能升级是中国产业价值链升级的重要保障。

政策完善是促使产业迈向全球价值链中高端的关键所在

中国产业迈向全球价值链高端层次中存在的产品、技术、功能及全球价值链的治理和升级等问题，决定了其发展不能脱离国家宏观政策的引领和支持，要对促进中国产业迈向全球价值链高端的扶持政策进行评价、反思与优化，尤其需要加强产业价值链的政策制定和衔接。本书将在对国内外扶持产业价值链提升的政策发展进行实践调研、动态监测和综合评价的基础上梳理、总结和反思，并结合新时代中国特色社会主义的要求给出优化设计的思路与框架性建议，重点研究中国产业价值链升级各种政策手段的协调配合，以及优化区域布局、避免重复建设等问题，对于选择好政策着力点、配置好政策资源、运用好政策手段，具有重要的现实价值。

研究逻辑与结构

本书试图在对全球价值链相关概念进行界定以及明确中国现有产业定位的基础上，寻求破除技术创新不足、低端产能过剩、高端产业供给不足等阻碍中国产业向全球价值链中高端迈进的障碍的办法，提出相应的政策完善建议。每章既相互依赖、交织，又分别侧重不同领域、环节，从不同的角度、运用多种理论和方法进行研究。

按照总体框架，本书拟分成九个主要部分进行研究：

第一，概述全书的研究背景，对已有相关研究进行回顾，阐述本书的研究意义与研究价值，并厘清本书的研究逻辑和内容结构。

第二，全球价值链的中高端特征及其价值增值模式。从全球价值链中高端的高技术水平特征、品牌特征、生产标准话语权以及制造业服务化特征四个方面对价值链中高端特征进行了全面总结和梳理。在此基础上，通过分析从微笑曲线到武藏曲线，再到数字化曲线的价值链增值模式，指出随着数字化网络技术的发展，中国制造业可能迎来了告别微笑曲线低端的机会，借力于智能制造、工业互联网、大数据、云计算等一系列新型网络信息技术，中国制造业可以翻转微笑曲线，获得生产制造和加工组装环节的高利润率。最后，通过比较美国、日本、德国的制造业升级战略，提出中国在实施"中国制造2025"战略时应当加强对工业基础技术的研究，努力提高生产效率，实现精益生产，保持自身在工业领域的竞争力。本章的研究重点包括：（1）全球价值链中高端的高技术水平特征；（2）全球价值链中高端的产品品牌特征；（3）全球价值链中高端的生产标准话语权；（4）全球价值链中高端的制造业服务化特征；（5）全球价值链中高端的价值增值模式；（6）全球典型大国制造业比较。

第三，中国制造产业在全球价值链中的分布特征。本章采用增加值贸易分解测算方法和基于行业上游度、出口上游度的测算方法对中国制造产业整体和分行业的价值链地位特征进行了定量

分析。研究发现，从 2000 年到 2011 年，虽然中国融入全球价值链的速度加快，但在价值链中所处的位置反而向下游偏移，表现出价值链低端锁定的特征。2012 年之后，中国在全球价值链中的参与度出现脱离，但在国家加工贸易转型升级政策的引导下，先进制造业的前向参与度进一步提升，科技服务部门与生产制造部门的融合使得出口产品的研发要素和技术含量都出现显著增长，推动了中国向全球价值链的中上游位置攀升。分行业来看，中国多数传统制造业部门明显超过发达国家，但也面临着来自后发发展中国家和新兴工业化国家的竞争压力，先进制造业部门与发达国家相比仍存在较大差距。

第四，价值链低端锁定效应及其突破机制。本章结合对中国制造业全球价值链地位和分布特征的测算结果，分析了中国价值链低端锁定的形成原因，指出关键核心技术缺乏、自主品牌影响力低、高端龙头企业带动力不足等原因是中国处在价值链中低端的症结所在。对此，我们提出通过产品升级、技术工艺升级、产业功能升级和跨产业升级这四条攀升路径，建立起"内外结合"的价值链低端锁定突破机制。

第五，产品升级：提升中国产品在全球价值链中的地位。产品升级是实现中国产业价值链高端化的重要一环。本章在价值链地位评价指标体系的基础上，定量判定中国产品在全球价值链中所处的地位，并与欧美等发达国家进行比较，从而确定中国产品在全球价值链中所具有的优劣势。在此基础上，从产品技术复杂度和产品质量两个维度来分析影响中国产品升级的关键因素，进而确定出推动中国产品实现价值链升级的可行途径。同时，深入探讨在这一过程中政府可采取的品牌培育、价值链创新等策略措施，以促进"中国制造"向"中国创造"转变。本部分的研究重点包括：（1）中国产品在全球价值链中的地位判定；（2）价值链中产品升级的维度及其影响因素；（3）在全球价值链中实现中国产品升级的路径选择；（4）中国产品升级制约因素与政府支持策略。

第六，技术升级：驱动价值链嵌入全球中高端的症结研判、国际镜鉴与机制重构。本章的研究重点在于对中国主要高端技术在全球价值链中的嵌入位置进行全面摸底，掌握发展动态与存在问题的一手数据和资料，并进行分析比对和科学总结；关键在于对新时代中国高端技术升级的发展重点进行综合论证和设计，主要包括如何选择优先发展的重点高端技术，如何调整高端产品的出口强度，如何制定产业政策以助推中国高端技术升级从而更好地为嵌入全球中高端价值链服务，等等。本部分的研究重点包括：（1）全面摸底中国主要高端技术在全球价值链中的嵌入位置与存在的问题；（2）系统梳理主要发达国家占领全球价值链中高端的成功经验与发展模式；（3）研究设计新时代中国高端技术升级的发展重点与迈向全球价值链中高端的布局优化；（4）明确新时代中国高端技术升级推动产业迈向全球价值链中高端的战略思路与实现路径。

第七，功能升级：中国企业攀升全球价值链的关键要素与实现机理。党的十九大报告指出，要主动参与和推动经济全球化进程，发展更高层次的开放型经济，不断壮大中国经济实力和综合国力。中国已经成为经济总量仅次于美国的庞大经济体，中国

企业在国际上的竞争力也持续攀升，涌现出了以华为、联想、中兴、海尔等为代表的一批优秀的中国跨国企业。然而，从赢利能力、国际市场覆盖面、品牌含金量等方面分析，中国企业多数尚处于全球价值链的中低端，要推动中国从"世界工厂"走向"世界资源配置和创新中心"，必须实现中国制造企业从价值链中低端到高端的功能升级。本章重点研究内容包括：（1）全球价值链中功能升级的含义及表现形式；（2）全球价值链中功能升级的维度与影响因素；（3）中国企业在全球价值链中功能升级的实现途径；（4）从"互联网＋"视角，讨论中国企业在全球价值链中的功能升级路径。

第八，跨产业升级：跨产业融合实现产业升级的基本模式和一般规律。跨产业升级是指某个实体通过整合现有的知识和技术，开发出新产品或新服务，并将其应用于原有产业或其他新兴产业的过程。这一过程促进了新产业与原产业的协调发展，实现了经济效益，从而显著提高了企业的附加值。跨产业升级是价值链升级的一种高级模式，也是一种最新的模式。对于后发国家而言，想要实现价值链的跨产业升级是非常困难的。许多后发国家可以实现价值链的产品升级和技术升级，却很难实现功能升级和跨产业升级。本章分析了在全球价值链中实现跨产业升级的模式和条件，总结了典型经验事实及其基本特征，再结合中国产业现状，提出了将新兴产业与传统产业相融合、通过区域产业联动实现跨产业升级的现实选择。

第九，产业迈向全球价值链中高端的政策方略与政策建议。本章通过收集大量的资料数据，对中国当前的国际贸易形势、制造业国际分工地位、价值链所处环节进行了准确判断。在此基础上，提出"打造链主、苦练内功、全球布局、开放融通"的政策方略，并详细给出了推动中国产业向价值链中高端攀升的政策建议，希望对实际工作具有参考价值。

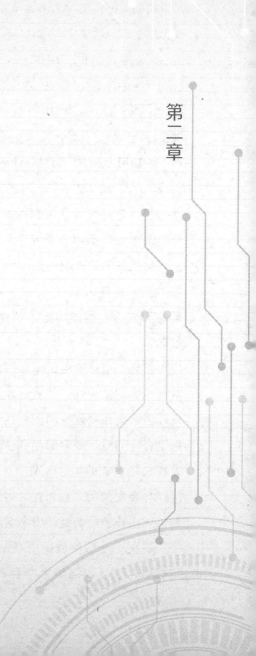

全球价值链的中高端特征
及其价值增值模式

第二章

　　全球价值链为何会分为中高端和低端？产业链上不同环节创造价值的差异性和价值增值模式的不同是如何产生的？这是研究产业迈向全球价值链中高端这一问题的前提。从经济活动在产业链上的表现来看，产业链实际上是不同生产要素在产品价值增值的不同环节聚集的过程。越是基本的生产要素越具有一般性，并越容易被替代，如土地、劳动工具、劳动力等，其价值增值模式简单，追求规模经济效应，在经济活动中的创造性有限。而一些独特的生产要素，如知识、技术、信息等往往具有专用性，比较难以获得，且在经济活动中难以被替代，这些高级要素推动了经济活动中的创造性，并且进一步降低了获得和组织基本生产要素的成本。因此，产业链中的价值创造差异性主要是由生产要素的高级性决定的，全球价值链的中高端也是以高级生产要素为自身的优势要素。而相对于基本要素而言，这些高级要素又因其在配置过程中的流动性和嵌入性而体现出了产业价值链中高端的特征和价值增值模式。

　　首先，全球价值链中高端的高级要素不仅具有稀缺性，而且具有较强的流动性。经济全球化背景下，要素流动的方向是由流动性强的高级要素流向流动性弱的基础要素，并集聚地实现要素的组合。同时，要素的趋利性使生产要素更多地集聚到能体现和发挥比较优势的生产环节中（李丹，2016）。但要素的流动并未改变各要素的所有权属性，因此高端要素因其稀缺性所带来的收益仍然主要被价值链的中高端所占据。

　　其次，全球价值链中高端的要素配置特征还表现为要素的"高端嵌入"，即高级生产要素嵌入于低级生产要素中，从而对国际间分工的收益百分比造成影响（陈东和刘细发，2014）。例如，知识、技术、信息、经验、管理等高级要素嵌入并渗透到基础要素后，一般加工型劳动力和一般成本物品都有机会成为较高级、较复杂的人力资本和技术先进的机械设备。特别是将上述高级要素与一般性劳动结合后，生成了复杂、娴熟的劳动，这样的高素质劳动者因为具有高级的知识、技术和经验等要素，在一段时间内就会在市场上获得某种程度的垄断收益的权力、高于一般水平的经济利润和对于价格的话语权。全球价值链中高端凭借着对于高级生产要素的掌握和配置使自身在国际分工中所获取的收益大幅增加，即要素的高端嵌入帮助全球价值链的中高端获取到基础收益之外的超额利润。

全球价值链中高端的高技术水平特征

全球价值链中高端拥有高级要素禀赋的同时也表现出了高技术水平的特征。这主要体现在全球价值链中高端对核心技术的掌控、对研发环节的重视以及对知识产权的保护三个方面。

掌握核心技术

全球价值链中高端不仅占据着高附加值的产业环节，还掌握着全球 90% 以上的核心技术。以中美两国在通信信息方面所掌握的技术差异为例。通信信息技术的核心是芯片制造技术，美国处在全球价值链高端地位，在芯片制造的过程中，从主要的集成

处理器芯片、网络路由器芯片、GPS 芯片，到移动终端芯片、摄影设备芯片，美国几乎具备了所有的核心芯片制造技术。而中国虽为手机制造大国，承接了全球 70% 以上的手机制造，却因处于全球价值链中低端，缺少核心技术和专业人才，只有不到 3% 的手机用的是中国芯片。除信息、化工、医疗等传统高端技术性制造产业外，全球价值链中高端还掌握着"新技术领域"的重要核心技术。目前，"机器人革命"（Robot Revolution）有希望演变成进入"第三次工业革命"的关键点和促进经济增长的重要节点，这有可能会撼动全世界制造业的分工局面。国际机器人联合会（International Federation of Robotics）的预测研究显示："机器人革命"可能带来几万亿美元的收益。当前，以德、日、美为代表的处于全球价值链中高端的发达国家已具备了机器人生产的主要技术，在制造生产方面具有很大优势。而全球价值链中低端只能被迫采取模仿跟随的发展模式。不仅如此，全球价值链中高端往往会禁止向别国出口核心技术以保持自身的技术垄断优势，进而获得更多的商业利润。

重视科技研发

全球价值链中高端的高技术水平特征不仅表现为其对于核心技术的掌握，还表现在研发环节所具备的强劲实力。不同于价值链低端的跟随创新，价值链中高端的模式以原始创新为主，重视原理性主导技术、技术发明、科学发现等创新成果，科技研发的积极性较高，研发投入比重大，投入资金额增长快，在专利的数量和质量上具备强大优势，借助研发环节的优势保持自身创新活力、巩固自身高技术水平。

注重知识产权保护

　　保护知识产权有利于调动人们从事科技研究的积极性，保护权利人在科技、文化领域的智力成果，更是掌握高端核心技术，不断实现产业发展、科技创新的保证。全球价值链中高端的高水平技术离不开其严格的知识产权保护。以位于全球价值链高端地位的美、日两国为例。美国早在 1979 年就将知识产权作为国家发展战略提出，并不断健全知识产权法，构筑了以《专利法》《反不当竞争法》《商标法》为核心的知识产权保护体系，而且在实践中继续修补完善。通过专利权立法保护了发明人的利益，促进了科研、教育、生产的结合以及高新技术的溢出和转移，从而提升了从本身科技能力到经济实力的转化效率。日本也提出将"知识产权"战略作为治国立国之本，16 年前就制定了《日本知识产权战略大纲》，而且还确立了知识产权的永久循环机制，保证了该体系的完善、系统、全面、完整。同时，还注重商业秘密保护，构建专利流通市场。由此可见，全球价值链中高端着眼于全球，顺应国际保护知识产权的浪潮，通过对知识产权的保护提升创新能力和技术水平。

全球价值链中高端的产品品牌特征

　　当今时代，全球经济一体化，品牌消费日益成为国际市场的

消费主流，商业竞争中品牌竞争的作用逐渐凸显（覃毅，2018），全球价值链中高端的产品品牌特征主要表现在以下几个方面：

以技术打造品牌

技术与创新是品牌价值的核心。全球价值链中高端依靠具备自主知识产权的关键核心技术，借助产品设计和研发团队，积极打造自主品牌，以技术创新打造品牌溢价，拓展品牌的海外市场，提高品牌的国际竞争力。以苹果公司为例，从一体化 Mac 台式机、多媒体播放器、平板电脑到智能手机，苹果的电子产品在 PC、音乐播放器和智能手机等方面创造了销量神话，其高端时尚电子品牌的形象深入人心，苹果公司品牌塑造的成功正是得益于其独具匠心的产品创新。苹果产品表明苹果公司处于全球价值链的战略制高点上，体现了其在品牌管理系统中的产品管理能力和品牌价值管理能力。

以质量支持品牌

产品质量是品牌价值的保障。全球价值链中高端往往有着严格的产品质量标准以及较强的标准执行能力，并且注重在产品研发创新、工艺改良、技术升级等多重环节的人、财、物投入，以保障和提升产品质量；通过高质量的产品、高效率的服务提升品牌价值，使自身品牌畅销全球。以德国企业为例，它们将质量作为企业文化的支柱，借由法律法规、产品标准和监管体系的建立，促成了一套相对完善的质量监管程序以及严格的产品检验程序；通过检测、认证等中介服务配套体系的建立保证了品牌的高质量。而且，德国品牌对产品精益求精的追求的质量文化更使其迅速享誉世界。由此可见，质量为全球价值链中高端品牌的发展提供了强大支持。

以营销拓展品牌

销售活动作用于消费者心理层面。具有品牌的产品在消费者心中形成了差异化的感知，消费者对品牌产品的心智认知就会对品牌价值和品牌在国际市场上的竞争力造成影响，而营销渠道是实现品牌销售的决定因素。全球价值链中高端不仅具有高水平技术，还控制着营销渠道这一重要环节，借助全球性营销网络，促进品牌的开拓和推广。

全球价值链中高端的生产标准话语权

生产标准是实现生产力价值的关键，关系到经济可持续发展和国际市场竞争。标准已逐渐成为世界的"通用语言"，在生产标准的对话中，话语权就显得尤为关键，即所谓"得标准者得天下"。全球价值链中高端通过自身技术优势和价值链地位优势掌握着生产标准话语权，由产业金字塔顶端控制整个产业价值链的各关键连接环节，进而获得超额利润。其对标准制定权的"锁定"可以表现为以下几个方面：

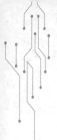
技术标准专利化

技术标准概念产生初期，主要适用于商品流通和交换的情形，以及评估商品的质量是否可以达到标准。但随着经贸竞争日益加剧，科学技术飞速发展，技术标准和专利开始密切结合。特别是，全球价值链中高端依赖自身技术优势，将专利纳入标准范畴，此技术标准在广泛使用中，逐渐演变为事实标准，使得使用标准的企业必须缴纳其中包含的专利许可费用。例如，日立等六家企业缔结为 6C 专利集团，对联盟以外企业攫取十分高昂的专利许可费用。再如，美国的高通公司对于获得 3G 和 4G 基础专利授权销往中国的品牌设备，授权收费标准是 3G 设备 5%、4G 设备 3.5%；对于 CDMA 或 WCDMA 技术的专利费，收取标准起点为总设备销售额度的 65%。大量掌握前沿技术处于全球价值链中高端的跨国企业使用把专利技术融入标准这一手段以获取高额的垄断利润。

技术标准壁垒化

位于全球价值链中高端的发达国家出于维护本土市场、保护产业竞争的需求，依赖自己的技术优势，利用国与国之间的标准差异使其他国家的进口活动受到限制，使得技术标准演变成一种主要的技术性贸易壁垒。例如，欧盟颁布的《关于在电气电子设备中限制使用某些有害物质指令》（ROHS）、《废弃电气电子设备指令》（WEEE），就是对机电产品的电磁污染、噪声、安全、兼容性、节能性等技术方面提出的标准限制。

技术标准市场化

将技术标准市场化，即为强调市场在制定技术标准中起到的重大作用。全球价值链中高端凭借自身产品的市场占有率优势，通过市场机制的作用，将自己的生产标准转化为"事实上的国际标准"。例如，微软的 Windows 系统和英特尔的中央处理器构建的"Wintel"标准，使其产品在市场上保持了绝对份额，以至于不使用这项标准的企业就无法生存，所以该标准借由市场演变为"实际上的国际标准"。全球价值链中高端掌握制定技术标准的权力就类似于在竞争中掌握了主动权，因此可以获取更多的经济利润。

全球价值链中高端的制造业服务化特征

制造业服务化最早源于 Vandermerwe 和 Rada（1988）的研究，20 世纪 90 年代末 White 和 Reiskin 等进一步深化了该词的含义：制造业服务化包含顾客的参与、服务要素的投入与供给，通过它们的作用最后使价值链中的利益相关者获得增值价值。目前，全世界都在进行由"工业型经济"转型到"服务型经济"的新尝试。传统的世界级制造企业，包含通用、飞利浦、IBM 等都在逐渐通过业务转型和创新服务模式来提升竞争优势。全球价值链中高端呈现出制造业服务化特征（刘斌，2018）。基于"服务中间投入"的视角，全球价值链中高端的制造业服务化特征可以表现为以下几个方面：

制造业金融服务化

金融服务要素投入是加深企业价值链参与程度、增加企业出口附加值的决定要素。首先，同异质性贸易理论的观点相似，金融方面的差异性是阐述企业国际化的关键因素。金融机构可借由自己的"储蓄动员"功能，解决企业面临的流通性约束、交易成本和运行效率等问题。其次，金融服务要素投入可以加速企业创新。金融行业可以为企业提供技术创新和研发活动所需的资金，从而保证企业创新行为的长期化、稳定化和持续化。

制造业信息服务化

目前，融合电子商务和"互联网＋"是运营企业的新型商业模式，电子信息技术的特点包含渗透性、倍增性、网络性和系统性。价值链中高端将电子信息技术和制造技术相结合，能够有效控制生产、供应、销售各环节的运作，从而提升产出、提高效率；从供应链的角度来讲，将供应链信息化对于企业间的信息交互和共同运作有重要意义，可以清除相关企业间的信息交流障碍，提升供应链的运作效率。

制造业分销服务化

制造业分销服务化一方面可以有效缩短厂商与顾客之间的"距离"，减少因为信息不对称造成的盲目生产，有效增加企业自身与东道国的文化邻近、制度邻近和地理邻近；另一方面，制造业分销服务化优化了将产品作为核心的传统生产运作模式，以满足目标顾客的差异化需求，让顾客参与研发活动，体验营销环节，旨在为顾客提供从产品到服务的系统解决方案，最终可以使全球价值链中高端在锁定目标客户的同时，增值产品的价值。

制造业运输服务化

交通运输作为企业生产投入的重要延伸内容，对于提升制造业服务化水平极为重要。从企业内部角度看，制造业运输服务化可以帮助企业有效率地调节生产所需的各类要素，缩短出口交付时间，进而减少成本，最小化出口风险，防御不确定性，提升企业的生产效率，增加产品的附加值；从产业链角度看，制造业运输服务化可以有效深化工艺环节之间的分工合作，调整供应链的空间布局至最优，加速世界范围和局部区域内良好资源的有效结合，增加企业产业链的长度，延展企业的产品线，提高企业出口活动获得的附加价值。

全球价值链中高端的价值增值模式

根据已有文献及政策分析报告，本研究系统梳理了全球价值链中高端的价值增值模式，价值增值模式主要有微笑曲线型、微笑曲线中部崛起型和武藏曲线即倒"U"曲线型。

微笑曲线增值模式

微笑曲线最早是由宏碁集团董事长施振荣在 1992 年推行

"宏碁再造"时提出的理论观点。其具体含义是：在坐标轴中，用横坐标代表企业产品在生产链条中所处的位置、用纵坐标代表企业从产品生产中获得的附加值而绘制出的曲线图，此曲线呈微笑状（见图 2-1）。它表示在研究开发、生产制造、销售的价值链上，利润率向两端集中，而中部制造环节的附加值却越来越低。具备核心开发技术的生产者和掌握强大销售能力的采购者驱动了价值链增值过程，表明处于产业链两端可以获得更大的增值空间与机会。研究者们对于苹果手机的生产价值链研究发现，假设苹果手机的售价是 100 美元，提供中间环节组装和加工劳动的中国获得的利润少于 3.6%（占比不足 3.6%），而德国、日本、美国等其余国家获得了其余的产品附加值（倪红福，2016）。

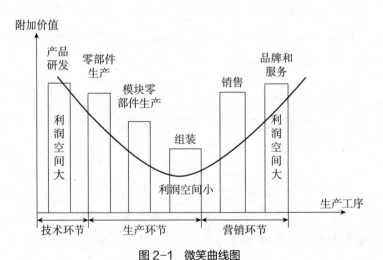

图 2-1　微笑曲线图

虽然中国目前在某些产业上具备规模优势和成本优势，也越来越深度地参与到全球的产业分工中，可是总体上却仍然处于低级的、劳动密集型的加工制造环节。以个人电脑行业为例，英特尔和微软这种处于微笑曲线上端的企业，人力成本和原材料成本消耗最少，却能获得整个产业链条中超过70%的利润；韩国和台湾地区生产主板、内存和硬盘的企业尚可拿到超过20%的利润；而中国的企业如联想、TCL等进行的组装活动只能获得低于6%的利润值。所以，中国当前要审时度势，对各企业的战略和相关的产业发展政策和方式进行洗牌调整，以加速升级产业，提高中国产业在全球价值体系中的地位，在国际上全面提升产业竞争力，以获得更多的产业增值。

当前，中国的经济结构正致力于延伸产品链条、提升制造业服务化和生产性服务业的比例，以实现价值增值过程向中高端发展（覃毅，2018）。在价值增值的产品链条上，生产要素的成本快速上涨，劳动生产率不断提高，纯粹的制造环节价值增值空间比较小，增值价值更多地体现在服务环节。全球价值链的升级过程就是为了实现低附加值向高附加值的攀升，进而得到更多的增值价值。

中部崛起的增值模式

当今世界，工业4.0被日益关注，新的产业革命蓄势待发，发达国家试图掀起工业化的浪潮。在此背景下，全球范围的产业链出现了以下新特点：分工被进一步深化，区域间的黏性进一步增强，产业互联网平台日益发展，用户主导新发展方向，因此价值均匀地向价值链前部、中部和后部流动，致使价值链曲线出现了前、中、末同时抬高的趋势，所以价值链趋于平缓，全球价值

链演进将出现"中部崛起"的新特征（刘友金等，2018）。

价值链前部掌握相关的技术标准和规则

在产业互联网的时代背景下，网络外部性理论对供应链流程提出新要求，即保证速度、精准和效率，此外也要求产品的基础模块要追求标准和统一。行业中的龙头企业会设法对知识产权加强保护，试图掌控行业标准的制定权，以此获得附加价值，引领前段微笑曲线。

价值链中部是智能化生产商

随着互联网技术和智能制造的同步发展，制造过程中亦可进行智能化学习、分析和决策。智能生产机器可以依照人操作发出的命令及时地修正生产模式，调整所需的原材料，更新升级制造自动化概念，从自动化发展至智能化、个性化和集成化。智能化生产结合了虚拟显示技术、人机协调功能、自组织特性和超弹性以及超强的学习和自我维护能力，是一种先进的生产方式。智能化生产改变了传统生产环节单一低级流水线作业的加工组装模式，利用高知识化和技术化建立壁垒隔离弱势企业，进而掌握生产环节的决策权，升级制造环节的增值曲线，提升微笑曲线的中段。如上所述，制造过程的智能化、个性化、集成化，一改以往的流水线生产作业模式，简单的制造已经演变成创造过程，大幅提升了制造环节的增值价值，实现了微笑曲线的中段崛起。

价值链后部是个性化集成环节

生产工序后段通过个性化集成平台提供相应的营销和售后等服务，个性化平台相互竞争、建立品牌，通过自己的资本、知识以及信息优势建立扁平化的虚拟组织，在全世界范围内选择生产者供应的产品，然后通过个性化设计、提升体验价值、专业化集成，给予产品新生命，升级价值和品牌意义。在此过程中，个性化集成者为用户提供系统的解决方案，获得高额的产品附加值，完成微笑曲线的后段强化。

随着新产业革命的推进，价值链中部逐步实现加工环节的数字化，将会演化成重要的增值环节，结果将是标准的制定、制造的智能化和个性化集成均成为关键的价值增值环节，使全球价值链趋于平坦。这个演化趋势要求我们能突破以往的微笑曲线模式，探索实现价值增值的新路径（见图 2-2）。

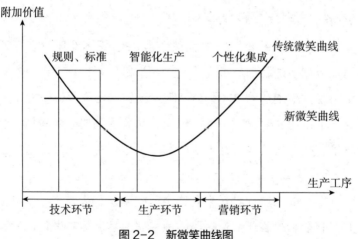

图 2-2　新微笑曲线图

除了增加制造环节的附加值，为了在全球价值链上重新寻找竞争力的来源，中国正在实施的供给侧结构性改革具有"腾笼换鸟"的意义。一方面，把一些已经不具有发展优势的产业尽快淘汰或转移，为产业升级和高附加值产业的发展腾出足够的空

间；另一方面，通过研发创新、市场开拓和在国际市场上的兼并收购，从价值链的更高端切入，争取更多的国际合作（马慧园，2018）。

武藏曲线增值模式

微笑曲线一直被用来形容中国的制造业现状，但它不是中国制造业的永恒状态，而是一个短暂的转折点，因为全球价值链向中高端攀升过程所带来的技术进步和由此过程所带来的创新制度可能会颠覆现存的全球价值链分工格局和竞争局面。中国制造业有望在"中国制造2025"和"制造强国"战略的引导下，实现微笑曲线的倒"U"形翻转。

依照微笑曲线的观点，曲线前段的创新研发环节和后段的营销环节创造的附加值最高，而曲线中段的制造环节则只有较低的附加值。然而，在2004年，日本索尼研究所所长中村末广在研究日本制造业时发现，本国很大一部分的制造企业在加工组装流程中获得了比其他环节更多的利润，呈现在坐标轴中是一条倒"U"形的曲线，该曲线被命名为武藏曲线（见图2-3）。2005年，日本经济产业省对日本制造企业的调研结果发现，44.4%的企业在制造和组装环节中获取高额利润，然后才是设计研发、销售和售后环节，此结论更是有力地证实了倒"U"形曲线的存在。特别是在诸如汽车这种制造产业，它的价值链曲线是特殊的"倒微笑"型，制造组装环节构成附加值的主要部分。这些行业的核心竞争力就在于它们的制造和组装能力；除此之外，各行业中的关键零部件制造环节也可以产生很高的附加值。中国是工程机械的制造大国，但超过半数行业利润都用来进口发动机等关键部件；而在日本电子和半导体行业中，部分中小企业通过专一生产单个零部件，占据了细分市场的主要份额，获得了不菲的利润。例如，日本 Nidee 公司主要生产 PC 硬盘驱动马达，占有全世界 75% 左右的市场；村田公司、东京电气化学工业公司等以生产电容器供应手机和计算机的生产；iPhone 的主要零部件也都出自于日本的公司。亚洲开发银行有研究发现，在 10 年前，生产一部苹果手机，日本可以收获 60 美元左右，在各个参与制造的国家中比例最高。

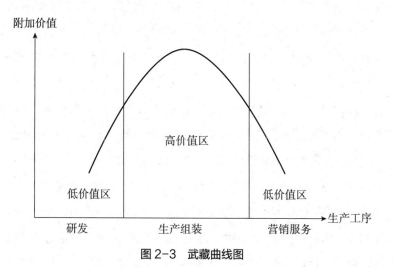

图 2-3　武藏曲线图

中国制造业一直将微笑曲线视为自身发展的枷锁。为了缔造世界第一制造大国和全球工厂的地位，中国付出了高昂的代价：消耗了比其他国家更多的资源和能源、土地和劳动力，还带来了大量的污染。虽然如此，中国总体上却仍然处于价值链的低端环

节。日本作为一个成功的案例，专注细分市场，占据主要份额，获得了大量利润，这十分值得我们在生产制造中学习。武藏曲线不仅颠覆了微笑曲线，冲击了各国对于制造业价值链增值模式的传统认识，更坚定了中国对于发展制造业的信念。

制造业数字化曲线的价值增值模式

中国制造业虽被广泛称为"世界工厂"，但在各国的认知中总被烙上低端、低成本、低利润的印记，位于世界制造企业价值链底端，深陷跟随模仿的困境。然而，数字化、网络化技术的飞速发展将带领中国制造业逃离微笑曲线底端。借力于智能制造、工业互联网、大数据、云计算等一系列新型网络信息技术，中国制造业完全可以翻转微笑曲线，获得生产制造和加工组装环节的高利润率。

经济体进入收入高的后工业化时代的重要标志和特征之一即是制造业产值不断下降。世界知名咨询公司麦肯锡的研究显示，假设按照 1990 年国际元来算，经济体的人均 GDP 达到 1 万是处于中等收入工业化和城市化阶段，制造业份额会达到峰值，占到 GDP30%—40% 的比重。在此之后，人均 GDP 增加，制造业份额却反向变动，当人均 GDP 升至 3 万国际元时，制造业份额甚至会降至 10%。因此，制造业份额减少曾被认为是工业化完成、经济体进入高收入阶段的里程碑（石耀东，2018）。但这种看法在进入 21 世纪后产生了明显的改变。为了渡过 2008 年的全球经济危机，在德、美、日等发达经济体的带领下，各个国家开始重新思量制造业的价值。2010 年，全球制造业产值为 10.5 万亿美元，占全球 GDP 的 16%，但却占据了全球贸易份额的 70% 和全球企业研发投入的 90%。

由此可见，制造业并不一定是附加值极低的生产环节，也可以是高附加值环节，新一轮科技革命与产业变革正在重塑全球价值链。从"中国制造"到"中国智造"的一个重要突破点，就是要利用大数据、智能化、个性定制化等手段，不断提升制造环节的附加值，把制造环节从简单的加工、装配，发展成为定制化、专业化，与生产环节上下游积极联动的核心环节。

实现微笑曲线到武藏曲线，再到数字化曲线的反转，这个倒"U"形曲线将会带来巨大的利润空间。2013 年 5 月麦肯锡的研究预测了可能会颠覆全球经济的 12 项技术，截至 2025 年，这些技术有望创造出高于 14 万亿美元的市场。其中，与数字化网络相关的技术更是会产生深远的影响，这些技术包含移动互联网、物联网、云计算、自动驾驶等。纵观全球制造业的未来，建构一个灵活高效、无处不在、可智能感知的数字化网络是建构新时代产业体系的重要举措。中国当然会紧随时代浪潮，致力于信息化和工业化的深度融合，努力转向工业数字化网络，这将成为中国制造业转型升级的首要任务。中国具备全球规模最大、结构最多样、体系最完整的工业体系，还有最大的工业品消耗市场。如果可以构建起一个巨大的、基础扎实的、开放的、运作良好的互联网生态，中国完全有机会在引领全世界制造业向数字化转型的过程中担任领跑者。

总的来讲，微笑曲线与武藏曲线形状有差异，但两者并不矛盾，只是两条曲线分别反映了企业经历不同发展阶段时的不同需

要。它们的差异表明，随着数字化信息网络技术不断与制造业深度融合，企业所需要的核心竞争力在日益变化。因此，中国很多制造企业该注意到，或许微笑曲线的时代即将终了。在这种情形下，如果企业没有独特的技术、品牌，就只能蜗居于成本较低、利润更低的加工组装环节。

对于中国等具有后发优势的国家，劳动力成本的上升、外商直接投资额的下降、逆全球化进程和贸易保护主义的抬头，都成为其在全球化进程中分享成果的障碍。联合国《世界投资报告》显示，2017 年全球 FDI 比 2016 年下降了 23%。造成趋势逆转的原因有很多，其中因全球价值链中高端的配置要素带来的竞争格局变化以及高水平的技术带来的改变不可忽视。以智能制造、数字化制造等为特征的"工业 4.0"将会重塑制造业的运作方式。到 2050 年，许多新工厂会被建在德国、美国等发达国家（韩舒淋，2018）。未来的制造业会距离消费者更近，制造工厂会更智能和反应迅速，传统的廉价劳动力套利模式时代即将终结。新的制造技术包含自动化、智能机器人和 3D 打印这些制造相关技术，也包括工业互联网、软件、人工智能、大数据分析等数字化技术。这些技术在节约制造成本、提升生产精度的同时，也给予了产品更多的功能，企业可以在产品出售后仍然通过其他服务与顾客维持密切的联系。

全球典型制造业大国比较

美国制造业的"再工业化"特征

20 世纪 50 年代，制造业是美国的中心产业，其产值占全球制造业总产值的 40% 之多。但是进入 60 年代后，"去工业化"在欧美国家开始盛行，特别是到了 80 年代，这种现象更为明显，跨国公司的 FDI 迅速提升，以外包的形式进行生产广受追捧，相应地，服务业成为美国的中心产业。进入 21 世纪后，美国的制造业占比下降趋势更为突出。2009 年其产值仅占到世界的 20%，接下来一年又降低了 0.6 个百分点，跌至 19.4%，其占比甚至不足同期中国的 19.8%。美国制造业被逐渐替代导致该产业日渐空化，当时的金融危机就是最好的证明。由此我们可以看出，制造业是一个国家经济繁荣和可持续发展的基础，如果任由制造业被其他产业替代则会导致劳动力大量流失、生产率下降，进而影响经济成果。特别是金融风暴发生后，美国经济的长期结构性发展受到阻碍，高端制造业成为美国在世界保持高竞争力的主要保障，除新兴能源、材料及技术之外，传统的制造业如纺织业、农副食品加工业等也纷纷同高端制造业相融合。所以，美国从十年前就开始出台一系列的相关政策来发展壮大制造业，并减少税收，以低成本为渠道创造更多优势来吸引更多的企业或个人重操旧业。

近十年来，美国所出台的与再工业化（re-industrialization）相关的政策逐渐显现出效果，世界各国对此极为重视。由"回归

倡议"的相关资料可知，自 2007 年起的八年内，美国涵盖在制造业内的岗位增加了 64.6 万个，未来预计将有 24.3 万个岗位设置。再工业化政策不仅仅是为了改善民众的就业情况，同时相应的产品产量及出口率都有所提高。制造业年增长率在仅仅一年的时间内由 −18.7% 上升到 11.8%，增长近 30 个百分点。2012 年出口总量在世界各国总量的占比也有明显提升，增至 10.2%，其中高技术产业做出了最主要的贡献。

金融危机过后，美国三年内有大量企业回流，有超过六成回流企业来自中国，预计在本世纪 20 年代初仍会有约 15% 的企业从中国撤回，甚至包括通用电气、福特等位列全球 500 强的美国制造企业，这将会对全球价值链产生重大的影响，更有可能会塑造一条全新的价值链。数字化是世界第三次工业革命的中心，在数字化领域（自动化、人工智能）美国具有世界领先技术水平。因此，世界各地的美国企业撤回到本土集聚，符合这种制造业数字化趋势。

2016 年 11 月，特朗普成功当选为美国新一任总统。他上任后采取了一系列新的措施来防止相关岗位员工流失，增加岗位设置，提高就业率。他重申了再工业化的重要意义，并强调要实施贸易保护主义，这对全球化趋势造成了很大的冲击，由此引发了逆全球化现象。美国的再工业化策略的核心任务是提高相关产品的进口税，并扬言退出各种国际经济组织，要求世界各国重构经济谈判内容。全球范围内最具价值的产业链部分也是最具国际特色的部分，美国的再工业化政策并非继续发展价值链低端环节的相关产业，而是要改进和重建不同强度的工业链，从而创造出新的制造链中的国际分工和贸易体系。

2017年以来，美国制造业工作岗位增加近14万个，美国新增的制造业工作岗位主要集中在金属制品和尖端电子设备行业。发展迅速的典型制造业包括新材料产业、智能制造产业、工业互联网产业。

新材料产业

美国的再工业化策略将新材料产业定义为提升经济水平的重要部分，并将其列为六大重要技术中影响国家安定和经济昌盛的第一要素。与此同时，美国致力于主攻新材料产业下的几个具体领域——纳米材料、极端环境材料、生物材料及信息材料等，其目标是让这些领域始终走在世界前列。

美国新材料产业主要集中在北美洲中东部和太平洋沿岸地区，旗下包括埃克森美孚、道氏、杜邦、3M、美铝以及波音等排名世界前列的材料公司，西北大学、斯坦福大学、麻省理工学院、加州大学伯克利分校、康奈尔大学等高校的相关专业综合实力不可比拟且取得了突出的成绩。另外，美国在该领域建立了二百余所科学研究机构，包括橡树岭、埃姆斯、阿贡实验室等世界排名靠前的著名实验室。

美国智能制造产业

美国的智能制造业主要涵盖人工智能、测试设备、传感器等研究。该产业显著驱动了美国的创新，引起了国家层面、部门层面的足够重视，在美国国民经济发展中占有不可替代的地位。

准确来说，美国是世界上首个开始研究智能制造、人工智能、物联网等相关理论的国家，并且屡次获得"图灵奖"这一象

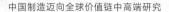

征最高计算机水平的奖项，因此在基础理论领域始终处于领跑地位。除此之外，美国在产品研发方面也表现良好，依靠相关高校和研发中心创造了很多具有高技术水平且大受欢迎的产品，例如数字控制机床、PLC、智能手机、轮式移动机器人等。美国之所以能在研发创新上取得如此成就，与其大量投资是分不开的。2013 年，英特尔在研发新产品上投入 106 亿美元，该投入金额接近全世界半导体投入费用的五分之一。投入与产出在这一过程中相互促进，产品的成功研发相应地又促进了智能制造产业的发展。美国 RIA 调查显示，已有将近 23 万的机器人投入工厂来代替手工制造。随着智能制造技术的不断完善，相关的信息技术平台也层出不穷，受到了足够的重视，这些平台的建设大大提高了生产率，连生产流程也逐渐变得智能起来。以特斯拉为例，该公司的电动车依靠其全自动机器人工厂进行生产，五天便可以产出一辆。

美国工业互联网

美国在互联网和软件方面的发展一直处于领先地位。近年来互联网在世界各国的推广呈迅猛之势，逐渐激发出将互联网与传统工业相结合的想法，而美国已经在生态农业、健康、运输、基础设施等领域进行了试验。美国互联网的发展方式与德国显著不同，更倾向于向国际化发展，不仅仅服务于本国民众和企业，更致力于发展各国市场和跨国公司。2013 年年初美国便开始发布制造业网络化的相关政策法规，并投入 10 亿美元资金构建了NNMI，目的是促进智能制造与网络和云计算的深层结合。与此同时，美国一些大型公司如通用电气、IBM、英特尔等开始筹备建立工业互联网联盟，通过该联盟实现企业间的信息、技术、网络互通，进而共享相关数据。企业间的互联互通有利于建立通用惯例，打破技术壁垒。互联网也使传统工业活跃起来，令多种异质资源相互结合，推动创新发展，促进传统工业向高级进化。

当今时代，客户开始追求个性化，大批量生产已经无法满足他们，工业互联网恰恰可以弥补这一短缺，同时它还可以节约相关能源，减少排放量。相关数据显示，15 年的时间里，工业互联网如果能帮助提高 1% 的医疗设备效率，则相当于节省了630 多亿美元；换作是电力行业，则节省得更多，约为 660 亿美元；而若是石油天然气行业的支出减少 1%，节省的资金甚至超过 900 亿美元。如此庞大的数字足以说明互联网在传统工业中的巨大作用。

日本制造业的高附加值化

相关数据显示，日本近几年在制造业方面的收益能力持续打破人们的认知。截至 2017 年，日本制造业规模较大的公司平均利润率甚至已高于 8%，是自经济虚假繁荣现象发生后的最高利润率。企业盈利是安倍在位以来对日本经济所做贡献最大的因素。据悉，日本所有行业相关公司的净收益在 2016 年一年内达到了 75 万亿日元，约为 4.5 万亿元人民币，利润率是日本制造业发展史上的最高利润率。制造业在日本经济复苏时期起到了重要作用，使得日本经济自 2012 年年底以来的复苏态势超过了二战后期自 1965 年年末至 1970 年年中连续五年的经济景气扩张期的复苏态势。

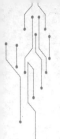
自 1995 年以来，日本的制造业便开始逐渐进行战略变革，最典型的标志便是"新日本式经营"，传统的日本企业以经营稳定、崇尚传统和长期激励为特征，这种特色已经不再适应当今时代，适当的转型是必经之路。因此日本制造企业开始了一系列的尝试，为的是给该国的制造业带来崭新的面貌，这些尝试包括对欧美管理模式的模仿与改进、进行模块化改造、探索增加产品附加价值的新路径、加入全球化趋势、制造业与服务业的适当融合等。

制造企业收益能力显著增加

日本企业一直存在着一些短板，其中企业收益率低便是急切需要改善的地方。这一短板在历史上是有迹可循的。即使是在1980 年日本经济发展最高速的时代，其平均利润率较欧美企业也差了很多，只有 5%，一些中小企业情况更加严重，只有 2%左右。进入 21 世纪，日本开始逐渐重视短板领域，进行了相关改革，从大企业开始改变原始经营模式，模仿借鉴西方国家，制造业收益能力得到了迅速的提升。仅六年的时间，平均利润率第一次超过了 6%，中小企业也有了很大的提升，由原来的 2% 升至 4%。新经济政策的实行，使得日本的经常利润率处于不断上升的状态，国家整体收益能力也不断取得突破。

日本制造业迈向全球化经营

据日本经济产业省海外事业活动调查显示，当今日本制造业的生产过程已有 25% 设置在海外，这标志着日本制造业正在向全球化迈进。实际上，这一趋势从 1960 年就已经开始，80 年代中期所提出的广场协议则为制造业全球化的进程提供了更为有利的条件。90 年代初冷战结束以后，世界各国顺应了经济全球化的趋势，这也从侧面推进日本制造业迈向深度"全球化经营"。主要体现为四方面：海外生产占据的比例逐渐提升；海外市场收益稳步增加；在海外经营的产品或资源越来越表现出"地产地销"的趋势；对外经常收支受到了相应的影响。

多元化路径及制造业转向服务化

日本虚假繁荣崩溃后很多公司开始探寻别的出路，转向多元化发展，例如进行制度创新，对终身雇佣体制进行改革，开始兼并收购外国企业，大批量资本及业务重新组合、调整及配置等。随着智能制造、人工智能、物联网等技术的发展，逐渐呈现出制造业服务化的新局面。在此之前，日本制造企业以相关领域的独特优势，在生产复杂的、零部件较多的产品时，占据了非常有利的地位。然而随着时代发展，很多技术也有了很大改善，尤其是模块化的形式开始兴起，同时中国、韩国等国家被西方国家视为新的生产工厂，打破了日本的固有优势。1991 年后冷战的结束象征着大批量生产、大批量消费的局面被彻底更改，不再仅仅是少数发达国家才能做到，这一时期全球化趋势明显，低成本大受欢迎，这推动了新兴市场国家制造业的发展，对日本则造成了很大的冲击。新产品的价格优势也被打破，问世的新产品很快便由于数量过剩不得不下调价格，在这种情况下利润明显降低。即使是高端产品也无法避免这种冲击，从此之后市场开始以价格竞争为特征。

近年来，日本制造企业开始向服务领域拓展，以规避价格战并赢得高附加值，即不以产品本身作为竞争的手段，而是在产品

之上为顾客提供差异化的服务。顾客的需求越来越个性化，只有在服务上加以努力才能体现产品的附加价值，其好处是能够躲避价格战，又能把相应的顾客引入价值创造体系，以此追求"价值共创"。主要表达方式为重心的转移，即由"制造产品"改为增加增值服务。也就是说，在给消费者提供产品的同时，也会关注消费者在购买产品后是否需要送货上门或维修等活动，进而实现产品的附加值。

在快速发展的网络技术冲击面前，日本并没有直接表现出其在工业上的革命，而是实施了相关的物联网等战略。例如在上世纪末设计的 Komtrax 系统，将信息与通信技术与机械工程相结合并配以 GPS 定位技术，借助这一系统所建立的小松建机已达到 30 万台；随后五年又相继设计出 AHS 系统并实现商用化；近两年又构筑了 KOM-MICS 工厂，整合了所有企业集团和供应商，携带 K-MICS PAD 的机床已不止千台。日本有很多大型企业都处于制造业服务化进程的前线，包括日立、崛场制作所、普利司通等。

日本制造业成功转型的重要标志是该国实现了制造业的服务化以及商品的价值增值。制造业服务化的中心任务是不仅仅要向顾客提供硬核产品，同时还要注重后期服务的作用。也就是说，不再强调企业创造价值的重要性，而是强调企业与顾客共创价值。

德国的"工业 4.0"战略

"工业 4.0"是德国高科技战略的构成核心。该国于 2006 年推出了涵盖 17 个重要领域的高科技战略，其中也包括制造业，这一举动是为了迎合欧洲于千禧年提出的要处于智能制造领域顶端、做创新界领导者的目标。四年后，德国在《2020 高技术战略》报告中以马斯洛提出的人的五种需求为基础有针对性地划分了五个主导市场。2013 年《德国工业 4.0 战略》的正式面世则是由德国工程院和两个大型企业（西门子和博世）以及相关产业机构建议提出的。以上这些政策报告以及相关策略的提出充分显示了制造业作为基础产业在德国所起到的领头作用。

"工业 4.0"是一种整体上的战略系统，是 IT 发展到一定层级的产物，此时会形成一种全新的工业开发形式。这一形式的主要内容是：利用构建的信息物理系统，把现实中不存在的网络世界与真实的物理系统结合到一起，这样企业的相关资源、劳动力、知识和商品就被归集到一个系统内，形成物物相连的局面，同时联合相关服务和智能制造推动工厂的构建和生产，提升价值链上企业间的一体化、网络化工业体系的纵向一体化、端对端工程的数字一体化，以达到从集中向去中心化、由大规模趋同向个性化定制的转换。当我们从更深程度了解"工业 4.0"时，可以看出其战略意图是以竞合为主要模式加强制造业的发展从而更好地扶持实体经济；它致力于建立更严格的标准来迎合顾客的差异化需求、改善制造业的整体氛围并构建整齐的、高品质的市场；最重要的是它在创新过程中将服务与生产过程相结合，这一过程涵盖了技术、思维模式等创新（见图 2-4）。

新的"工业 4.0"使得灵活多变的生产组织模式更方便地实现个性化、数字化、智能化的需求，并将互联网、物联网及相关技术融入各主要领域，淡化制造与服务的边界，实现跨界价值共

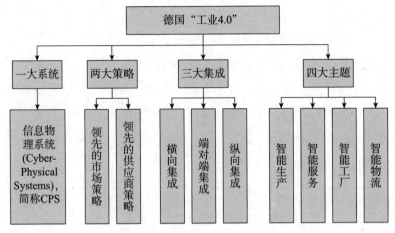

图 2-4　德国"工业 4.0"战略

创，重组产业链的各组成部分，带来前所未有的创新活动和协作方式。预计这一新的模式将会为德国带来一系列优势，不仅仅是有效改善其制造业，对其余产业也会有很大的帮助。该国预测，到本世纪 20 年代中期，"工业 4.0"会使其产值增加 787.7 亿欧元，并在随后的时间内以每年 1.7% 的速度增加。

中国制造业与"中国制造 2025"

　　近五年来，中国的国内制造业产值以每年 7% 的速度稳步增长。中国 2017 年的制造业总量为 24.27 万亿元，是当年国内生产总值的将近三分之一。由于目前世界各国的实体经济正处于特殊时期，美、日、德等国家都专注于对本国的经济进行转型升级，国际形势动荡很有可能带来新的秩序并导致各国的重新排位。为了保证自身的竞争力，发达国家开始将高端制造企业召唤回国内。较为一般的制造业则流入东南亚，尤其是那些以低成本为优势的国家，这种结构变革严重影响着中国制造业的发展。

目前正是中国产业结构升级转型的重要时期，为了顺利实现经济转型，向创新型国家迈进，中国提出了"中国制造2025"战略。这一战略主要是强调构建制造强国的重要步骤是重视产业结构的转变，要对传统产业进行升级，并提倡发展先进制造业。该战略洞悉传统产业与新兴产业的未来发展态势，将各个产业的当前状态融入进去，形成了较为完整的制造业升级方案，目标是全面提高中国在全球各产业价值链中的地位。

随着"互联网+"在中国的深度发展，传统产业与互联网的结合越来越密切，同时也带动了智能制造的发展速度，越来越多的核心技术装备被中国研发出来，虽然与部分发达国家还有一定的差距，但仍然为中国的产业升级带来了足够的发展动力。在诸如交通设备、通信、电力装备等产业，中国已经有足够的底气并具备了一定的国际竞争力。例如，中兴、华为等通信设备企业已经进入了发达国家市场，并且在这些市场占据了一席之地。

"中国制造2025"提出，制造业是立国之本、兴国之器、强国之基。2016年，中国制造业总产值达21.62万亿元，占国内生产总值的29%以上，与2012年相比增长34%。截至2016年的过去五年来，国内制造业总产值以年均接近6%的复合增长率快速增长（见图2-5）。

此外，中国开始致力于扩展海外市场。中国制造业总产值于2010年超过美国成为世界第一，当时的产值占世界制造业总产值的19.8%，略高于美国的19.4%。仅仅通过五年的时间中国就

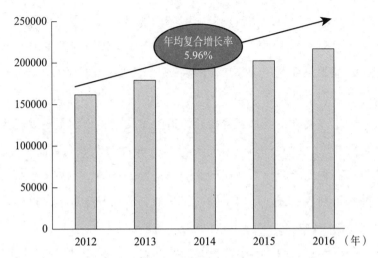

图 2-5　2012—2016 年中国制造业总产值增长情况（亿元）

资料来源：根据公开资料整理。

将制造业产值的占比提升了 2.2 个百分点，约占世界总产值的四分之一，稳居世界第一。全球化趋势增强了中国与世界各国的联系，也增强了中国的综合国力，未来中国的制造业会呈现出越来越高的水平，也会占据越来越重要的位置。

但不可否认的是，中国制造业"大而不强"。最突出的方面是缺乏核心技术，高端技术进口量甚至超过了 80%；除此之外，商品的附加价值普遍较低，导致利润率不高，且劳动生产率也不尽如人意。由以上资料可知，虽然 2010 年中国制造业总产值为世界第一，但美国制造业总产值与中国的差距极小，仅有 0.4%，且从雇用人数上来看，中国制造业劳动力为 11444.5 万人，美国制造业只用了中国约十分之一的劳动力，具体数据为 1150 万人。可想而知，在生产制造等产业链各个环节，中国劳动生产率水平仍然较低，人力和财力的利用率低下也造成了很大的浪费。

中国制造企业整体信息化也处于落后水平。由相关产业研究院发布的报告数据可知，2016 年全球企业级软件市场总量约为3530 亿美元，而中国的工业软件市场规模则为 1247.3 亿元人民币，占比仅大约 5%，与中国制造业在全球 19.8% 的占比相差甚远（见图 2-6 和图 2-7）。中国在高端软件方面多数产品需要依靠国外进口，进口量高达 90%，这表明在高端软件领域我们还有很长的路要走，并且可提升空间也是相当巨大的。

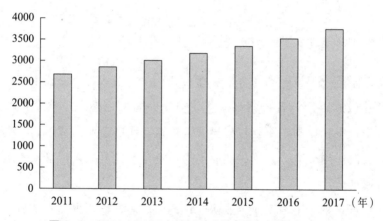

图 2-6　2011—2017 年全球工业软件市场规模（亿美元）

资料来源：由产业研究院整理。

此外，中国制造业总产值的上升伴随着制造业人力成本的迅速增加。为了迎合国家发展需要，中国开始提高相关员工的工资水平。例如，制造业城镇单位平均工资在 2011 年为人均 36665元／年，五年的时间提升到了 55324 元／年，年均复合增长率达到 8.58%。同时期的城镇单位平均工资增长率为 8.21%。可以看

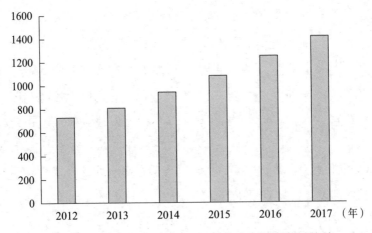

图 2-7　2012—2017 年中国工业软件市场规模（亿元）

资料来源：根据公开资料整理。

出，制造业工资年均复合增长率与城镇单位平均工资增长率存在了些微差距，前者要略高一些。与 5.96% 的制造业总产值的复合增长率相比则差距就较为显著了，这表明制造业的成本快速提升反向作用于产业，相关产业不得不进行产业升级来追赶成本上升速度。

　　近年来，国内工业企业协同化的生产需求逐渐提高。随着中国综合国力的增强与近年"一带一路"倡议的实施启动，结合物料、劳务成本等考虑，越来越多的工业企业前往海外投资设厂。2015 年，中国制造业实现对外投资 199.9 亿美元，同比增长超过 100%（见图 2-8）；2016 年，非金融企业实现对外投资 1701 亿美元，是 2012 年（772.2 亿美元）的两倍以上，对外投资的非金融企业数量达 7961 家，比上年增加 21.88%（见图 2-9）。

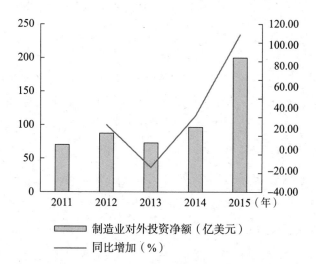

图 2-8　2011—2015 年中国制造业对外投资情况

资料来源：根据公开资料整理。

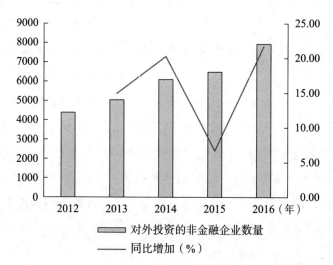

图 2-9　2012—2016 年对外投资的中国非金融企业数量

资料来源：根据公开资料整理。

典型大国制造业的比较

　　对大国制造业特征的分析可以发现，"工业4.0"是各制造业大国发展的共同目标，只是各国根据各自的战略方向和比较优势而选择了不同的实现路径（见表2-1）。例如，"工业4.0"的提出者是德国，而"工业4.0"的核心技术概念信息物联系统则由美国最早提出，这两个国家自然而然成为新工业革命的先行者。美国目前的工业发展方向都与"工业4.0"相契合，但基于各自国家不同的优势所在，两者的实现路径有所不同。而日本于2015年1月公布了"新机器人战略"，并在当年的制造业白皮书中明确表示，接下来会在人工智能和机器人这两个领域进行重点研发，旨在通过熟练掌握大数据、网络技术以及人工智能技术使其实现自律化、终端化、网络化，并成为物联网的世界领袖。近年来，中国越来越认识到紧跟国际潮流的重要性，要逐渐缩小与世界发达国家的差距，因此随着美、日、德等国家提出产业升级转型后，中国也提出具有国家特色的"中国制造2025"。中国在制造业上是有一定优势的，加之在相关领域取得的成就，超越其他国家是有可能的，我们需要一个有利的时机进行反击。"中国制造2025"的中心任务被工信部和中国工程院简称为智能制造，往更具体的方向深入则可以称为智能工厂。这两者即为接下来中国制造的重点实现目标。

表 2-1 美国、德国、日本、中国的制造业发展战略比较

比较内容	战略名称			
	美国"再工业化"	德国"工业 4.0"	日本"新机器人战略"	"中国制造2025"
提出时间	2009 年	2013 年	2015 年	2015 年
时代背景	全球金融危机爆发，国内制造业外流，国内失业率高，经济增长乏力	欧洲经济增长乏力，产业竞争力受到挑战	欧美与中国的技术赶超、互联网企业向传统机器人产业的涉足给机器人产业环境带来了剧变	经济增速放缓，步入新常态，产业急需转型升级
提出目的	重振制造业，解决国内就业，保持全球领先水平	提升制造业智能化水平，寻求全球发展机遇	使机器人开始应用大数据实现自律化，使机器人之间实现网络化	夯实制造业基础，从制造大国向制造强国迈进
制造业基础	制造业信息化水平全球领先，尤其在软件和互联网方面，全球十大互联网企业占有六个	工业自动化全球领先，精密制造能力强，装备可靠性水平高	日本凭借磨合优势在机器人制造、利用以及主要零部件研发等领域位于世界前列	制造业总量大，水平参差不齐。互联网应用基础好，全球十大互联网企业占有四个
技术发展关键词	工业互联网（机器人+3D打印+智能化）	信息物理系统CPS（"智能工厂"+"智能产品"）	机器人"自律化""信息终端化""网络化"的变化趋势	"互联网+"、两化融合

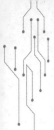
续表

比较内容	战略名称			
	美国"再工业化"	德国"工业4.0"	日本"新机器人战略"	"中国制造2025"
主要发展路径	（1）加大对未来技术创新与先进制造业等基础性产业领域投资；（2）通过立法振兴制造业，推动实体经济与虚拟经济的融合；（3）政府追加投入，广泛组织社会资本，鼓励民间科技创新；（4）培育"再工业化"主体，引导海外美国制造企业回归；（5）鼓励产学研合作，培养制造业世界级人才	（1）标准化和参考架构建设；（2）管理复杂系统的工具和方法；（3）加强伙伴国之间的宽带基础设施建设，实现互联互通；（4）信息安全和系统保护；（5）进行新的组织与工作设计，使其能适应智能化工厂时代；（6）推进终身学习和个人的职业发展；（7）针对新的产业革命设计科学的管理框架；（8）有效地提高资源利用效率，实现全方位的绿色化	（1）巩固机器人产业培养力。（2）对人才的投资培养。培养熟悉了解相关机器人制造系统的全方位IT人才，以及能促进机器人革命的相关产业翘楚。（3）面向下一代的技术研发和标准化。（4）大力推广机器人应用。在各个领域，充分应用机器人，解决经济和社会问题。（5）支持机器人广泛应用的总体政策。（6）数据驱动型社会中，将机器人作为获取数据的关键设备	（1）提升中国制造业的创新水平；（2）深度发展和结合信息化与工业化水平；（3）巩固产业基础性能；（4）增加品牌品质建设；（5）全方位实施绿色制造；（6）鼓励在新一代IT业、高级数控机床及机器人等关键领域有所建树；（7）对制造业结构进行深入整改；（8）鼓励制造业服务化以及生产服务化；（9）增强中国制造业在全球的地位

美国：将生产要素稳固在上游，并积极向下游渗入

在产品活动分配中，有很多方面的发展对美国来说是非常有利的，主要体现为以下几个方面：需求的激发及思想上的创新、使能技术与原材料、商品附加服务端口设计。"6S"生态体系是其工业体系基础竞争优势的重要发端（见表2-2）。

表2-2　占据生产要素上游的行业、关键要素及其优势

行业	优势
航天航空	该行业作为制造业的重要组成带来了丰厚的利润，是工业体系内根本的使能技术的关键构成
半导体	对节约耗能量的半导体材料给予重视，增加在研究开发活动上的资金，相关芯片、智能化技术处于世界领先位置
页岩气	全面规划新能源和清洁能源，作为关键替代资源
关键要素	
服务智能化	服务智能化带来了极高的利润，利用在 IT 等方面的优势作用于制造业
创新精神（硅谷）	为开辟新市场和新机会不断开发潜在的用户需求
可持续性人才	优秀人才作为支柱

美国于2012年年初提出了NNMI计划，旨在配合第四次工业革命的战略规划，并针对相关行业中的四大不同技术领域开发了九大创新中枢项目（见表2-3）。从其"6S"生态体系与制造业战略规划可以看出，美国想要掌控生产体系的初始原料端、产品适用服务端和商业模式端，其中初始原料端包括原材料及相关能源，适用服务端涵盖了互联网技术和ICT服务，商业模式端则主

要是依靠创新驱使。这几个端口是美国工业价值链中最具有价值的环节，只有掌握了这些环节，才能保证其核心竞争力，不惧怕德国工业的先进设备，也不至于遭受中国高效制造系统的威胁。

表2-3　四大不同技术领域的创新中枢项目和生产要素环节

技术领域	创新研究中枢项目	对应的生产要素环节
新一代制造过程及加工工艺技术	增材制造、创新纤维纺织	生产过程与生产系统
新材料研发	低耗能半导体、轻质金属制造、复合材料	原始材料与使能技术
使能技术的研发	下一代电子电力制造技术、光子集成	原始材料与使能技术
工业环节研究	数字化制造、设计创新	生产过程与生产系统、工业服务业

德国：利用好关键装备与零部件、生产过程与生产系统的技术优势

德国在关键设备与核心零部件、生产过程与生产系统两个环节有明显技术优势，以中小企业为核心的隐形冠军企业和学徒制双元教育，为德国工业提供了扎实基础。高素质的技术工人和工程专业人才历来被看作德国的经济支柱。然而以"金砖"国家为代表的新兴经济体基本完成了工业化，导致德国的工业装备需求停滞不前。

德国的中小企业即使做了很大贡献，但基本都处于较为低调的状态，没有受到世界上其他国家的足够重视，原因主要是这些企业规模普遍比较小。尽管如此，这些中小企业却有相当高的市场占有率，德国全国总出口量中有 70% 是由它们创造的，其销售回报率是当地普通企业的两倍以上。它们的研发和技术创新能力都处于先进水平，专注于实现产品的全面价值，将产品与顾客需求相结合，制造水平高、速度快，其运营体系精简高效，能快速适应变化的顾客需求，且大部分属于百年老字号企业。

德国属于典型的工业产品出口国，因为其国内市场及国民需求都很小，所以大多数工业产品都出口到世界其他国家。然而，东南亚及非洲的一些国家并未及时启动新一轮工业增长，同时中、俄、印、巴等新兴经济体大致实现了工业化，这对德国的装备制造需求造成了很大的影响。近年来，其出口总值处于持平状态，并未有明显的增长，也直接影响了德国的经济形势。

所以，德国在"工业 4.0"时期的中心目标表现为以下两方面：第一，巩固在相关领域的竞争水平，为相关设备寻求更广大的销售平台；第二，改善原来产品与服务的分配比率，在注重产品的同时加大对服务的关注，强调工业产品赢利能力的可持续性。

日本：丢失相关产品市场，产业装备竞争力转战上游

最初，产品生产、服务以及系统方面是日本的核心竞争优势，但随着其优势产业（传统汽车、消费电子产业）被美、中、韩等国家所侵蚀，日本不得不改变其创新方向。尽管消费电子等领域的优势有所下降，但根据《2015 年全球创新企业百强》《全球制造力竞争指数》报告显示，日本在创新方面效果惊人：一方面，40 家日本企业入围全球最具创新力企业百强；另一方面，日本的制造业竞争力提升为世界第四，在一年内上升了六位。另外日本也逐渐在原材料、使能技术、主要设备以及关键零部件方

面有了更高的地位。松下、索尼、夏普等的转变就是很好的证明。松下虽然在电气产业失势，但作为弥补，其在汽车电子、住宅能源和商务解决方案等领域却做得风生水起，并一举成为全球最先进的电池生产商，还与特斯拉电动车进行了深度合作。索尼丧失了消费电子行业的首位后，在医疗领域反而有所建树，其医疗内窥镜在全球的占比甚至达到了80%。同样，夏普还把初始业务向智能医疗、住所、食品、环境和教育等有前景的方面变动。日本于同时期提出了制造业白皮书，在该白皮书中强调了未来的主要发展方向将集中在人工智能和机器人领域，同时也会对材料、医疗、能源和关键零部件等领域加大重视力度。

中国：将工业化和信息化深度融合作为主线，谋求重点领域突破

2015年中国提出"中国制造2025"，指出本国未来几年的发展主线将主要是在更深层次上加强工业化、信息化的结合，以求在十个关键领域获得高速发展。

根据之前的分析，中国制造可以在以下几个方面进行改进：改善中国过分依靠进口外国先进材料和核心零部件的形势，增强对工业基础技术的研究；加强对生产效率的关注，实现精益生产；改进产品质量，既要加强管理生产过程，还要仔细研究产品工艺及相关制造流程；精细化与信息化并进，积极研发智能产品。除此以外，初始想法的创新也不可忽视，由制造向制造服务化转变，尽量保持赢利能力的可持续性，对顾客需求的转变迅速做出响应，不断开辟新市场，将产品附加值利用到最大化，保持在工业领域的竞争力。

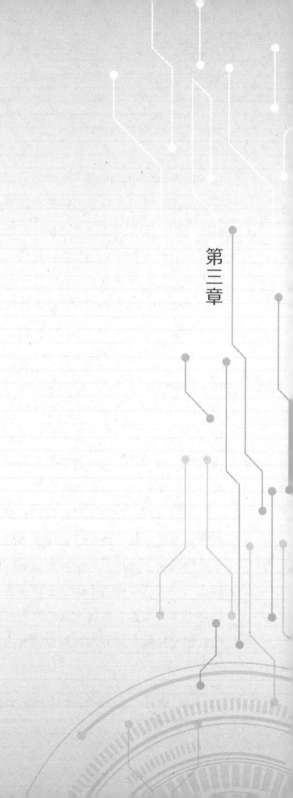

第三章　中国制造产业在全球价值链中的分布特征

　　自上世纪 80 年代开始，伴随着国际生产网络和碎片化分工模式的进一步深化、信息通信技术的迅猛发展以及全球贸易自由化和投资便利化浪潮的广泛推进，国际分工模式变化深刻，全球价值链成为当前国际分工的最主要形态。与以最终产品为界限的传统国际分工模式相比，全球价值链分工是以生产环节和阶段为界限将生产过程碎片化和全球化的模式。通过中间产品的跨境流动，各国产业间形成了相互投入产出的关系，从而各国产业发展不再是独立和封闭的，而是日益作为全球产业链的一个组成部分存在和发展，即大部分国家的大多数产业几乎都具有了全球属性。[①] 全球价值链这种新型国际分工模式在对各国产业发展带来深远影响的同时，也更容易掩盖各国产业发展的真实情况。比如中国的某些高新技术产业就存在"高端产业、低端环节"的典型问题。再者，各国要素禀赋结构的差异不仅决定了其在全球产业格局中以何种产业发展为主导，同时也决定了即便是发展相同或类似的产业领域，也仍然各自处于不同的发展层次和生产环节。

　　中国的新一轮改革开放和产业变革在全球价值链背景下迅速展开。通过抓住经济全球化深度演进的战略机遇，中国制造产业正在快速而全面地融入全球价值链的国际分工体系。在出口竞争层面，中国不仅保持了传统劳动密集型领域的强大生产优势和出口能力，甚至在一些技术复杂度较高的产品生产和出口上已经开始赶超发达经济体并对其形成强有力的竞争压力。但就出口的实

---

① 戴翔、李洲，"全球价值链上的中国产业：地位变迁及国际比较"，《财经科学》2017 年第 7 期。

际效益来看，一些研究电子产品价值链（例如苹果手机的分工价值链）分解的案例分析表明，中国明显处于全球价值链的低端位置，创造能力不足，获取的附加价值低，粗放型发展特征明显，并且由于缺乏核心技术创新能力，在国内外市场竞争中容易受外部环境变化冲击并导致面临难以可持续发展的风险。因此，全球价值链分工条件下的不同分工位置往往意味着不同的收益分配以及不同的产业发展前景和潜力。

综观工业化国家的制造业发展，大都经历了一个从价值链中低端向中高端攀升的过程。正是各国前后相继提高制造业发展质量和水平，才为世界经济注入了源源不断的活力和动力。所以，一个国家制造业发展到一定程度后逐渐向全球价值链中高端攀升，这是世界经济中的普遍现象和基本规律，有利于世界经济持续健康发展。[1]当前，新一轮科技和产业革命正孕育兴起，国际分工体系加速演变，全球价值链深度重塑。中国制造业深度参与全球价值链，既符合中国发展的现实需要，也有利于世界经济发展。在此情势下，中国制造业究竟处于全球价值链中的什么位置？其变化趋势如何？与其他各主要工业国家相比较又是何等状况？对于这些问题的回答，不仅是客观评价和正确认识中国制造产业发展的需要，也是据此探寻中国产业结构优化调整和制造业转型升级的需要。

---

[1]　刘志彪，"深入参与全球价值链"，《人民日报》2018年8月17日。

中国制造产业在全球价值链地位的测算模型与方法

增加值贸易分解框架下的测算方法

全球价值链分工是当前主导的国际分工模式，分工地位越高，获取的分工收益也就越高。基于贸易增加值的研究视角，Koopman等（2014）提出了一国总出口的分解方法，将出口分解为具有不同经济含义的四部分：被外国吸收的国内增加值、返回国内的增加值、外国增加值和纯重复计算的中间贸易品部分，并进一步根据出口品价值最终去向细分为九个部分。Wang等（2013）扩展了这一分解方法，将双边中间品贸易流量根据其产地和被最终吸收的目的地进行分解，形成被不同国家的不同部门最终产品生产所吸收的各个部分，从而实现了对双边中间品贸易流量的彻底分解。他们构建了一个三国（S、R、T）投入产出模型（见表3-1），将R国对S国的出口（E）分解为16部分，即KWW模型。

表3-1　三国投入产出模型

投入＼产出		中间使用			最终使用			总产出
		S国	R国	T国	S国	R国	T国	
中间投入	S国	Z^{ss}	Z^{sr}	Z^{st}	Y^{ss}	Y^{sr}	Y^{st}	X^s
	R国	Z^{rs}	Z^{rr}	Z^{rt}	Y^{rs}	Y^{rr}	Y^{rt}	X^r
	T国	Z^{ts}	Z^{tr}	Z^{tt}	Y^{ts}	Y^{tr}	Y^{tt}	X^t
增加值		VA^s	VA^r	VA^t				
总投入		$(X^s)^T$	$(X^r)^T$	$(X^t)^T$				

其中，上标 s、r 和 t 分别代表 S 国、R 国和 T 国，上标 T 为转置。Z^{sr} 和 Y^{sr} 分别代表 S 国产品被 R 国用作中间投入品和最终使用品的部分，VA^s 和 X^s 分别表示第一国的增加值和产出。假设各国部门数统一为 n 个，那么上表中 Z 为 n×n 的矩阵，X 和 Y 为 n×1 的列向量，V 为 1×n 的行向量。

以 E^{sr} 表示 S 国向 R 国的出口，包括最终出口和中间出口两部分，$E^{sr} = A^{sr}X^r + Y^{sr}$。

S 国的总出口可以表示为 $E^s = E^{sr} + E^{st} = A^{sr}X^r + A^{st}X^t + Y^{sr} + Y^{st}$。

R 国和 T 国的总出口 E^r 和 E^t 也可类似表示。

最终，S 国向 R 国出口 E^{sr} 可以分解如下：

$$
\begin{aligned}
E^{sr} &= A^{sr}X^r + Y^{sr} \\
&= (V^s B^{ss})^T \# Y^{sr} + (V^r B^{rs})^T \# Y^{sr} + (V^t B^{ts})^T \# Y^{sr} \\
&\quad + (V^s B^{ss})^T \# (A^{sr}X^r) + (V^r B^{rs})^T \# (A^{sr}X^r) + (V^t B^{ts})^T \# (A^{sr}X^r) \\
&= (V^s B^{ss})^T \# Y^{sr} + (V^s L^{ss})^T \# (A^{sr}B^{rr}Y^{rr}) + (V^s L^{ss})^T \# (A^{sr}B^{rt}Y^{tt}) \\
&\quad + (V^s L^{ss})^T \# (A^{sr}B^{rr}Y^{rt}) + (V^s L^{ss})^T \# (A^{sr}B^{rt}Y^{tr}) \\
&\quad + (V^s L^{ss})^T \# (A^{sr}B^{rr}Y^{rs}) + (V^s L^{ss})^T \# (A^{sr}B^{rt}Y^{ts}) + (V^s L^{ss})^T \# (A^{sr}B^{rs}Y^{ss}) \\
&\quad + (V^s L^{ss})^T \# [A^{sr}B^{rs}(Y^{sr} + Y^{st})] + (V^s B^{ss} - V^s L^{ss})^T \# (A^{sr}X^r) \\
&\quad + (V^r B^{rs})^T \# Y^{sr} + (V^r B^{rs})^T \# (A^{sr}L^{rr}Y^{rr}) + (V^r B^{rs})^T \# (A^{sr}L^{rr}E^r) \\
&\quad + (V^t B^{ts})^T \# Y^{sr} + (V^t B^{ts})^T \# (A^{sr}L^{rr}Y^{rr}) + (V^t B^{ts})^T \# (A^{sr}L^{rr}E^r)
\end{aligned}
$$

根据出口品的价值来源和最终吸收地可以将双边总出口分解为 16 个增加值和重复计算部分。这 16 个部分表示的经济含义分别为：第 1 部分为最终出口的国内增加值，第 2 部分为直接被进口国生产国内最终需求吸收的中间出口国内增加值，第 3 部分为被进口国出口至第三国并被第三国生产国内最终需求吸收的

中间出口国内增加值，第 4 部分为被进口国生产最终出口至第三国而被吸收的中间出口国内增加值，第 5 部分为被进口国生产中间出口至第三国并最终以最终进口返回第二国吸收的中间出口国内增加值，这五部分之和为最终被国外吸收的国内增加值（简称 DVA）。第 6 部分为被进口国生产最终出口返回国内并被吸收的中间出口国内增加值，第 7 部分为被进口国生产中间出口至第三国、以最终进口返回国内并被吸收的中间出口国内增加值，第 8 部分为被进口国生产中间出口返回国内、用于生产国内最终需求所吸收的中间出口国内增加值，这三部分之和为返回的国内增加值：国内增加值先被出口至国外，但隐含在本国的进口中返回国内并最终在国内被消费（简称 RDV）。第 9 部分为隐含于进口中返回国内、被生产最终出口吸收的中间出口国内增加值（中间出口与最终出口价值的重复计算），第 10 部分为隐含于进口中返回国内、被生产中间出口吸收的中间出口国内增加值（中间出口与中间出口价值的重复计算），这两部分是本国中间出口的国内价值重复计算部分（简称 DDC）。第 11 部分为本国最终出口的进口国增加值，第 12 部分为本国中间出口的进口国增加值，这两部分为隐含于本国出口的进口国增加值（MVA）。第 14 部分为隐含于本国最终出口的第三国增加值，第 15 部分为直接被进口国生产国内最终需求吸收的第三国增加值，这两部分为隐含于本国出口中的第三国增加值（OVA）。MVA 与 OVA 之和为用于生产本国出口的外国增加值（FVA）。第 13 部分为本国中间出口的进口国价值重复计算部分，第 16 部分为本国中间出口的第三国价值重复计算部分，第 13 部分和第 16 部分之和为本国中间出口的外国价值重复计算部分（FDC）。DDC 和 FDC 之和为中间品贸易的纯重复计算部分（PDC）。PDC 是由于中间品贸易多次来回跨越国界引起的。这些中间品贸易交易值不构成任何国家的 GDP 或最终需求，类似于用一种中间投入品生产另一种中间投入品的国内产业间交易。由于所有的跨国贸易交易都会被各国海关当局记录，因此这一部分重复计算包含于总贸易统计中。而国内中间投入品贸易则不同，在通过行业统计来核算 GDP 时，所有中间投入品的价值都必须从总产出中扣除以避免重复计算。归纳起来，总出口具体各分解部分的关系可见图 3-1。[①]

　　基于上述贸易增加值的分解框架，为了衡量一国在全球价值链所处的上下游位置和参与全球价值链的程度，KWW（2010）构建了全球价值链位置（GVC_Position）和全球价值链参与度（GVC_Participation）两项指标。前者将 R 国 i 产业为他国出口生产所提供的中间品出口份额与该国使用的进口中间品份额进行比较，若该国处于全球价值链的上游，则它的参与方式应该是为他国出口生产投入品，提供原材料或中间品，或者同时提供二者，间接增加值出口占总出口的份额会比外国增加值占总出口的份额高，即 GVC_Position 大于 0。同理，若一国处于全球价值链的下游，则会进口大量他国的中间品进行生产并出口，外国增加值占总出口的比重会高于间接的国内增加值出口所占的比重，即 GVC_Position 小于 0。也就是说，通过比较差额来考量一国

---

① 王直、魏尚进、祝坤福，"总贸易核算法：官方贸易统计与全球价值链的度量"，《中国社会科学》2015 年第 9 期。

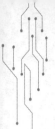

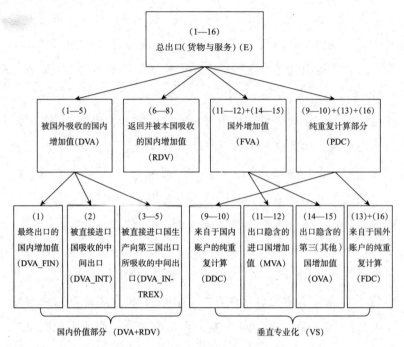

图3-1　贸易增加值的分解框架

资料来源：根据 Wang 等（2013）（美国经济研究局工作论文，第 19667 号）的图 1a—1c 简化。

某行业处于 GVC 低端还是高端。该指标越大，说明一国在全球价值链中越处于上游，否则表明该国在全球价值链中越处于下游。GVC _Participation 指标越大，则说明一国参与全球价值链的程度越高。计算全球价值链位置和参与度的公式如下：

$$GVC\_Position_{ir}=\ln\left(1+\frac{IV_{ir}}{E_{ir}}\right)-\ln\left(1+\frac{FV_{ir}}{E_{ir}}\right)$$

$$GVC\_Participation_{ir} = \frac{IV_{ir}}{E_{ir}} + \frac{FV_{ir}}{E_{ir}}$$

基于行业上游度和出口上游度的测算方法

行业上游度的计算

行业上游度主要用来衡量全球价值链分工位置。为了了解每个行业在全球价值链生产环节中的位置，首先要计算的就是行业上游度，行业上游度也是下文中计算出口上游度的基础。我们以 Fally（2011）的上游度测度方法为基础，借鉴戴翔和李洲（2017）的方法，讨论开放环境条件下行业上游度的测度。假设每个经济体有 N 种行业，对每种行业 i ∈ {1,2,3,…,N}，该行业总产值是 Y_i。e_{ij} 为中间投入产出系数，表示生产一单位产值的产品 j 需要投入行业 i 的产值。在 Fally 提出的测度方法中，行业上游度的计算公式为

$$U_i = 1 + \sum_{j=1}^{N} \frac{e_{ij}Y_j}{Y_i} U_j$$

其基本思想是，行业 i 的总产出被更高上游度的行业使用的比例越高，则行业 i 越处于更加上游的位置。显然 $U_i \geqslant 1$。

计算行业上游度的 N×1 矩阵 $[1-\Delta]^{-1}1$，1 是元素为 1 的列向量。$[1-\Delta]^{-1}1$ 只有其中的矩阵 Δ 会发生变化。矩阵 Δ 第 i 行第 j 列的元素可表示为

$$\omega_{ij} = \frac{e_{ij}Y_j + X_{ij} - D_{ij}}{Y_i}$$

其中，X_{ij} 表示外国行业 j 生产时使用了多少本国行业 i 的产值，D_{ij} 表示本国行业 j 生产时使用了多少行业 i 的产值，e_{ij} 表示生产 1 单位行业 j 的产值需要投入行业 i 的总产值（国内和国外）。

出口上游度的计算

与行业上游度衡量单个行业的分工位置不同的是，出口上游度可以衡量一个经济体在全球价值链中的位置，根据行业上游度就可以很快地计算出口上游度。Antràs 的出口上游度的计算公式如下：

$$U = \sum_{i=1}^{N} \frac{X_i}{X} U_i$$

上式中，X 表示一个经济体的总出口。公式中用各个行业的出口比重作为权重乘以各个行业的行业上游度后进行加总计算经济体的出口上游度。戴翔和李洲（2017）认为，在全球价值链框架下，使用增加值出口数据而非传统的总值出口数据能够更准确地测算出口上游度。同时，因为使用增加值出口数据进行计算不仅考虑到了出口行业所处具体生产环节和生产阶段的"物理定位"，也充分考虑了"经济定位"，即出口行业在全球价值链中创造的附加价值，所以这种改进的出口上游度的测算方法更加完善。

中国制造产业在全球价值链中的分工特征

根据数据的可获取性和一致性，我们使用的数据来源于世界投入产出数据库在 2016 年最新发布的世界投入产出表（WIOD，

2016）以及联合国商品贸易数据库。具体来说，测算的制造业在全球价值链中的地位、参与度和上游度等指标使用 WIOD（2016）最新发布的投入产出数据，上述数据库按照国际产业标准分类法（ISIC Rev.4）进行分类，其中制造业行业代码和行业分类如下：C5 食品、饮料及烟草业，C6 纺织、服装及皮革业，C7 木材加工（家具除外）和木、竹、藤、棕、草制品业，C8 造纸及纸制品业，C9 印刷及出版业，C10 炼焦及石油业，C11 化工产品制造业，C12 医药制品业，C13 橡胶及塑料制品业，C14 其他非金属矿物制品业，C15 基本金属制品业，C16 金属制品业（机械设备除外），C17 计算机、电子及光学设备制造业，C18 电气设备制造业，C19 机械设备制造业，C20 小汽车、拖车、半挂车制造业，C21 其他运输设备制造业，C22 家具制品及其他制造业，共计 18 个行业部门。我们参照彭水军等（2017）的做法，根据《国民经济行业分类》，将 C5—C22 归为制造产业，其中 C5—C9 和 C22 为低技术行业，C10、C13—C16 为中技术行业，C11—C12 和 C17—C21 为高技术行业。

中国制造产业整体全球价值链地位特征

中国制造业全球价值链参与度

从图 3-2 可以看出，中国制造业在全球价值链的融入方式上更多的是后向参与方式，其出口商品的生产与贸易特征，特别是加工贸易的出口方式决定了中国融入全球价值链的后向参与度相对于前向参与度要高。就变化趋势而言，中国制造业行业在全球价值链的前向参与度与后向参与度的发展路径比较相似，均呈现

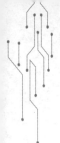
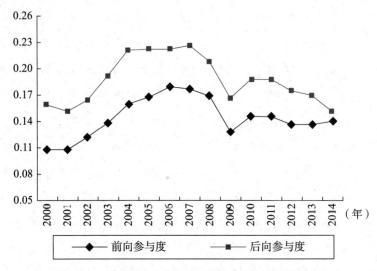

图3-2　中国制造业在全球价值链中参与度指数的变化

资料来源：张会清和翟孝强（2018）；对外经贸大学全球价值链研究院数据库。

上下波动态势。2000—2007 年间，中国借助"入世"之力快速且深入地融入到全球价值链中，前向参与度和后向参与度指数分别增加了 53.2% 和 43.6%；在 2008 年国际金融危机期间，前后向参与度指数均出现阶段性下降；之后的 2012—2014 年间，世界经济外部环境低迷和贸易保护主义兴起等因素对中国制造业的进出口贸易冲击明显，前后向参与度指数随之再次下降。但是值得注意的是，2012 年以后相比于后向参与度的大幅下降，中国制造业全球价值链前向参与度开始趋于回升，分析其原因，可能是中国在 2011 年出台了促进加工贸易转型升级的政策导向所致。例如《关于促进加工贸易转型升级的指导意见》（2011 年）

中明确要求"提高加工贸易技术含量和附加值",实际上是用国内增加值来替代进口的国外增加值,这也意味着近年来中国制造业在全球价值链中的角色正在从"价值输入"逐步转向"价值输出",推动加工贸易转型升级的工作取得了初步成效(张会清和翟孝强,2018)。

中国制造业在全球价值链中的国际分工地位

从表 3-2 可以看出,中国在全球价值链分工体系中已经占有重要位置。2014 年中国以数值 0.862、增长率 0.6% 的指标在发达国家主导的全球价值链中国际分工地位排名第五,处于中游水平且国际分工地位有小幅提升。这个位置意味着中国可能成为新型国际分工模式中的中心枢纽。同时,图 3-3 显示,从 2000 年

表 3-2　中国制造业在全球价值链中的国际分工地位

国别	2011 年	2012 年	2013 年	2014 年	增长率（%）
中国	0.841	0.853	0.851	0.862	0.6
美国	0.876	0.865	0.839	0.840	-3.5
加拿大	0.811	0.789	0.762	0.801	-2.3
德国	0.863	1.258	1.132	1.027	-3.6
法国	0.702	0.721	0.695	0.692	0.7
意大利	0.673	0.752	0.762	0.792	9.1
英国	0.842	0.850	0.879	0.881	3.9
澳大利亚	1.276	1.223	1.272	1.283	2.1
日本	0.803	0.816	0.832	0.842	3.4
韩国	0.787	0.809	0.867	0.892	9.7

资料来源:根据 WIOD 数据库世界投入产出表计算。

到 2011 年，中国在全球价值链中的分工位置在向价值链的下游延伸，但是 2012 年之后的价值链位置开始向上游反转。中国制造业的全球价值链位置的变动轨迹与国家层面的情形相似，只不过所处位置比国家层面低，更加偏向下游。这种全球价值链位置的演变是因为中国主要通过进口中间品的组装生产和加工贸易方式参与全球价值链，偏重后向参与的价值链融入方式引起制造业乃至国家层面的价值链位置向下游倾斜。近年来，在国家一系列加工贸易转型升级政策的引导推动下，中国制造业部门开始向全球价值链的上游位置攀升。

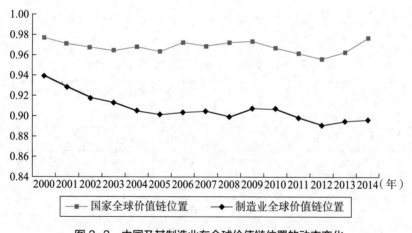

图 3-3　中国及其制造业在全球价值链位置的动态变化

资料来源：张会清和翟孝强（2018）；对外经贸大学全球价值链研究院。

为了进一步了解中国制造业在全球价值链中的相对位置，张会清和翟孝强（2018）通过计算全球价值链位置指数研究了 43 个国家/地区在全球价值链中的排位情况（见表 3-3）。从全球价值链位置排名来看，挪威、澳大利亚、俄罗斯等资源国处在全球价值链的相对上游位置，德国、日本、韩国等制造强国处在中上游位置，土耳其、墨西哥、捷克等新兴经济体处在中下游位置。中国大陆的全球价值链位置指标值为 0.897，在 43 个国家 / 地区中排名第 35 位，处在下游位置。全球价值链位置指标更为准确地揭示了各国 / 地区在全球价值链中从事专业化生产的相对位置，对于人们理解全球价值链的构成形态和评价国际分工地位具有重要意义。然而，全球价值链位置指标没有考虑到中间品贸易的科技属性，并不能完全反映国际分工地位或政策意义上的全球价值链位置。例如，对于以低技术含量的资源品和原材料贸易参与全球价值链的国家来说，生产工序的物理流程决定了其处在专业化生产的上游位置，但这些国家大多数是在国际分工体系中处于从属地位。而一些在物理位置上并不靠近生产工序前端的国家，以高技术含量的服务和零部件贸易参与全球价值链，因为拥有核心技术而在国际分工体系中处于主导地位，获得最多的分工利益。因此，全球价值链位置指标的大小并不意味着国际分工地位的优劣，全球价值链位置指标的上升也并不意味着政策意义上的价值链提升。[①]

苏庆义（2016）在投入产出的理论框架下，基于出口贸易的增加值属性和技术属性的双重视角，设计了一个测度国际分工地位的新指标（出口贸易的国内增加值率 × 出口产品的技术复杂度）。借鉴这一思路，并充分考虑科技实力对国际分工地位的决定性影响，我们对全球价值链位置指标做出必要的修正，以科

---

① 苏庆义，"中国国际分工地位的再评估"，《财经研究》2016 年第 6 期。

技创新指数 ST 作为修正系数，[①] 补充全球价值链位置指标缺失的科技属性，尽可能反映政策意义上的价值链位置。新的位置指标 NGVC_Position = GVC_Positon × ST。从表 3-3 中新全球价值链位置指标值的排列次序来看，该指标所反映的全球价值链位置可能更符合国际分工的利益格局，也更具有政策内涵。日本、德国、美国等制造强国和科技强国在全球价值链中处于上游位置，是全球价值链的主导者。巴西、俄罗斯等资源国受制于偏低的科技水平，主要是以低端原材料的供应方角色参与国际分工，在全球价值链中处于中下游位置。中国的全球价值链位置指标值虽然低于大多数国家 / 地区，但由于科技实力相对靠前，在全球价值链中反而接近中上游位置（第 23 位）。

中国制造业在全球价值链中的行业上游度和出口上游度

从表 3-4 可以看出，中国的制造业行业上游度相比全球平均水平要高。根据 Antràs 和 Fally 等（2012）的解释，上游度指数越高，表明产业分工地位越低。因此从表 3-4 中的测算结果来看，除了出版印刷、造纸和医药制品外，中国大多数制造业行业的上游度指数超过了全球的平均水平，这说明中国制造业大多数行业的分工地位相对于全球制造业总体水平而言仍然较低。同样的问题从表 3-5 也可以看出，中国制造业的行业上游度均值在 2000 年为 3.228，在 2014 年为 3.639，均超过了全球在同年份 2.478 和 2.913 的平均水平。从行业上游度的变化趋势来看，

---

① 科技创新指数来源于世界经济论坛，取自《全球竞争力报告》中的创新和复杂度因子（Innovation and Sophistication Factors），该因子包含了经济复杂度和研发创新方面的综合信息，是目前衡量一国科技实力的全面指标。

表3-3　2014年中国制造业在全球价值链的位置比较

GVC_Position				NGVC_Position			
上游 (1—11)	中上游 (12—22)	中下游 (23—33)	下游 (34—43)	上游 (1—11)	中上游 (12—22)	中下游 (23—33)	下游 (34—43)
澳大利亚	巴西	墨西哥	波兰	瑞士	比利时	中国 (23)	墨西哥
挪威	荷兰	奥地利	中国 (35)	日本	爱尔兰	葡萄牙	希腊
卢森堡	瑞典	意大利	西班牙	芬兰	奥地利	捷克	波兰
俄罗斯	马耳他	葡萄牙	印尼	荷兰	澳大利亚	印尼	土耳其
爱尔兰	比利时	捷克	克罗地亚	瑞典	法国	爱沙尼亚	斯洛伐克
芬兰	韩国	爱沙尼亚	加拿大	挪威	中国台湾	俄罗斯	拉脱维亚
日本	法国	拉脱维亚	罗马尼亚	美国	韩国	西班牙	匈牙利
希腊	德国	立陶宛	保加利亚	德国	加拿大	塞浦路斯	保加利亚
瑞士	匈牙利	土耳其	斯洛伐克	卢森堡	意大利	印度	克罗地亚
塞浦路斯	英国	中国台湾	印度	丹麦	马耳他	立陶宛	罗马尼亚
丹麦	斯洛文尼亚	美国	—	英国	斯洛文尼亚	巴西	—

资料来源：张会清和瞿孝强（2018）。

表3-4 中国和全球的制造业上游度指数

行业简称		中国				全球平均			
		2000	2007	2014	2000—2014均值	2000	2007	2014	2000—2014均值
低技术行业	纺织服装	3.645	3.518	4.012	3.726	2.388	2.590	2.869	2.615
	食品加工	2.844	3.823	5.311	3.982	2.134	2.261	2.298	2.263
	印刷出版	2.102	1.637	1.628	1.698	1.811	1.656	1.828	1.769
	造纸业	2.841	3.054	2.731	2.814	2.757	2.522	2.731	2.862
	木材加工	2.316	2.770	2.858	2.639	1.821	2.017	2.034	1.968
	其他制造品	2.124	1.578	1.369	1.681	1.537	1.545	1.613	1.489
中技术行业	橡塑制品	3.587	3.218	3.345	3.421	2.438	2.429	2.639	2.456
	石油制品	2.936	4.832	5.446	4.540	2.768	3.722	2.806	3.112
	金属制品	3.252	3.065	2.968	3.176	2.597	2.858	2.765	2.787
	基本金属制品	6.825	8.052	6.659	7.295	4.227	5.718	5.337	5.156
	非金属制品	2.977	2.345	2.373	2.598	1.877	1.888	2.468	2.421

续表

行业简称		中国				全球平均			
		2000	2007	2014	2000—2014均值	2000	2007	2014	2000—2014均值
高技术行业	电子信息	4.178	4.364	5.696	4.659	3.876	5.515	4.364	4.561
	医药制品	1.731	1.308	1.885	1.808	1.905	2.844	1.879	2.259
	化工制品	6.425	7.280	7.535	7.118	4.553	5.764	5.138	5.146
	机械设备	4.156	4.428	3.730	4.112	2.463	3.413	2.830	2.818
	电气设备	3.362	3.438	3.828	3.579	2.179	2.469	2.644	2.495
	运输设备	1.752	1.989	2.315	1.869	1.519	1.804	1.679	1.689
	汽车制造	2.895	3.378	3.459	3.355	2.432	2.587	2.531	2.703

资料来源：根据 WIOD 数据库世界投入产出表计算。

2000—2014 年中国大多数制造业的行业上游度表现出上升态势，增幅在 0.05%—87.35% 不等。与之相比，全球同期制造业的行业上游度增长幅度在 0.31%—33.6%。这表明中国制造业虽然很多行业部门处于全球价值链国际分工格局中的相对低端位置，但是中国制造业在全球制造业产业分工中总体继续向中上游发展，产业地位在全球价值链中逐步改善。

表 3-5 2000 年、2014 年中国和全球上游度指标的描述统计

区域	年份	观察值	均值	标准差	最小值	最大值
中国	2000	18	3.228	1.261	1.565	6.923
	2014	18	3.639	1.842	1.271	7.831
全球	2000	18	2.478	0.921	1.654	4.656
	2014	18	2.913	1.065	1.732	5.703

从出口上游度来看，中国整体的出口上游度虽呈现波动上升的变化趋势，但中国整体出口上游度的排名却由 2000 年的第 16 位下降到 2014 年的第 21 位，这说明中国产业在全球价值链分工中的总体地位的确趋于不断上升中（见表 3-6）。这里要说明的是，出口上游度排名越靠前，在全球价值链中的分工地位越低。这个结论不同于前述单纯基于行业上游度的分析结果。根据戴翔和李洲（2017）的观点，行业上游度分析只考虑了出口跨境生产的"物理定位"而未能考虑附加值创造能力的"经济定位"，因此对全球价值链分工下产业地位的分析和判断会存在偏误。另外，从表 3-6 中发现，2001—2008 年间中国制造业出口上游度排名从第 9 位上升到第 7 位，即中国制造业在全球产业中的分工

地位是趋于下降的；但是在 2008 年之后出口上游度排名又由第 7 位下降到第 15 位，这意味着中国制造业在全球的国际分工地位出现了快速提升和改善。这一变化可能是由 2008 年全球金融危机冲击对中国制造业转型升级发展产生的倒逼作用而导致的。

表 3-6　中国出口上游度、制造业出口上游度及其排名

年份	中国出口上游度	中国出口上游度排名	制造业出口上游度	制造业出口上游度排名
2000	4.7823	16	4.3276	10
2001	4.7965	19	4.3215	9
2002	6.5432	20	5.2147	9
2003	4.7231	18	4.8759	8
2004	4.8346	19	5.4264	7
2005	5.0527	17	5.9021	7
2006	5.1126	17	5.5281	8
2007	5.0533	19	5.0710	7
2008	5.3148	17	5.9222	7
2009	5.3165	19	5.2581	8
2010	5.2743	20	5.4376	9
2011	5.3155	21	5.6417	10
2012	5.7325	21	5.3269	12
2013	5.0765	21	5.3456	13
2014	5.3762	21	5.6011	15

资料来源：根据 WIOD 数据库世界投入产出表计算。

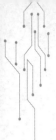

中国制造业在全球价值链中分行业的地位特征

中国制造业在全球价值链中分行业的参与度

我们计算了中国制造业分低、中、高技术类型的行业全球价值链参与度指数（见表 3-7）。从 2014 年的数据来看，前向参与度较高的行业有电子信息（0.253）、化学制品（0.211）和橡胶制品（0.208），后向参与度较高的行业有电子信息（0.287）、石油制品（0.244）和金属制造（0.216）。在所有的细分行业中，高技术的电子信息产业（即计算机、电子和光学制品业）在全球价值链中的前后向参与度最高，这表明中国的电子信息行业在全球价值链中具有较高地位。另外，纸制品、石油制品、橡胶制品、化学制品和电气设备等行业的前后向参与度也比较高，这些行业部门多为中高技术制造业行业，说明中国中高技术制造产业融入全球价值链程度较深，在全球价值链格局中处于中上游位置。

通过比较 2000—2014 年分阶段中国制造业代表性行业的全球价值链参与度指数的变化特征，我们发现：第一，2000—2011年，除纺织服装业和运输设备制造业之外，大多数制造业部门的前后向参与度都在提升，反映出这一时期中国制造产业正在全面融入全球价值链，前端中间品的生产和后端加工制造的工序都在沿着价值链不断深化和延伸，中国"世界工厂"的地位逐渐形成并且加以巩固。第二，2012—2014 年，除石油制品业和橡胶制品业之外，其他代表性制造业部门的前向参与度均有小幅提升，其中以电子信息产业、电气设备制造业和运输设备制造业为代表的先进制造业增幅变化最为明显，这反映出中国先进制造业的国内附加值不断提高，不但克服了全球金融危机和国际贸易环境低迷带来的不利影响，而且在引领制造业部门结构调整和产业升级方面发挥了重要作用。第三，2012—2014年，中国所有代表性制造业部门的后向参与度均出现了下降，这意味着国内制造产业的生产活动对外国增加值的依赖性全面减弱，自主生产能力在不断加强。

表 3-7　中国代表性制造业行业在全球价值链中的参与度动态变化

行业简称		前向参与度			后向参与度		
		Δ（2011-2000）	Δ（2014-2012）	2014 年	Δ（2011-2000）	Δ（2014-2012）	2014 年
低技术行业	纺织服装	0.041	0.005	0.135	−0.031	−0.016	0.112
	纸制品业	0.046	0.002	0.168	0.052	−0.011	0.173
中技术行业	石油制品	0.012	−0.001	0.153	0.163	−0.056	0.244
	橡胶制品	0.045	−0.004	0.208	0.027	−0.024	0.175
	金属制造	0.006	0.005	0.149	0.079	−0.028	0.216
高技术行业	电子信息	0.071	0.019	0.253	0.032	−0.047	0.287
	化学制品	0.052	0.002	0.211	0.048	−0.042	0.186
	电气设备	0.029	0.011	0.176	0.041	−0.027	0.193
	机械设备	0.061	0.003	0.142	0.064	−0.033	0.174
	运输设备	−0.021	0.012	0.068	0.053	−0.032	0.185
	汽车制造	0.032	0.004	0.079	0.032	−0.019	0.152

注：Δ（2011-2000）表示 2011 年的参与度指数减去 2000 年的参与度指数，反映参与度的动态变化。

　　Δ（2014-2012）意思依此类推。

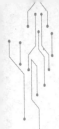

中国制造业在全球价值链中分行业的国际分工地位

比较表 3-8 中代表性行业全球价值链位置指数的变化可以看出，2000—2011 年间，虽然中国在加速融入全球价值链，但加工贸易为主的嵌入方式导致制造业的后向参与度超过前向参与度，全球价值链位置反而向下游偏移，显示出价值链低端锁定的迹象，这在机械设备、运输设备制造业和汽车制造业等价值链绵长的行业表现得尤为突出。2012—2014 年间，在"促进加工贸易向产业链高端发展"和"制造业产业结构调整升级"等政策的大力引导下，多数制造业的价值链位置转而向上游攀升，电子信息、电气设备、机械设备和汽车制造等先进制造业成为中国制造产业在全球价值链中地位提升的"领头雁"。

表 3-8　中国制造业代表性行业在全球价值链中的位置及其变化

行业简称		Δ（2011-2000）	Δ（2014-2012）	2014 年
低技术行业	纺织服装	−0.078	−0.011	0.831
高技术行业	电气设备	−0.042	0.002	0.765
	电子信息	−0.018	0.010	0.751
	机械设备	−0.133	0.014	0.743
	运输设备	−0.082	−0.016	0.697
	汽车制造	−0.161	0.018	0.728

注：Δ（2011-2000）表示 2011 年的全球价值链位置指数减去 2000 年的同指数，反映价值链位置的动态变化。

Δ（2014-2012）意思依此类推。

中国制造业在全球价值链中分行业的上游度

根据前文中的表 3-4 可以发现，2000—2014 年间，在中国制造业的行业上游度测算指标中，少数制造业行业的上游度增长较快，比如食品加工业、石油制品业的上游度增长最为迅速，均超过80%；电子信息行业增长超过30%，电气设备制造业增长超过20%。但是大部分制造业行业的增速相对较慢，甚至有部分行业出现了显著的负增长，比如印刷出版业、金属制品和基本金属制品业、机械设备制造业、橡塑制品业及其他制造业等。

综上所述，通过对中国制造产业在全球价值链的参与度和位置指数的测算，可以发现中国制造业部门虽然部分处于全球价值链的中上游环节，但在全球产业格局中总体上仍然处于中低端。从发展趋势来看，近年来中国制造业的行业上游度和出口上游度与全球平均水平相比呈下降趋势，这意味着中国制造业在全球产业分工中总体上继续向中上游移动，有着持续向全球价值链中高端攀升的趋势。

不同技术特征的中国制造业部门在全球价值链中的地位特征

表3-9显示了不同技术特征的中国制造业部门在全球价值链中的地位。从低技术制造业的国际分工地位来看，中国在2011年和2014年分别以1.168和1.087的指数值处于全球价值链位置排名的首位，表明了中国制造业在低技术行业部门已经发展成熟，不但具备了完备的生产技术和配套体系，而且依靠劳动密集型行业的成本优势实现了低技术行业的附加价值创造能力的提升，为中国现阶段"世界工厂"的建立奠定了坚实基础。从中技术制造业的国际分工地位来看，中国中技术制造业相比低技术而言，其国际竞争力明显不足，但中技术制造业部门的资源要素密集型的特征明显。最后考察高技术行业的国际分工地位发现，

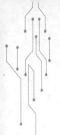

表 3-9　按不同技术类型划分的中国与发达国家制造业的国际分工地位

	低技术制造业			中技术制造业			高技术制造业		
	2011 年	2014 年	增长率	2011 年	2014 年	增长率	2011 年	2014 年	增长率
中国	1.168	1.087	-0.5	0.789	0.626	-5.9	0.681	0.725	2.1
美国	0.732	0.761	0	0.751	0.736	-2.2	0.917	0.867	-4.7
德国	0.689	0.743	1.3	0.871	1.043	3.5	0.921	1.142	-7.1
英国	1.018	1.078	1.8	0.692	0.783	7.1	0.765	0.833	5.5
法国	0.638	0.692	0.7	0.771	0.692	-3.5	0.651	0.736	18.7
意大利	0.545	0.877	25.1	0.413	0.782	30.6	0.411	0.714	30.2
加拿大	0.921	0.986	0.3	0.709	0.620	-1.2	0.758	0.730	-0.8
澳大利亚	0.832	0.837	-0.4	0.526	0.509	-1.1	0.793	0.855	7.1
日本	0.985	1.029	5.7	0.774	0.876	0.8	0.752	0.786	4.2
韩国	0.867	0.960	8.6	0.694	0.813	8.5	0.802	0.961	10.8

资料来源：根据 WIOD 数据库世界投入产出表计算。

2014 年中国在高技术制造业的全球价值链位置指数为 0.725，排名倒数第二，仅高于意大利，与发达工业国的差距非常明显。2014 年，德国、韩国、美国分别以 1.142、0.961、和 0.867 位列高技术行业全球价值链位置排名的前三位。再者，美国、中国、日本、德国作为全球四大经济体，虽然它们在全球价值链中的位置大致相仿，但其获得分工位置和分工收益的方式却完全不同。就现阶段而言，中国仍然处于依靠劳动力成本等低端要素实现价值链位置提升的阶段，通过创新和附加值提升的方式在全球价值链中获取分工利益的能力还亟待加强。

中国制造产业在全球价值链中的国际竞争力分析

一般而言，贸易视角下传统的制造业国际竞争力经常采用一国部门的显性比较优势（Revealed Comparative Advantage，简称 RCA）指数进行测度。一国部门的传统 RCA 指数是该国这一部门出口总值在该国总出口中的比例相对于全球该部门出口总值在全球总出口中比例的比较值（本文简称传统 RCA 指数或 RCA_Gross）。RCA 指数大于 1，表示该国这一部门的出口具有显性比较优势；RCA 指数小于 1，表示该国这一部门的出口具有显性比较劣势：

$$\text{RCA\_Gross}_i^r = \frac{e_i^r / \sum_{i=1}^{n} e_i^r}{\sum_r^G e_i^r / \sum_r^G \sum_{i=1}^{n} e_i^r}$$

从全球价值链角度来看，传统 RCA 指数既忽略了国内生产分工又忽略了国际生产分工。具体而言，首先，传统的 RCA 指数忽略了一国部门的增加值可以隐含在该国其他部门的出口中而实现间接出口这一事实。其次，传统的 RCA 指数也没有考虑一国部门的总出口中包含有部分外国价值的事实（FVA 和 FDC）。因此，正确测量一国部门显性比较优势的方法不仅需要包括隐含在本国其他部门出口中的该部门增加值（间接出口），还需要排除总出口中来源于外国的增加值和纯重复计算的部分。[①]

考虑到出口在国内生产和国际生产中的作用，我们采用基于贸易增加值进行核算的新 RCA 指数（NRCA）或 RCA_Value added 新指标来测度中国制造业在全球价值链中的国际竞争力，即基于产业部门前向联系计算的一国出口中该部门的增加值占该国总出口中的国内增加值的比例，相对于所有国家出口中该部门所创造的增加值占全球总出口增加值的比例的比较值。

$$\text{RCA\_Value Added}_i^r = \frac{(\text{vax\_f}_i^r + \text{rva\_f}_i^r)/\sum_{i=1}^n (\text{vax\_f}_i^r + \text{rva\_f}_i^r)}{\sum_r^G (\text{vax\_f}_i^r + \text{rva\_f}_i^r)/\sum_r^G \sum_{i=1}^n (\text{vax\_f}_i^r + \text{rva\_f}_i^r)}$$

图 3-4 中中国产业的各行业 NRCA 平均值的变化走向表明，中国在全球价值链中的国际竞争力正在变弱，从 2000 年的 1.036 降至 2014 年的 0.992，特别是受 2007 年金融危机的影响竞争力指数下降幅度更加明显。从表 3-10 可以看出，样本期间

[①] 王直、魏尚进、祝坤福，"总贸易核算法：官方贸易统计与全球价值链的度量"，《中国社会科学》2015 年第 9 期。

内 NRCA 指数下降的多为资源密集型和劳动密集型的传统制造业行业，例如纺织服装、家具制造等。而资本技术密集型制造业的 NRCA 指数反而提升显著，比如电子信息产业的竞争力指数大幅提升 0.781，自 2000 年开始快速成长为具有较强竞争优势的先进制造业部门。

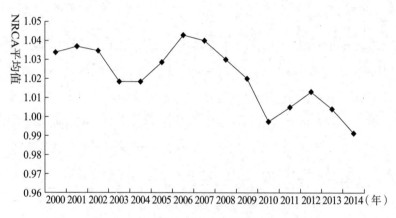

图 3-4　中国所有行业竞争力指标的平均值

资料来源：根据 WIOD 数据库世界投入产出表计算。

表 3-10　中国制造业竞争力变动较大的行业

行业简称		Δ（2014-2000）
低技术行业	纺织服装	−0.701
	家具制造	−0.779
中技术行业	石油制品	−0.214
	橡塑制品	−0.251
高技术行业	电子信息	0.781
	电气设备	0.406

续表

行业简称		Δ（2014-2000）
高技术行业	机械设备	0.320
	汽车制造	0.299
	运输设备	0.295

注：Δ（2014-2000）表示2014年的竞争力指数减去2000年的竞争力指数，反映竞争力的动态变化。

表3-11比较了中国与主要国家在制造业代表性行业中的国际竞争力水平。根据表3-11可知，中国在传统制造业部门的多数行业的国际竞争力已经明显超过发达工业国家，但普遍面临着新兴工业国和后发发展中国家的竞争压力。比如，家具制造业和食品加工业的竞争力弱于巴西和墨西哥，橡塑制品业和木制品业的竞争力弱于波兰等。尤其值得关注土耳其在传统制造业中的竞争力变化，其在金属制品、家具制造和纺织服装等多个行业的竞争力水平都超过了中国。从表3-11中的数据来看，2014年中国在制造业部门的NRCA平均值达到1.326，无论是传统制造业还是先进制造业的大多数行业都处在竞争优势的地位。这表明中国不仅是"制造大国"，更在一定程度上具备了"制造强国"的基本特征。另一方面，中国的先进制造业部门的竞争力水平与发达工业国存在较大差距。这在化学制品业、交通运输设备制造业表现得极为明显，电子信息产业和装备制造业部门的竞争力水平相对于法国和美国虽然较高，但与德国、日本、韩国相比仍有较大差距。尽管如此，中国在与新兴工业国相比较时，多数制造业行业都具有较大的竞争优势，尤其以电子信息产业、化学制品业以

表3-11 2014年中国与主要国家在制造业代表性行业中的 NRCA 竞争力指数

行业简称		中国	德国	法国	日本	韩国	美国	墨西哥	波兰	巴西	土耳其	印度
低技术行业	纺织服装	2.758	0.381	0.623	0.328	1.279	0.158	0.965	0.723	0.626	5.203	1.746
	食品加工	1.071	0.852	1.439	0.388	0.312	0.724	1.356	1.589	2.432	1.264	0.471
	橡塑制品	1.312	1.621	1.224	2.053	0.742	0.765	1.121	1.978	0.806	1.512	0.635
	木制品	2.023	0.648	0.531	0.220	0.261	0.534	0.615	2.365	1.281	0.857	1.069
	家具制造	1.504	1.212	0.806	0.474	0.509	0.824	1.669	1.365	1.552	1.563	1.658
中技术行业	金属制品	1.527	0.856	0.425	2.357	1.934	0.513	1.521	0.560	1.251	1.722	1.291
	电子信息	1.845	0.734	0.546	2.039	3.341	1.173	0.990	0.324	0.071	0.162	0.122
	化学制品	1.167	1.383	1.217	0.861	2.335	1.456	0.883	0.701	0.889	0.832	1.311
高技术行业	机械设备	1.162	2.458	0.861	1.567	1.287	0.875	1.084	0.745	0.521	1.263	0.467
	电气设备	1.832	2.213	0.763	1.787	1.954	0.623	1.612	1.167	0.367	0.831	0.544
	运输设备	0.696	1.074	2.343	1.502	2.989	2.364	0.895	0.711	0.552	0.545	1.123
	汽车制造	0.554	3.143	0.765	3.471	1.942	0.670	3.236	1.165	0.678	1.079	0.567

资料来源：根据 WIOD 数据库世界投入产出表计算。

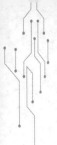
及装备制造业的优势最为明显。

中国制造产业在全球价值链分布特征的总结

综上分析，从 2000 年至 2011 年，虽然中国融入全球价值链的速度加快，但在价值链中所处的位置反而向下游偏移，表现出价值链低端锁定的迹象特征。2012 年之后，中国在全球价值链中的参与度出现脱离，但在国家加工贸易转型升级政策的引导推动下，先进制造业的前向参与度进一步提升，科技服务部门与生产制造部门的持续融合使得制造业出口品中的研发要素和技术含量显著增加，并且国内生产活动对国外增加值的依赖性全面减弱，推动中国攀升至接近全球价值链的中上游位置。从 2000 年到 2014 年，中国资源密集型和劳动密集型行业的国际竞争力不断下降，但资本技术密集型制造业的国际竞争力却显著提升。中国制造业部门的国际竞争力在全球价值链中的主要表现已经具备了制造强国的基本特征。可以说，中国在传统制造业部门的多数行业的国际竞争力明显超过发达国家，但普遍面临着后发发展中国家和新兴工业国的竞争压力；中国在先进制造业部门的竞争力水平与发达国家仍然存在较大差距，但与新兴工业国相比，竞争优势明显。

中国自 2001 年"入世"以来，制造业部门取得了长足进步，目前正处在由中等工业国向发达工业国转型升级的关键阶段。近年来，中国促进加工贸易转型升级、提升在全球价值链中地位的战略政策初现成效，国家政策推动效应明显。但在制造业升级过程中，传统制造业部门的竞争优势逐渐退化，面临的国际竞争压力也越来越大。这就使得我们更应高度重视传统制造业部门中企业所处的困境和遇到的难题，防范潜在的就业风险，采取有效措施来保障产业结构调整和制造业部门升级的平稳过渡。

价值链低端锁定效应及其突破机制

第四章

　　全球价值链体系是发达国家建立的国际贸易和国际分工模式的产物，发达国家在欠发达地区建立原材料和生产基地，并且通过巨额订单左右着发展中国家制造业的兴衰。根据 Humphrey 和 Schmitz（2004）的研究，由发达国家主导的俘获网络型、准层级型和层级型的治理模式都是不利于发展中国家产业价值链升级的，即便是第四种市场型关系，大部分订单也都掌握在发达国家手中，发达国家的先发优势使得发展中国家制造业的发展尤为艰难。对于发展中国家来说，尽管在理论上存在着工艺升级→产品升级→功能升级→跨产业升级四种序贯式全球价值链升级模式（Kaplinsky and Morris, 2001），但是国际代工的方式使得工艺升级和产品升级只能走在发达国家身后，保持着至少一代的差距，而发展中国家在全球价值链治理中的弱势，导致了无法进一步在功能升级和跨产业升级上获得较大突破，从而被锁定在由国际大买家主导的全球价值链低端。

　　被锁定在全球价值链低端的产业，企业的竞争力只限于低端层面，依靠规模经济和低廉的劳动力成本参与竞争，产业整体上对外依赖度高，在设计、研发积累、品牌和现代服务业等方面缺乏人才、缺乏知识的流动与再造（刘志彪，张杰，2009；王岚，2014）。Grunsven 和 Smakman（2005）以新加坡服装业为例，归纳出价值链低端锁定的一大差距、两大成本，即能力（研发、设计、营销、零售和生产）差距，以及大规模专用性的沉淀成本，技术、知识与产业配套上获取新能力的转型成本。由此可见，产业要迈向全球价值的高端非常艰难，既要在与发达国家的产业竞争中找到突破点，摆脱对内生性技术创新路径的阻断，又

要以适当方式加入全球商品价值链、培育企业的市场力量和自身
能力，还需要充分利用国内的产业发展政策。

价值链低端锁定的形成原因

中国的全球价值链低端锁定的原因主要包括国内因素和国外
因素两方面。从国内角度看，价值链的低端锁定主要是由于国内
企业本身所存在的问题导致的，包括中国企业过分依赖行业相对
优势、缺乏自主创新能力、企业家心智模式滞后以及制度质量和
契约环境差四个方面；从国外角度看，主要是由于跨国公司对中
国企业技术创新进行了严密封锁。

过分依赖行业相对优势

鉴丁各个国家的生产要素拥有数量各不相同，国家间各种要
素价格差异较为明显，从而在行业内形成了相对的优势。对发达
国家而言，他们有足够的资金支持且技术超前，在资本、技术、
经营、人才、信息等方面积累了大量的有益资源，因此在全球价
值链的产品开发、创造性设计、品牌运营等资本和技术密集型关
联活动上处于主导地位。与资本和技术相关的以上环节表现为低
竞争、高准入门槛、低替代性、高附加值等特征。尽管中国在技
术和资本方面较为落后，但在土地、自然资源、劳动力等方面有
突出优势。根据目前中国的相对优势资源和实际情况，企业适宜
从价值链的较低环节插入，参与到由跨国公司主导的全球价值链

分工生产体系中，从事我们所擅长的加工、制造、装配等劳动密集型活动，从而在制造业上构建全球竞争力。劳动密集型环节具有低技术含量、低进入门槛、竞争激烈、高替代性、低增值能力、低利润率等特征。由于中国在劳动力方面存在优势且依靠这一优势可以带来一定的利润，一些企业便形成了惯性，过度依赖这种优势，进而形成了严重的路径依赖，向全球价值链高端环节靠近的思想被抑制，心甘情愿处于当前的国际代工地位，将自身封锁在产业链的低端环节。

企业的自主创新能力较差

中国的本土企业大多数规模较小、工资水平较低、资金不充足，很难吸引高水平的技术及管理人才，这导致企业的技术水平及管理水平较落后。同时自主创新所包含的相当大的不确定性，使得企业即使成功可能也不会获得理想的效益，而失败却可能给企业带来风险，甚至使企业破产倒闭。一般的企业在面临较高的市场风险和财务风险时，往往没有能力也没有勇气承受。企业往往选择耗费大量的资金从国外购买先进设备，而放弃自主创新。这就使得中国企业的自主创新能力逐渐衰退。

对部分企业来说，即使其拥有技术创新的能力，但当管理者处于可获取现实利益的情况时，一般都会实施保守的竞争策略。他们会实施产品质量及市场定位差异化战略，避免与跨国公司的竞争，而不是去增强技术水平直面竞争，这样也能使企业获得生存的空间。管理者对风险的恐惧、对失败的担忧和不思进取的保守心理，造成了中国企业的自主创新能力不足。大部分企业没有掌握关键核心技术，很难构建自身的核心竞争力。这注定导致中国企业长期处于全球价值链的低端环节，同时陷入贫困化增长的困境中。

缺乏企业家精神

　　企业家心智模式往往会使人注重快速获利，常常将重心放在一些代工类劳务活动上。目前我们已经处于知识经济时代，但多数企业家在面对新环境及新形势时，其思维模式却没有随之转变。有些由于没有意识到提升自主创新能力的重要性，而选择继续进行单纯的生产和加工；还有一些企业家虽然认识到了创新的重要性，但却不能很好地去实践。导致这一局面的原因，主要是企业家对自主创新的认识不够准确：首先，中国大多数企业家都认为，单纯地做产品才符合比较优势理论。曾经的效益令企业家们缺乏勇气及魄力来进行自主创新、主动谋求转型的出路，且过于担心被主导企业取消订单，同时由于成本高且回收期长，也不重视设计、研发、销售渠道拓展、品牌建设等活动，总体上讲自主创新的意识及能力较弱。其次，企业家们没有足够的勇气选择冒险。美国创新经济学会曾做过统计，在一些高风险高投入的自主创新行为中，企业的平均成功率不足 10%。一些企业家认为仅凭借企业的能力自主创新很难实现，政府应参与其中。相对而言，模仿创新则显得较为轻松。这种想法渐渐变成"企业家陷阱"。企业家精神里如果缺少了冒险、事业心、创造欲及成就感，就会使企业的自主创新先天动力不足。

制度建设滞后

中国之所以变为"世界工厂",人口红利只是其表面原因,制度质量和契约环境使劳动生产力得到释放才是其根本原因。另外,在衡量某地区的比较优势时,既要关注其生产成本,也要注意其交易成本。其中,要素条件制约了生产成本,制度质量和契约环境则决定了交易成本与交易效率。有研究显示,如果一个国家的制度质量比较高,则其发展复杂技术产业的可能性较大,因为这些产业与契约关联度较大。反之,则发展简单技术产业的可能性大。由于自主知识产权保护制度在中国仍然不够完善,因此在企业的创新成果向生产力转化的过程中,相关制度并不能起到很好的保障作用。与此同时,相关交易、投资成本也会增长,对要素结构的路径依赖逐渐形成,导致企业在进行创新活动时不够主动。因此,中国代工企业仅能够通过一些初级要素加入到国际分工中去,最终处于价值链低端锁定状态。

发达国家跨国公司的技术封锁

中国企业有许多规范性的流程及其他一些相对严格的要求,这使得中国企业能够通过学习来实现工艺升级及自身产品的升级。然而,一旦跨国企业的既得利益受到威胁,如当中国企业计划通过构建自身的核心技术研发能力以及品牌、销售终端,来实现功能升级或跨产业升级时,跨国企业就会想方设法对中国企业的升级过程进行阻碍、控制,这也使得中国企业被迫处于全球价值链低端锁定状态。举例来说,跨国企业为阻止中国企业学习关键知识进行创新，往往会在设备中储存需要转移的知识，即输出隐性知识。由此一来，知识共享的成本提高，企业获取新知识的壁垒也会提高。于是，跨国企业就对中国企业造成双重阻碍与控制，使中国企业在进行功能升级型的价值链攀升活动时，不得已丧失活动空间和发展能力。

特定产业处于全球价值链中低端的症结分析

陷入多重锁定效应：基于装备制造业的典型分析

装备制造业是制造业的核心和脊梁，是建设制造强国的重中之重。在改革开放之后，借助廉价而丰富的劳动力资源以及其他一些优势，中国的装备制造业在参与全球分工过程中，国际竞争力得到提高、国际贸易额也以较快速度增长，再加上所获得的大量 OEM 订单，中国成为了名副其实的"制造人国"和"世界工厂"。然而，由于相对有限的出口增值能力，中国装备制造业始终处于全球价值链的低附加值环节。从形成原因来看，中国装备制造业陷入全球价值链低端锁定主要分为比较优势锁定、外资技术锁定、品牌销售锁定这三种形式。

比较优势锁定

对发展中国家来说，其具有比较优势的产品一般是初级产品与劳动密集型产品，具有比较劣势的产品是资本、技术密集型产品。然而，若是一直按照比较优势理论的思路，即发展中国家只是生产、出口初级产品、劳动密集型产品，同时从发达国家进

口资本、技术密集型产品，这将于不利于发展中国家装备制造业的发展，还会使其损失贸易利益。目前，中国装备制造业在劳动力、自然资源和土地等要素的价格上具有一定的比较优势，也正是凭借这样的优势，中国才能加入到国际分工中去。但是，中国出口的低附加值产品往往会导致"量增价跌"。这使得贸易利益没有随着出口规模的增长而增长。同时，发达国家会对中国装备造业的价值链升级进行阻碍，如对其进行技术封锁、打压其市场空间等。这样一来，中国装备制造业就不得不放弃价值链升级的目标，从而长期处于劳动密集型与粗放增长型的价值增值环节。

外资技术锁定

近几年中国的研发投入尽管有着逐年增长的趋势，但是相比一些制造强国，依然有着很大的差距。发达国家的研发投入占国内生产总值的 3%—4%，对规模以上工业企业来说，其研发投入是主营业务收入的 2.5%—4%；而在中国，相应的数据则仅仅是 2.1% 和 0.7%。这也导致了中国装备制造业较弱的技术创新能力。中国制造企业获取核心技术很大程度上依赖于直接引进技术、外资，以及进口贸易中存在的技术溢出。此外，一些关键的元器件和零部件对进口的依赖程度也较大。美国、德国和日本这三个国家所拥有自主知识产权的产品，工业增加值率分别为 49%、48.5% 及 38%，而中国仅仅只有 2.6%。中国的精密科学仪器、测量仪器以及汽车制造关键设备等产品的进口依赖程度非常高，达到了 70%。目前，由于发达国家对使用与模仿某些技术的限制，中国装备制造业很难再利用"引进—消化—吸收—再创新"的方法来掌握核心技术。同时，为了使中国相关企业进口更加先进的设备，使其困在低技术和低创新的微利化制造装配环节，发达国家还采用非关税壁垒措施和产品的快速升级换代这些手段。这使中国企业进一步陷入"国际代工—微利化—自主创新能力缺失"的恶性循环中。

品牌市场锁定

中国的汽车、通用飞机、高铁等已成功进入了发达国家的市场，也拥有一定数量的国家级、世界级品牌，尽管如此，中国装备制造业与发达国家在市场渠道、售后服务及品牌建设等方面依然存在差距。中国知名品牌的数目及影响力尤其不足。最近十年，在中国装备制造企业的出口产品中，自主品牌的产品甚至不足 20%，出现在世界品牌五百强榜单上的企业数量更是十分有限。同时，发达国家为阻止他国企业构建销售渠道，往往会通过自身的实力制定国际化的行业标准。数据显示，在诸多国际标准中，由中国制定的标准数量不足 0.5%。中国企业在国际分工中主要负责贴牌生产。因此，为了保证市场占有率，中国企业必须借助跨国企业的力量，利用其品牌、销售渠道等。这就使其被迫放弃向高附加值环节攀升，从而处于价值链低端锁定状态。

缺乏关键核心技术：基于电子信息产业的典型分析

中国在美国"再工业化"、德国"工业 4.0"以及日本日式"工业 4.0"推出之后，也发布了"中国制造 2025"计划，这一举措使制造业的发展提升至国家战略层面。电子信息产业从"工业 3.0"时代起就是制造业的基础。而智能制造"工业 4.0"，由于其发展需要物联网和大数据等作为技术支撑，所以对电子信息

产业的依赖性也很强。此外，电子信息产业作为高新技术产业的一部分，它的增长可以直接体现为制造业的增长。电子信息产业的关联效应和波及效应相较于其他高新技术产业来说是比较显著的，因此对其进行重点研究很有必要。

2018年4月美国商务部发布对中兴通讯的出口禁令，中兴因此蒙受了巨大损失，归根结底还是因为中国企业没有掌握核心技术。为什么会出现这样的局面呢？这是因为，尽管中国的电子信息产业贸易额总量较大，但其主要承担的还是附加值较低的加工部分，而美德日则处于高附加值环节。总体来看，中国电子信息产业依然是"橄榄型"的发展结构，即很多企业位于中间的制造环节并且基础较好，但是在上游关键核心技术的研发和标准制定上能力不足，在下游实施"以市场换技术"策略时处处受制于人。

关键核心技术"空心化"

欧美日等国家的企业通过对计算机硬件生产核心技术、CPU以及单晶硅等材料制造的垄断，赚取了绝大部分的利润。在中国，有自主知识产权的技术或者设备的电子信息企业屈指可数，有的企业甚至仅仅是外国企业的加工车间，不能称之为高新技术企业。在产业价值链中，技术竞争十分关键。发达国家的企业为了在产业竞争中胜出，就会外包制造环节，而聚焦研发设计和标准的制定等，以此来提升自身技术水平。

比如在通信领域中，思科之所以能垄断全球路由器超过80%的市场，就是因为其自身具有的技术优势。诺基亚、爱立信等也拥有该领域的大多数专利。在全球范围内，这些企业的知识产权水平也是长期处于领先地位，并且因此而赚取了巨额垄断利润。

与此相反，中国企业的关键元器件、路由器等产品对进口的依赖程度非常高。产业的"空心化"，即核心技术的缺失，使得中国电子信息产业的发展受到较大的制约，同时也使其在全球产业分工中的地位受到影响。一直以来，中国的部分企业习惯奉行"拿来主义""以市场换技术"的老路。当前中国对外技术依存度已经高于60%，而美国和日本的这一指标只有5%。如果任由这种状况持续，那么在跨国企业的全球网络中，中国电子信息企业失去自主性的可能性非常大，将会面临被淘汰的危险。

跨国公司对核心技术的封锁与控制

对技术进行控制和占据市场制高点是跨国公司在投资东道国时的基本手段。在中国，跨国公司的研发中心大都是独资的，母公司对其进行直接领导。在战略上，这些研发中心往往会实施技术封闭战略。此外，这些研发机构极少同中国本土的企业及科研院所沟通交流，因此使得技术溢出效应十分不显著甚至低至零。有的发达国家或地区通过对出口技术与设备进行严格限制，来维护其在技术上的垄断地位并保证较强的产业竞争力。

比如，美国对销往中国的半导体制造设备就有着很多限制，尤其是对掩膜制版设备和光刻设备。中国台湾地区的企业，若要在大陆建线，也会设置许多条件限制。其中最主要的就是"N-1"原则，即其投资的产品线技术性能需比在中国台湾地区的低一代。以芯片为例，为维护中国台湾地区的技术优势，如果中国台湾地区生产采用了八代线，大陆就只能比八代线低，而不能将其最先进的技术用于大陆企业的生产上。

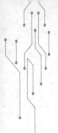
缺乏自主品牌影响力：基于汽车产业的典型分析

中国汽车的生产销售量于 2009 年第一次超越美国，在 2012 年则一跃成为全球最大的汽车市场。然而由于其对合资品牌的高度依赖，并且缺乏有竞争力的品牌，中国仅称得上是汽车大国而非强国。现今中国汽车工业仍然处于产业链的低端环节，在一些具有高附加值的环节，如产品开发以及销售上，还有很多不足。从原因上看，中国汽车产业主要存在以下几方面的问题。

产业发展历时较短

从戈特利布·戴姆勒与卡尔·奔驰在 19 世纪 80 年代发明汽车到现在，欧美国家的汽车发展史已超过百年。奔驰、福特、标致以及斯柯达作为世界上最早的四个汽车制造商，都有着百年发展史。上述企业为现代汽车产业的大部分核心技术奠定了基础。日本的大部分汽车制造商是各式军工企业转型的结果，早在二战之前就已奠定了坚实的工业基础。韩国的汽车制造业在 20 世纪 80 年代异军突起，在全球汽车产业链中占有十分重要的地位。它们能得到快速发展主要归功于使用得当的企业战略，以及国家层面产业战略的推动作用。而中国汽车产业却不具备上述客观条件，且发展历史较短，发展初期没有深厚的工业基础，再加上从幼稚期向成长期行进时有失偏颇的产业政策，以及某种程度的技术封锁，共同造成中国汽车产业长期作为追赶者的现状。

研发投入过低，技术水平较难实现突破

在汽车产业，核心技术主要体现在发动机、变速箱以及底盘上。近几年，中国汽车产业虽然有很大的进步，在国内市场上占有的份额也在提高，但就核心技术而言，与欧美日等发达国家的企业相比仍有很大的差距。国内厂商近年来还在模仿甚至使用日本三菱汽车公司十几年前的发动机技术。欧洲的采埃孚、美国的通用、日本的爱信与加特可等长期以来都控制着变速箱市场与技术，而中国只能处于被动接受者的地位。国内汽车厂商的研发投入与国际知名品牌相比还是显得不足，表 4-1 是 2016 年中国部分自主品牌投入研发现状的相关数据。

表 4-1　部分自主品牌投入研发现状

厂商	研发投入（亿元）	占营收比（%）	研发人员数量
上汽	94.09	1.24	22563
比亚迪	45.22	4.37	23814
长城	31.80	3.22	10236
北汽	28.0	9.07	—
广汽	23.89	4.83	3398
江淮	21.58	4.11	4947
江铃	19.37	7.27	2225
第一汽车	5.62	2.47	629
海马汽车	7.2	5.18	1657
吉利汽车	2.12	0.39	—
一汽夏利	0.18	0.9	—

以上数据显示，2016 年，在中国自主品牌的汽车厂商中，研发投入最多的也没有达到 100 亿元，其所占营收比大部分都在 5% 左右，从事研发的员工数量以及汽车产业相关配套设施、零部件等的研发投入都较少。表 4-2 是全球几家大型汽车厂商的投

入研发额。

表 4-2　大型跨国汽车企业投入研发数额

厂商	大众	丰田	通用	戴姆勒（奔驰）	福特	本田	宝马	FCA	日产
研发投入（亿欧元）	136.12	80.47	68.89	65.29	61.54	54.87	51.69	41.08	40.54

　　换算汇率后，可以发现中国汽车产业的总研发投入甚至低于上表中数值最低的日产。通过简单回归分析，我们了解到汽车厂商的销售额同研发投入成正相关，而在世界销量榜单上位于前三名的大众、丰田和通用（2016 年排名）也恰好是研发投入榜单的前三名。可以看出，国内厂商核心竞争力较弱且位于价值链低端的根本原因就是研发投入较少。

　　自主品牌影响力差

　　中国有着全球最大的汽车市场，也拥有许多品牌。但若是从品牌角度分析，在中国销量排名较高的大部分是合资品牌。图 4-1 是 2017 年位于国内汽车市场销量榜单前 11 名的品牌。

　　图 4-1 所示大都是合资品牌。在国内市场，消费者们更倾向于选择合资品牌，这表明中国自主品牌的影响力相对较弱。其原因主要是发展时间短、广告宣传不到位以及自身质量问题。首先，品牌若是缺乏历史沉淀，就会对消费者的偏好产生影响。其次，中国品牌大都不能精准确定自己的定位，相比之下，国外厂商往往都是不惜成本地进行品牌宣传，比如奔驰强调奢华，沃尔沃注重安全，而日产车适用于居家等。最后，产品质量和核心技

销量（万辆）

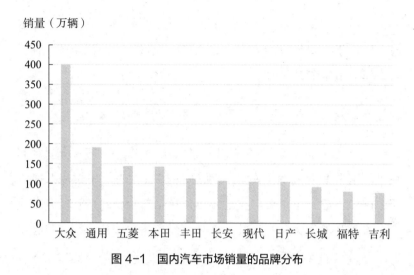

图 4-1　国内汽车市场销量的品牌分布

术较弱，也让消费者在选择国产品牌时缺乏信心。若放到全球市场来看，上述问题还会被进一步放大。

产业集群效应不显著

当前，中国有东北、中部、"长三角"地区、"珠三角"地区、西部以及环渤海地区这六大汽车产业集群。产业集群效应在促进实现内部规模经济效益的同时，还可以实现外部规模经济效益，使产业成本减少，竞争力加强。但是，由于中国的汽车产业集群太过分散，产业集群效应受到抑制，产业不能得到其本该享有的福利。此外，现有较多产业集群的规模都较小，且未能使优良的产业链在集群内部形成。

以东北地区的汽车产业集群为例，其中心是长春一汽制造厂，包括富维等零部件厂商与汽研等技术研发、创新部门。但是其中的问题是企业规模偏小、融资渠道较为单一、持续改造能力

较弱。再加上受"重整车，轻配件"思想的影响，零部件工业较弱，整体规模化供货能力不足，这势必会阻碍中国汽车产业向高附加值环节的攀升。

缺乏高端龙头企业带动：基于纺织服装业的典型分析

中国是世界上最大的纺织品服装出口国，纺织品服装出口在中国对外贸易总额中的占比维持在 13% 左右。中国服装企业对中国经济起到了重要的支柱作用，在全球价值链的低端环节中也有着很强的优势，并且其不论是总量还是单个规模均在迅速扩大。尽管有如此优势，中国服装产业在发展多年后依然处于全球价值链的低附加值环节，向高附加值环节攀升时的进入壁垒和其快速发展中产生的问题导致其在产业升级过程中面临着阻碍。中国服装产业在发展过程中已到达临界点。

纺织服装业资本贫乏

中国 OEM（贴牌生产）服装业的平均利润率长期维持在 4% 左右。国外企业占据着全球价值链中 80%—90% 的利润，且掌控着服装设计、品牌及营销等环节。而中国服装业由于回报过低而缺少资本同全球价值链上的强者对抗。此外，由于中国金融体制中相关制度的不完善，企业无法利用借贷获取资本。国外企业凭借其资本较高的价值量、信息量以及技术量而长期处于全球价值链的高附加值环节。它们利用丰富而又充满创新活力的资本来建立进入壁垒，同时又凭借资本优势帮助中国企业提高生产工艺水平。这令它们实现了对 OEM 服装企业的技术控制，也使其他企业产生了依赖性。这使得部分有一定资本的服装企业不能进行资本的创新。此外，在全球价值链上，服装产业有着非常严格的等级体系，再加上进行价值链升级的成本较高以及存在潜在的风险，使得中国服装企业没有勇气进行突破。

此外，资本的逐利性也对中国服装产业造成了一定影响。以雅戈尔为例，该公司在2004年开始经营房地产开发业务。仅到2009年，雅戈尔纺织服装业务的营业收入及净利润同比下降3.43%、8.52%，而地产业务的营业收入及净利润则同比增长49.88%、53.16%。雅戈尔看似实现了"代工者（OEA）—贴牌加工（OEM）—自主品牌生产（OBM）—跨产业升级（其他产业链）"的产业升级，但其跨产业升级并非发生在低附加值生产环节极为成熟的情况下，而是部分放弃了该生产环节。当然，这并不影响企业的获利水平，但却会对中国服装业的整体水平与国际竞争力产生影响。

低端同质性竞争

由于OEM服装生产企业的壁垒较低，这吸引了很多的民间资本加入其中。中国东部沿海地区就有非常多的该类型企业，数个产业集群逐步形成。同时，OEM服装企业凭借着持续低成本的土地资源，得以在中国长期生存。只要区域发展仍处于不平衡的状态，地方政府就会继续通过廉价土地资源来吸引投资。因此，在东部沿海地区的土地成本增加时，一些东部落后地区，以及中西部地区就成为吸引服装企业的新热土。如此一来，许多较早发展的服装企业就会向土地成本更低的地区扩张或者转移。由于存在较低的进入壁垒，其余资本也会争相买地办厂。企业的领导者们仅仅考虑怎样获取低成本的资源优势，而不去思考怎样进

行产业升级，由此产生了许多重复建设，同质性竞争在所难免。此时，品牌运营商们只会坐享其成，获得更多的资本，进而设置更高的进入壁垒。

规模小而缺乏创新能力

中国服装企业整体来看规模偏小。比如江苏纺织服装业，一直位于服装出口榜单的第三名，其有 92.5% 都是小型企业，只有 7.5% 的规模以上企业。近些年来，虽然中国服装市场有了许多著名品牌，比如美特斯·邦威、三彩、杉杉、柒牌以及七匹狼等，但其中除了个别品牌外，比如波司登羽绒服，很少品牌能涉及国际市场。大部分中小型服装企业都同时为国外品牌和国内知名品牌代工。由于中国服装企业多而小的特点，多数企业不具备运作自主品牌以及与外商谈判的相应能力，从而只能进行价值链低端的生产，许多小型企业仍在使用一些被淘汰的设备，甚至是上世纪 80 年代的设备。此外，企业的信息化程度低、资本缺失、利润水平过低，这些都使得企业很难进行先进设备和技术的更新换代。

突破价值链低端锁定的攀升路径与机制设计

随着越来越多的发展中国家生产商参与到全球市场，农业和制造业产品在价格方面都有下行压力。生产商要想维持正价收入，就必须提升自己的生产技能和进入具有进入壁垒的利基市场，从而在一定程度上克服这些压力。我们将维持较高收入的活动称为升级，价值链中企业或企业集团可能实现的升级途径有：产品升级、技术工艺升级、产业功能升级和跨产业升级（John Humphrey and Huert Schmitz, 2002; Stefano Ponte and Joachim Ewert, 2009; Jiri Blazek, 2015）。

产品升级的攀升路径

企业可以通过转向更复杂的产品线（根据增加的单位价值来定义）进行升级。张其春等（2015）认为，需要采用优化产品链的方式来实现产品升级。产品链是由产业链上诸如半成品、产成品以及副产品等种种具有实物形态的产品所形成的链接，产品链在品质和复杂程度上的提升也是产业链升级的直接表现形式。制造商为迎合低端市场的买家开始生产，然后通过设备升级转向针对更复杂细分市场的买家。当产业链中的主要公司希望升级其最终产品时，也会出现迫使供应商升级设备的情况。产品链的升级应向完整化、品质化、高端化、规模化与生态化的方向发展，才能持续获得消费者的青睐，实现产品的价值创造与价值增值。

一国的生产是否能够全面融入进全球生产网络是十分重要的，这会对产品升级产生直接的影响。一国如果能够同全球生产网络进行融合，持续获得技术及知识，就可以促进技术进步与产业升级的实现。同时，还会帮助其提升价值链地位以及主导国际分工，实现长期有效的升级。融入全球生产网络之所以能对一国产品升级产生作用，主要是通过以下途径：

第一，技术转移与扩散效应。在全球生产网络中，国家参与国际分工可以借助劳动力及资源禀赋，利用"干中学"的方法

实现产品升级。进口国还可以从国际市场中进口许多优质的中间品，从而能够花费较低成本实现对发达国家技术的学习、模仿与吸收，从而促使其技术进步。此外，位于供应链下游的企业会主动地向上游供应商转移技术以保证其可以提供满足要求的中间投入品。同时，这类技术转移还会在企业之间扩散，这就使整个地区的生产技术水平得到进一步提升。

第二，劳动力配置效应。一国可以通过加入全球生产网络来持续积累生产经验与培养熟练劳动力，从而提升劳动者对市场的适应性以及学习新技能的能力。

第三，战略耦合与嵌入效应。一方面，本地企业能够通过与外企进行战略耦合（strategic coupling）来建立自身的价值链，且可以持续参与全球生产网络。这样一来，本地企业就可以持续积累先进技术以追赶上世界领先企业，并且使其价值链地位得到提升，从而更好地提供优质产品。另一方面，跨国企业的地域嵌入常常会使地区价值增加与捕获能力增强，从而对地方发展产生持续而深远的影响。

技术工艺升级的攀升路径

技术工艺升级既指新技术范式取代旧技术范式的升级，又包括技术的创造应用以满足对更高工艺的要求。企业可以通过升级技术工艺来实现价值链攀升，通过重组生产系统或引入优越的技术，更有效地将投入转化为产出。全球价值链分析强调，一国生产商从全球买家那里能够学习到关于如何改进生产过程、提高产品质量以及提高响应速度的知识。这种升级效应对于新进入全球市场的一国生产商尤为重要。技术工艺升级为战略性新兴产业的形成和发展提供了内在动力。从升级强度的大小来看，技术工艺升级可分为渐进性升级和突破性升级。渐进性升级是指企业在工艺、制造技术及产品设计等方面存在的渐进创新，突破性升级是指技术范式、技术轨道、技术逻辑的跃迁。

技术工艺升级可以存在于产业链的各个环节之间或各环节内部。无论技术工艺升级发生在何处，从内在行为来看，其大体上可分成两个层面：第一，生产设备的升级。"工欲善其事，必先利其器"，各环节内部技术工艺升级的基础就是生产设备的更新程度。第二，生产过程的升级。研发活动的进行可表现为新技术的应用，而完善的质量管理体系以及成本的减少等，都可以视作生产效率提高的结果。

产业功能升级的攀升路径

企业可以通过获得新功能（或放弃现有功能）增加其活动的整体技能。例如，企业可以通过设计或营销来补充生产，或完全退出低价值生产活动。学者对价值链中的功能升级有不同的看法。Gereffi 提出了相对乐观的观点，他认为进入产业链的生产者具有良好的生产升级前景，并随后进入设计、营销和品牌推广等环节。Gereffi 指出，这些生产商会从进口输入装配，到照顾整个生产过程的进展，再到为其他品牌公司设计其销售的产品，最后在内部和外部市场上销售自己的品牌商品。其他研究人员则较为悲观，其中苏塞克斯大学的 Martin Bell 将 Gereffi 描述的场景称为"良性自动扶梯"，虽然对"从进口输入装配到照顾整个

生产过程的进展"没有争议，但转到"为其他品牌公司设计其销售的产品"和"在内部和外部市场上销售自己的品牌商品"阶段不能被视为理所当然。在一些连锁企业中，全球买家不鼓励当地生产商的设计、营销和品牌推广，因为这种升级侵蚀了买家的核心竞争力。换句话说，权力关系可能会抑制升级并限制链内的知识流动。

功能升级即产品链上各环节的附加价值水平的提高。破解价值链低端锁定可以通过价值挖掘、价值创造、价值维持和价值配置等价值实现方式，对新兴产业价值链进行战略性升级。

跨产业升级的攀升路径

企业可以利用在一个链的特定功能中获得的能力进入一个新的产业。例如，将生产电视的能力用于制作监视器，从而进入计算机领域。这种向新部门的横向移动似乎是台湾地区技能密集型行业立足于全球市场的核心能力。国内学者认为：跨产业升级就是将某一产业的知识应用于另一产业，而升级的衡量标准是产品的功能和技术含量是否增加、产品的附加值是否提升。基于这种理解，企业跨产业升级除了要求企业将不同产业之间的知识进行交叉运用外，还需要企业将原有产业的技术和新产业的需求进行匹配，借助原有产业的技术提高新产品的科技含量，并使新产品更具有实用价值。这是通过技术在不同产业的应用提升产品附加价值的一条升级路径，也是一种产品功能和技术的拓展。

建立"内外结合"的突破机制

目前中国企业的经营形式趋于多样化，传统产业要想生存，必须进行转型升级。对传统产业来说，升级为新兴产业是一个主流趋势。根据现有研究，从传统产业升级为新兴产业的普遍做法有嫁接式、裂变式和融合式。嫁接式的具体做法是在传统产业内培育新兴产业需要的高新技术，获得进入新兴产业的机会；裂变式的具体做法是传统产业补充新兴产业中的空缺，应用已有的高新技术获得新兴产业内的分工，从而裂变出新的产业；融合式是指用高新技术改造传统产业，让本地区具有优势的传统产业实现全面提升。

鼓励自主研发

由于技术的差距，东道国没有能力吸收外来的技术，会导致溢出效应不明显，因此很多学者认为提高自身的研发投入和自主创新能力是价值链升级的主要途径。张庆霖和陈力灵（2011）基于国内2000—2008年19个省的基础数据，建立动态面板模型考察加工贸易升级机制，指出内资企业研发投入强度的提高有助于加工贸易的升级。影响中国加工贸易升级的主要阻碍就是中国本土企业的自主创新能力。中国要通过增强创新研发强度，鼓励技术创新，提升本土企业的自主创新能力，同时加强吸收外资技术溢出。

中国改革开放40多年来，依靠廉价劳动力及一系列对外优惠政策吸引了大批外资企业，诸多世界知名品牌都在中国设立了产品加工厂，由此中国获得了"世界工厂"的称号。然而，由于缺

乏核心技术知识，中国不少企业只能依靠贴牌加工赚取低利润，每件产品利润的两成甚至四成需要支付给国外的知识产权持有者。随着全球原材料和国内劳动力成本的大幅上涨，继续贴牌加工、充当"世界工厂"已经没有太大的利润空间。中国作为"世界工厂"的时代是时候结束了，中国企业应具备建立自主品牌的意识，逐步迈向自主研发之路。

积极利用外资

学者们在外资进入促进价值链升级方面存在争议。一些学者认为，外资进入带来的正溢出效应可以让本土企业有机会接触到外来的先进技术，这对于提升本土企业的自主创新能力具有重要意义，对提高行业的全要素生产率和提升行业整体技术水平都起到了至关重要的作用，最终推动了东道国经济增长方式的转型。另一些学者认为，由于东道国的技术基础与引入的先进技术之间差距过大，外资企业的进入并不会带来明显的溢出效应；同时外资进入会抢占本国市场份额，短期内对内资部门造成一定冲击，延缓国内自主研发和创新的进展，从而使东道国对外形成技术依赖。余珊和樊秀峰（2014）基于芬斯特拉（Feenstra）的商品连续统模型及中国制造行业面板数据的实证研究提出，外资进入的溢出效应存在较大的行业差异性，产业价值链攀升的关键是加快挖掘和培育自主研发能力，并与外资进入产生良好的协同效应。

改革开放至今，中国通过积极加入全球价值链分工和吸引外资企业进入，实现了技术跃升，对经济发展起到了极大的促进作用。然而，中国是以低端定位加入全球价值链分工的，吸引外资企业进入也是依靠"以市场换技术"的策略；随着中国的不断发展，这些做法已经很难维持下去，也越来越难以满足发展的需要。因此，在积极利用全球价值链分工带来的机遇、通过利用外商投资促进中国价值链升级的过程中，应尤其注意以下几个方面。

首先，价值链升级的主要力量最终来源于自主研发能力。政府要通过政策支持、科研投入、促进产学研合作等方式培育本土企业的自主创新能力，特别是对一些成本较高、回报周期较长的创新项目，政府要给予充分的政策支持，激发企业的创新动力。

其次，要重视不同行业内引入外资企业对中国价值链升级的影响差异。制定引入外资企业的政策时，要综合考量行业特点，同时要注重对外资流向的引导，提升外资引入对中国价值链升级促进作用的效率。具体实行时，要择优引入外资企业，协调"引智"与"引技"，使进入的外资企业与产业需求相匹配，从而真正促进产业结构的优化，使产业改革不断深入，本土企业效益不断提高，实现产业价值链的跃升。

再次，要通过培育自主研发能力提升外资引入对中国创新的促进作用。应鼓励中国企业通过吸收引入的外资企业带来的先进技术提升技术基础，减少两者之间的技术差距，从而提升本土企业吸收和创造式利用外资企业技术的能力。积极营造有利于本土企业与外资企业研发合作的环境，通过设置优惠政策吸引外资企业在中国设立研发中心，并借助政府搭建平台促进本土企业与外资企业通过合资企业、科研联盟等方式进行研发合作，通过产学研合作推动外资企业本土化。

最后，相关产业工作人员的知识与素质的相应提升才能保证

产业的良性发展。以技术劳动力为代表的高级要素是中国企业参与产品设计和研发分工等高附加值环节的重要保障，因此中国需要注重技术劳动力和物质资本等高级要素的投入与积累，从而为产业向中高端迈进打下扎实的基础。具体而言，国家应增加科研投入和高技术生产工序的教育投入，并为自主创新提供相关政策支持。

对外直接投资

对外直接投资是价值链攀升的一种途径。首先，对外直接投资能帮助企业在全球价值链体系中显著提高"分工地位"，推动企业产品升级与功能升级；其次，企业对多分支机构进行投资以及进行研发加工型的对外直接投资更有助于自身的价值链升级。

向发达国家投资可以促进本土企业的产品升级，向发展中国家投资则更能促进本土企业的功能升级。

对外直接投资从三个方面影响本土企业的价值链升级。首先是边际产业转移效应。对外投资可以帮助本土企业绕开贸易壁垒，降低对外贸易的成本，快速进入国际市场。通过向国外转移比较劣势的产业，增加国内向高附加值产业投入的可用人力资源与物力资源。

其次是技术逆向溢出效应。对外投资可以为中国提供接触发达国家先进技术的机会，让中国学习到改善工艺流程和提升产品质量的先进方法。技术逆向溢出效应的实现途径主要包括模仿、关联以及人才的吸收与培养（张宏和王建，2013）。其中模仿是指企业通过对外投资接触外企的研发模式后，通过模仿的方式来设置自己的研发机构，促进企业的创新；关联是指企业通过对外投资可以接触到相关技术的最新发展动向，指导企业的创新方向；人才的吸收与培养是指通过雇用海外高素质技术人员和培养企业自有工作人员来提升企业的技术吸收能力和自主研发能力。

最后是市场内部化效应。对外直接投资使得企业能够以内部化手段降低获取资源的成本，促进生产能力的提升，实现价值链升级。为了突破核心技术空缺和特殊资源不足对产业的限制，企业可以通过对外投资从国外获取核心技术或特殊资源，降低市场转移的交易成本，规避市场资源的价格风险。

为了使中国企业的对外直接投资在推动国内产业转型升级中发挥关键作用，需要提升境外投资的质量效益。首先，政府应该继续支持、推动国内企业有序、高质量地走出去，充分利用对外直接投资来促进国内产业升级。其次，为了增强中国在对外直接投资逆向溢出效应方面的吸收能力，各级政府要加大对教育和培训的投入，从而提高地区的人力资本水平，确保拥有充足的高质量人力资本，实现对外直接投资逆向溢出效应的吸收。最后，鉴于中国尚未脱离后发追赶阶段，技术模仿仍将为很多产业的升级带来后发优势，但也应该努力摆脱对模仿先进技术的依赖。为了降低这种依赖程度，中国要努力通过加强自身的自主创新能力迈入技术相对先进国家行列。

逆向外包

外包即将组织的非核心业务委托给外部的专业公司。近年来学者们注意到相反的情况，即发展中国家的企业要想获取发达国家的先进技术，可以采取主动向发达国家逆向发包的方式。例如，刘丹鹭和岳中刚（2011）提到了发展中国家的汽车生产商将

发动机制造外包给发达国家的逆向外包的案例，并指出该逆向外包的独特性在于发展中国家企业主动的技术学习。

然而，逆向外包并不是长久之策。逆向外包的最终目的是通过学习先进技术促进企业的升级，长期实行逆向外包则会对发达国家形成依赖，并没有真正地发展企业自身的技术能力。政府要为企业提供更加全面和深入的扶持体系。首先，政府应利用好国内庞大的、具有差异化的市场这一特点。国内市场的差异化使得本土企业在竞争中更具优势，政府应该通过制定政策增加内需，培育本土企业的国内市场，为本土企业、品牌的成长提供丰沃的土壤。其次，政府应该通过产业技术和标准的制定加强对本土企业的支持。例如，国家在信息和网络科技等领域标准的制定中，一方面要充分考虑本土企业的特点，另一方面要引导本土企业向标准的方向发展，帮助本土企业发展优势。再次，逆向外包需要统筹管理。产品外包降低了企业的进入门槛，如果缺乏统筹管理，企业将会盲目涌入，形成市场的恶性竞争，甚至会造成劣币驱逐良币的局面。最后，政府应该将价值链升级的主导权还给本土企业。政府能够通过政策扶植帮助本土企业获得竞争优势，但是企业自身也要努力适应市场需求，顺应市场发展规律，才能在竞争中获得更加长久的发展。

挖掘地方性资源

产业集群在演化过程中往往会结合当地的风俗和文化形成独特的、难以移植的要素禀赋，这些要素往往具有不可替代性以及对基础性要素和集群创新主体的聚集效应，产业集群的升级正是要从这类要素禀赋中挖掘出有利于区域创新的部分。例如，硅谷集群内由于企业间的地区网络特别复杂，形成了能够适应快速变化和企业间合作竞争关系的集群文化，这使得硅谷企业比 128 号公路更加成功。在国际竞争中，区域性生产中如果能培育出良好的协同创新模式和相互学习的氛围，所形成的竞争力甚至可以与跨国公司相匹敌。一般情况下，产业集群的竞争优势只是由规模经济和范围经济结合形成的静态聚集经济，这种静态聚集经济很容易被拥挤成本所抵消。因此，产业集群需要通过培育地方性知识发展独特的要素禀赋，形成难以替代的竞争优势。在挖掘地方性资源的过程中，各级政府首先可以通过不断完善相关政策促进地区产业的结构优化和升级，充分发挥政府对产业升级转型的带动作用，通过产业政策对产业发展因势利导，对产业增长进行甄别。其次，要充分利用市场在资源配置方面的优势，通过规范市场交易保障国内市场竞争的公平性，提升市场化水平，促进资源的合理配置，从而带动产业结构的优化升级。再次，政府与市场应该是相互协调、补充的关系而非对立关系。产业优化升级需要摆脱"市场还是政府"的狭隘思路，将政府与市场各自的优势结合起来，利用政府对产业进行宏观调控，利用市场对产业资源进行合理配置。最后，政府的工作能力决定了产业政策的效果，政府要以"有效政府"作为政府的工作指导。中国要通过立法对政府体制进行深化改革，利用制度有效遏制腐败和寻租，同时通过精简政府臃肿机构和冗余行政审批提升政府服务的效率和便捷性，从而增强政府对产业升级发展的正向影响。

第五章

产品升级：对全球价值链中高端产品的替代策略

目前全球价值链有四种不同的治理模式，分别为均衡网络型、市场导向型、俘获网络型和层级型。从理论层面分析，如果是均衡网络型或者市场导向型价值链治理模式，则处于价值链低端的企业或企业网络（大部分是发展中国家的本土企业）可以实现工艺流程升级、产品升级、功能升级和跨产业升级这四个环节中的任意一个环节或者整个价值链的攀升，但是在这两种价值链治理模式中，处于价值链低端的企业需要具有技术优势、市场势力或者一些中高端生产要素的独特禀赋，而发展中国家的企业较少具备这些条件，所以这两种价值链治理模式在现实中比较少见。俘获网络型价值链治理模式是指处于全球价值链高端的大型企业或跨国企业（一般是发达国家的企业）担任价值链的链主（主导者），链主可以通过规定包括技术标准、产品质量、交货时间、存货数量及价格水平在内的参数来控制处于全球价值链低端的企业或企业网络，后者通常是以代工的方式参与全球价值链，这些企业的技术赶超和价值链攀升进程会受到链主的影响。在这种全球价值链治理模式下，发展中国家的本土企业或企业网络可以完成部分的工艺与产品升级，但是由于价值链中的链主负责分配产品的附加值，所以处于价值链低端的企业或企业网络不能平等地获得与其升级水平相匹配的分配价值。层级型价值链治理模式是指在经济全球化的背景下，一些发达国家的母公司为了进一步开拓发展中国家市场，以对外直接投资的形式在发展中国家建立子公司，从而降低生产成本，获得国际市场竞争优势，此时母公司对子公司进行垂直一体化的层级型管理，两者是上下从属的支配关系。为了防止子公司所在国家的企业通过技术溢出效应或者技术模仿完成价值链攀升，母公司会构建技术壁垒，自己掌控包括产品升级、功能升级在内的核心技术和高端能力，而子公司只能参与到代工生产和产品本地化设计等低端环节（刘志彪，张杰，2007）。

综上所述，虽然存在着四种不同的全球价值链治理模式，但是发展中国家的本土企业或企业网络或是因为能力、资源禀赋不足无法与跨国企业一样获得平等的治理模式，或是一直被迫处于价值链低端无法完成价值链攀升。换句话说，发展中国家的企业很难通过参与由发达国家主导的全球价值链实现价值链攀升，也不能获得公平的产品附加值分配。因此这些企业需要制定有目的的价值链攀升策略体系，本章主要从产品升级的角度来阐述该问题。

拓展产品功能

拓展替代或互补功能

拓展替代或互补功能是指以满足不断升级和多样化的消费者需求为导向，重新划分产品功能，在材料选择、产品设计、生产工艺流程升级过程中，引入产品的替代或互补功能，使产品的使用更加便捷，从而提高消费者的满足感，实现以满足消费者需求为导向的产品升级。

拓展更多的产品替代功能不但可以扩大该产品的可用市场，同时还可以降低替代品对该产品的威胁。例如，传统汽车企业

可以通过研发混合动力车使新产品既有新能源汽车可充电的功能，又保留传统汽车可加油的功能，从而降低新能源汽车出现带来的威胁。拓展产品的互补功能是因为产品现有功能与互补功能有相同的消费者群体。例如，雀巢公司的咖啡伴侣就是在了解消费者需求后上市的。通过拓展产品的互补功能，既满足了消费者的需求，又获得了更多的市场机会。此外，产品功能的拓展不仅有利于消费者，同时也提高了产品附加值。因此说拓展产品的替代或互补功能，可以实现产品价值链的攀升（毛蕴诗，温思雅，2012）。

延伸产业链

现实中，产品可能会出现功能冗余（产品功能过剩），但是如果创造性地发挥这些功能的作用，则可能会增加产品的附加值，拓宽产品市场，延伸产业链，从而实现产品升级。比如全球500 强企业中的 3M（Minnesota Mining and Manufacturing）公司研发的划时代产品——报事贴（Post-It），它实现了人与人之间的跨时空交流。报事贴使用的原材料主要是纸和一种特殊的粘贴剂，其中粘贴剂是报事贴的关键材料。1968 年，3M 公司的斯潘塞·西尔弗（Spencer Silver）教授无意中创造了一种特殊的、可以把纸拿掉再重新粘贴上的粘贴剂，但这个粘贴剂在当时没有用处；直到 1974 年，3M 公司的阿特·弗赖伊教授首次把这种粘贴剂用来制作书签，这种书签可以随着看书页数的增加重复使用；1977 年，阿特·弗赖伊教授利用这种粘贴剂发明了便条纸；1980 年，3M 公司的报事贴便条纸进入市场。迄今为止，3M 公司的报事贴已经有 600 余种产品，而这种粘贴剂的使用也从工业制造拓展到了办公用品、商务、广告等领域。因此，开发产品的冗余功能、拓展产品功能可以使产品价值链整体上移。

拓展模块化功能

产品是通过不同功能的零部件加工生产形成的，同时产品功能之间具有相关性。模块化功能是指一系列相关产品功能的组合，如果要实现产品的模块化功能，需要提高对企业生产和设计的要求，使产品各部分功能具有系统性和完整性。如果可以了解消费者当前的需求，就可以对产品的功能进行相应的系统性重组完善，这样可以更好地满足消费者的需求，从而更好地为消费者服务。例如，从浙江一个普通乡镇企业发展为大型跨国公司的万向集团，企业的前期是以生产万向节为主，后期则以市场（消费者）需求为生产导向，逐渐拓展到了汽车底盘、悬架系统、制动系统、传动系统、排气系统等模块化产品领域。现在市场上的模块化产品数量日益增加，比如多功能音响、多功能家具、多功能家电等，这些产品为消费者提供了极大的便利。拓展产品模块化功能，扩大和完善了产品的功能体系，可以将单功能产品变为多功能产品，从而实现产品升级和价值链攀升。

动力机制与经验事实

从现有的研究来看，企业的创新活动可以拓展产品功能，企业的技术创新能力则是产品功能拓展的重要基础。企业的创新活动包括创建新的组织，以及通过拓展产品功能实现价值链升级。

技术创新对于企业实现多技术跨越融合以及产品功能拓展都有非常重要的作用，如果没有技术创新，其他产品的功能就难以融入到一个产品中。因此，提高一个企业的技术创新能力不仅可以使企业推出新产品，也可以创造新的消费者需求，甚至创造新的市场。

华为通过不断地增加创新研发投入，将满足消费者需要的多种线上功能整合到一个产品内，通过拓展产品功能，实现了产品升级。华为的智能手机自上市以来，不但迅速占领了国内的智能手机市场，而且在国际市场中也有一席之地。华为智能手机畅销的重要原因是它具有网络、商务、娱乐休闲等一系列功能，从传统的通信、计算机应用延伸到文化、娱乐、传媒、金融、艺术等领域。此外，台湾地区的自行车企业也对自行车功能进行了拓展，增加了许多休闲娱乐功能，如健身、休闲、社交等功能，使自行车成为了一种多功能的交通工具。

打造产品品牌

应对品牌战略的潜在威胁

从规模经济和速度经济这两个战略角度来看，在目前的国际代工产业中，中国企业的劳动力成本较低，而且还有一定的降低空间，因此生产成本在全世界仍具有优势。但是我们也必须看到单纯发展代工业的弊端，即国际品牌的缺失。在世界品牌价值咨询机构发布的 2001—2010 年全球最有价值的 100 个品牌排行榜中没有中国品牌，而且在 24807 项国际标准中由中国主导制定的标准只有 103 项，只占 0.42%。毛蕴诗等（2015）认为出现这种情况的部分原因是：如果中国本土企业决定转型，不再以代工生产为主，而是建立自主品牌，则无论是在国内市场还是在国外市场，都会遭到具有技术创新优势和品牌优势的跨国公司的抵制。换句话说，跨国公司在研发领域上的投入远远高于中国企业，这导致中国本土企业与跨国公司的技术实力差距很大，而且产品的经济寿命越短，则中国企业在国际市场建立自主品牌时遇到的壁垒就会越高，风险也就越大。此外，实施品牌战略具有双重风险：一方面自主品牌可能会因为占领不到市场而失败，另一方面企业又失去了战略转型前的 OEM 订单。所以，对有实力的中国企业来说，转型到自主品牌战略的时间窗口非常关键（汪建成，毛蕴诗，2017）。一般来说，企业实施产品创新战略时不仅要考虑所在产业的性质、市场结构特征、市场竞争环境等外部因素，也要考虑企业所处的发展阶段和实施的具体策略等内部因素。中国加入全球价值链的终极目标是满足国内外消费者需求，推动中国现代化建设，主要发展方向是提高供给端质量、打造国际知名品牌。但事实却是具有巨大产能的中国长期处于全球价值链低端，进行国际代工。因此如果中国不实现相应的品牌、产品等升级，不但无法满足不断增长的国内需求，而且有可能使世界经济结构失衡，使发达国家社会的中低阶层受到挤压效应的影响（佟

家栋等，2017）。[①]

培育和扶植本国品牌的市场基础

　　对发达国家中处于全球价值链高端的企业的调查研究结果表明：这些企业在知识产权和品牌上具有优势，这种优势是在不断扩大的国内市场和海外市场的基础上逐步建立的。目前中国对外资有一系列的优惠政策，大开绿灯，这种不对等的优惠政策不利于本土企业，存在着行政性的进入障碍。随着中国居民可支配收入的不断增加，市场潜力不断增强，现在的中国市场完全可以创建中国的自主品牌。为了培养自主品牌，从宏观层面来看，政府应该在国际框架许可范围内，通过政策帮助国内企业建立自主品牌。具体而言，首先，政府在大宗采购项目招标中，应该对那些优秀的、具有自主知识产权的民营企业有一定的政策倾斜，这是符合国际惯例的；其次，政府应该建立公平合理的国内市场体系，取消一切会对本土企业造成进入壁垒和制度障碍的不合理政策，这是为了形成培育和扶植中国自主品牌的市场基础；最后，社会和政府应主动为中国企业建立国际知名品牌创造有利的市场基础和舆论条件，比如通过传媒工具宣传中国优秀企业等。从微

---

① 西方国家中失去竞争优势的产业会向国外市场转移，因此，本国产业会出现所谓的"空心化"趋势，从而使以传统农业和一般制造业为代表的"旧经济部门"和利益相关者的利益受到损害，国内也会出现利润下滑、失业率增加和社会不稳定等问题。这是最近一些发达国家的经济政策内顾倾向加重，贸易保护主义、贸易战阴霾笼罩的复杂背景。这种"逆全球化"的思潮，会阻碍全球生产要素与资源在全球范围内的自由流动，阻碍资源在全球范围的优化配置和使用，从而损害全球福利。

观层面来看，哈佛大学波特教授提出了一种钻石模型，该模型指出国内需求特质（国内消费者的挑剔程度）与国内市场规模对企业建立自主品牌同样重要。与人们的认知相反，如果国内消费者是全球最挑剔的，对产品和服务的要求是最高的，则本土企业反而会通过满足高需求标准提升自身的国际竞争力。精致需求型消费者可以推动企业更好地满足高端消费者需求，这些消费者能够激励企业不断提高产品质量，进而推动企业不断改进技术、进行研发创新、提升服务质量，使企业具备建立国际品牌、进入国际市场的必要条件。波特教授的研究表明，日本民众的住宅相对狭小、紧凑，夏季湿热，电价成本高，这种相对恶劣的市场环境迫使本土企业制造出了一种小型、噪音小、省电节能的冷气机。这种苛刻的国内需求特质推动日本企业在多个领域早于其他发达国家开发出了"精炼"的产品，而且随着全球能源价格的上涨以及日本节省型价值观的盛行，这些日本企业逐步建立了世界著名品牌。而中国消费者群体中的女性消费者也同样是世界上对产品和服务的价格和质量要求最为挑剔的消费者群体之一，为使这种微观市场特质能够推动中国企业建立世界著名品牌，其中的原理机制值得进一步深入研究。

提高民族文化认同和培植自信心

在目前的全球化格局下，发达国家的跨国企业已经基本占据了由贸易规模和结构决定的品牌空间，发展中国家的企业在全球价值链中的升级空间很小。虽然品牌空间的变化有一定的动态性，一些品牌会被市场所淘汰，被更优秀的后起品牌所替代，但

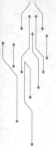
是也应该看到品牌的刚性特征，即培养一个世界著名品牌以及品牌的发展，都离不开品牌所处的国内市场容量和国内特有的社会经济文化环境，这两者与品牌的文化性、包容性和流行性密切相关。一般来说，如果这种品牌背后的文化属于主流价值观，它被后起品牌所替代的可能性就较小。通过经济全球化，欧美发达国家将本国文化推广到各个行业，从餐饮、化妆品、服饰等一般消费品到电子产品、大型机械设备等高精尖产品，欧美国家的跨国企业在这些领域都占主导地位。

在跨国公司已经大举进入中国市场的情况下，国内企业品牌战略的实施困难重重，不仅会受到跨国公司营销积累及其策略（有针对性的高营销投入）的影响，也会受到跨国公司在该行业已有品牌的光环效应的冲击（毛蕴诗，汪建成，2006）。但是如果从另一个方面来看，这些不利因素可以被视为是由国内消费者群体导致的，即因为欧美发达国家的文化入侵，一些年轻人对中国传统文化没有清楚的认知，反而对外来文化过度推崇。调查显示，国内消费者普遍认为世界知名品牌基本上都来自美日欧企业，发展中国家，包括中国的品牌现在还不受消费者的青睐。即使这些国际知名品牌是发展中国家代加工的，国内消费者还是认为发展中国家生产的产品质量不过关、档次低，还是更喜欢国际知名品牌的产品。虽然国内部分消费者在思想上支持中国企业打造自主品牌，鼓励其实施转型，但是在做出现实购买选择时依然优先选择国外知名品牌的产品。出现这种状况的原因并不是因为中国或其他发展中国家生产的产品质量没有美日欧国家的产品好，也不是因为不同产地的产品对消费者来说有什么根本的不同，更深层次的原因在于，消费者在购买产品时不仅会考虑产品的质量，也会考虑产品背后的社会学含义，而产品的社会学含义恰恰是产品品牌的发育国家和该国文化历史所赋予产品本身的，这超出了经济范畴，比如独特的设计理念、品牌的历史年代感以及品牌背后的国家形象等。以时装业为例，国内设计师的处境很艰难，一方面需要迎合国际市场，另一方面也需要有鲜明的中华民族特色。但在国内，这种民族特色却不被市场所认可，如果他们想要获得国内市场，反而要把西方的主流作为时装的主要元素。因此，品牌战略其实不仅仅是一个经济问题或企业策略选择问题，更是一个复杂的、涉及重塑民族文化自信心的社会问题。

提供制度性的支撑条件

在中国拥有巨大的市场潜力、迅速成长的市场规模以及近似于苛刻的精致型消费者的条件下，国内企业仍然难以打造拥有自主知识产权的世界著名品牌，其中一个重要原因就是目前的制度环境不能够有效地支持中国企业打造世界品牌。具体而言：第一，政府各行其政，不考虑政策的完整性、系统性和持续性，不能驱使国内企业成长为具有长远视角的国际企业，不利于国内建立统一市场，在这种情况下很少有企业能在市场竞争中形成发达国家市场体制中的寡头垄断，同时企业能力不足，很难将大量资金投入到技术和营销方面；第二，过度竞争无法形成寡头垄断，而竞争不足和政府对行业的过度干预同样也无法形成寡头垄断，这也是一些产业难以出现国际知名品牌的制度原因。正如波特所说，激烈的国内竞争是企业在国际市场竞争中成为不败者的

必要前提条件。本土的竞争越激烈，对企业造成的压力越大，这将会使本土企业在国际上的竞争优势不断增加。在邻国日本，机床制造产业中有 100 多家厂商抢夺国内、国际市场，半导体产业有 30 多家厂商争霸，音响器材产业和照相机产业则分别有 20 多家和 10 多家厂商参与竞争。事实表明，日本具有全球竞争优势的产业，一般都会有 10 家以上的本土厂商相互竞争，抢夺市场（刘志彪，2005）。

适时实施海外收购

一方面，OEM 企业在国际代工中可以通过向跨国企业学习，提高自身的生产能力，有效地获取、处理市场信息等资源；另一方面，由于跨国公司对代工企业施加的技术壁垒，企业代工的技术溢出效应，尤其是核心技术的溢出效应较少。同时，由于 OEM 企业在代工阶段普遍会将大部分资源投入到提高制造和服务能力方面，所以大部分代工企业没有自主品牌，或者即使企业创立了自主品牌，也只在本土市场上有一定的影响力，而在国际市场中没有一席之地。由于缺少具有竞争性的重要战略性资产，如自主品牌，企业无法利用全球价值链参与到附加值更高的生产环节中去，因此在企业的战略选择中，需要重视这些战略性资产的获得和积累（汪建成等，2008）。在这种不利的现实情况下，OEM 企业获取战略性资产的最方便快捷途径应该是并购发达国家企业。因为从战略性资产的适配性和隐默性特征来看，OEM 企业所缺失的战略性资产（往往表现为无形资产），如自主品牌、消费者关系、专利技术等，具有高隐默性、高适配性的特点，在不同企业之间的转移难度相对较大。市场交易转移和战略联盟部分转移都不适用于无形资产，因为无形资产的部分转移（如自主品牌、自主研发等）往往会给企业带来成本高、周期长的现实问题，接受部分转移后的企业无法适应迅速变化的市场。一般而言，如果企业无法独立地形成其所需要的资源和能力，可以去外界寻求与获取。但是考虑到 OEM 企业所需的战略性资产往往与其他要素融合在一起，在要素市场中很难单独购买，所以购买合适企业的全部资源就成为企业获取战略性资产的最优选择。金融危机后，中国企业"走出去"的成绩良好，尤其是海外并购项目的数量大幅增加。例如，广东东莞的龙昌国际控股有限公司利用两次国际并购，不仅获得了设计研发配套企业的技术能力等战略性资产，也获得了品牌企业的技术能力等战略性资产，从 OEM 升级为 ODM，最终成为 OBM 企业。广州国光电器公司也通过收购获得了多个知名音响品牌的使用权，如"爱浪""威发"和"爱威"等。万向集团 1997 年并购了欧洲 AS 轴承公司，走上了沿产业链向上游拓展的并购之路。之后，万向又收购了十几家海外企业，这其中也包括当年第一个对万向发出委托订单的 OEM 客户——舍勒公司。万向的海外收购目标主要是汽车零部件生产企业，被收购企业主要生产万向节、轴承、制动器等汽车零部件，万向因此获得了包括技术、品牌、海外销售渠道、生产制造能力在内的多种关键战略性资产，最终进入零部件产业，这也使万向从 OEM 成功转型为 OBM 企业（吕铁等，2017）。再如，台湾地区的台升国际集团先后四次收购上游企业和欧美知名企业，获得了这些企业的品牌、销售渠道及生产制造能力等一系

列关键的战略性资产，完成了从 OEM 向 OBM 的转型升级。此外，台湾地区的自行车企业美利达收购美国 Specialized 企业和德国 Centurion 企业，获取了品牌、专利技术和销售渠道等一系列战略性资产；联华电子并购了日本上市公司联日半导体，从而获取了联日半导体的组件整合工厂。这些 OEM 企业在代工中形成了国际化优势和优越的资源能力，同时经济全球化形成的价值分工使企业能够及时抓住跨国并购机会，有效地对全球资源实施整合，并且通过全球价值链延伸产业链，取长补短，从而完成了产业升级的目标。

提升科技学习能力

中国宝钢集团有限公司通过不断学习先进技术，不仅提高了产品技术含量，而且其生产的高端产品也已经进入了国际市场。根据毛蕴诗、黄程亮（2017）的研究，宝钢的技术学习可以进一步分为三个时期：第一个时期是借鉴型学习，主要是学习处于同一产业中的合作企业的显性知识，并将其转化为企业自身的显性知识，从而提高了企业的模仿创新能力，这使宝钢解决了第一代汽车板的技术难题。第二个时期是播种型学习，主要是吸收相近产业内的合作企业中的显性知识以及隐性知识，并将其转化为企业自身的显性知识、隐性知识，从而提高了企业的二次创新能力，解决了第二代汽车板技术难题。第三个时期是独奏型学习，因为全球产业具有异质性，因此可以结合外部不同产业的特点，将自身内部的显性知识以及隐性知识吸收、转化为企业新的显性知识和隐性知识，从而提高企业的自主创新能力，宝钢集团正是通过这种方式解决了第三代汽车板技术难题。

方式一：借鉴型学习模式

借鉴型学习模式指的是通过观察和模仿他人来进行自身产品升级的技术学习过程。从对宝钢的研究来看，为了进一步学习更多关于钢铁生产的知识，宝钢选择与日本和德国的制造企业合作，通过引进合作企业的技术解决了汽车板生产过程中遇到的工艺以及设备问题。此时宝钢与合作企业之间的联系方式以技术咨询、技术顾问方式为主，这种合作关系下双方投入的资源都不多，主要是基于自身利益建立的合作。作为技术输出方的日本和德国企业没有输出资源，只是输出技术。宝钢以"不是最新的不引进"为原则，与日本企业建立技术合作关系。之后，宝钢以同种方式与意大利、德国等欧洲发达国家逐渐开展合作。

宝钢在这个阶段的借鉴型学习模式主要通过两种途径：一种途径是技术购买和咨询。宝钢第一代汽车板生产所采取的工艺和设备基本上都是从日本和德国引进的，第一代汽车板的一期和二期工程所需的技术也是从日本和德国购买的。另一种途径是在没有自主技术的条件下，在汽车板的生产过程中模仿日德的生产标准。虽然宝钢之前的技术不完善，但是一直坚持"干中学"，积极学习合作方先进的技术，消化吸收外部知识，将外部知识转化为企业内部的技术。此时的宝钢不仅可以主动学习日方输出的显性知识，而且也能主动拓展学习更多相关的显性知识，甚至可以

了解到一些隐性知识。在具备了一定的知识学习能力以后，宝钢开始不断地将外部技术引入到企业新产品中，从而使其新产品具有了技术优势（毛蕴诗，黄程亮，2017）。

方式二：播种型学习模式

播种型学习模式是指先借鉴学习、后在实践经验中学习的过程。20世纪90年代以来，由于工艺和系统处理的不足，宝钢生产的汽车板在整体质量上与外国产品有一定的差距。在这个阶段，宝钢生产的汽车板以高强度的IF钢和烘烤硬化钢为主，当时第二代汽车板的关键技术由新日本制铁公司、韩国浦项制铁公司、蒂森克虏伯等大型国外汽车制造商掌握。宝钢在这个阶段的实力已经增强，与这些企业的合作关系比第一个阶段更好，合作层次更深，双方不仅沟通次数在增加，合作方式也从最初的以技术购买为主转变为以建立合资企业、合作研发为主。在这个阶段，宝钢除了与新日本制铁公司、卢森堡阿塞洛公司成立合资公司以外，还与川崎公司、德马克机械公司等企业进行技术合作研发，拥有了锅炉控制、酸洗等一系列自主技术，学习到了世界一流的汽车板设计理念和生产工艺。在这种强合作关系下，宝钢不仅得到了与第二代汽车板相关的显性知识，同时也学习到了更为珍贵的隐性知识，如连续镀层技术、冷轧酸洗工艺等。在建设汽车板三期生产线的过程中，宝钢要求各个生产环节都必须采用世界最先进的设备和技术，但是没有任何一个合作供应商可以独立提供所有生产所需的设备，所以宝钢跨越地域和技术边界与许多世界知名的设备制造厂商建立了密切的合作关系，在生产过程中采用了全球范围内的先进技术，使宝钢的三期工程中聚集了世界顶尖的技术和设备。由此可以看出，宝钢在这个阶段与合作企业的合作研发打破了地域和技术的界限，与欧美供应商建立了强合作关系。

随着研发网络的发展跨越地域和技术边界，宝钢选择了播种型学习模式，即"先借鉴学习后经验学习"的方式。先借鉴学习是因为宝钢没有关于第二代汽车板的自主技术，特别是核心零部件技术，只有建立合作关系才可以引进核心部件的技术，这样才可能解决第二代汽车板生产的技术困境。在强合作关系下，宝钢借鉴学习供应商的成熟技术也更加方便快捷。但是如果宝钢只借鉴学习，就永远无法获得关于汽车板的自主技术。宝钢在这个阶段形成的消化吸收能力不仅使其可以更容易地学习强关系网络中的显性知识，也能使宝钢获得强关系网络中珍贵的隐性知识。通过借鉴学习的方式，宝钢获取了强关系网络中的显性知识，通过经验学习的方式，结合现实或潜在需求，对企业原有知识和消化吸收的显形知识进行系统性整合，宝钢获得了强关系网络中的隐性知识，最后形成新的企业内部的显形知识和隐性知识，也为企业内部带来了二次创新，这是宝钢在第二代汽车板技术中成功追赶上国际知名企业的重要原因。总之，"干中学"和"研发中学习"的方式有效地提升了宝钢的知识吸收理解能力（毛蕴诗，黄程亮，2017）。

方式三：独奏型学习模式

独奏型学习模式是指直接学习后再直接学习的过程。由于在

这个阶段宝钢已经是国际知名品牌，基本所有的钢铁企业都把宝钢作为强有力的竞争对手，宝钢的合作企业对技术的研发合作越来越谨慎，所以这个阶段宝钢与合作企业是弱合作关系。在这一阶段，宝钢主要与韩国浦项制铁公司、SKF 公司等细分领域部件的供应商建立合作网络关系。但是弱合作关系中的合作企业只会提供给宝钢一部分技术，而宝钢为了获得第三代汽车板的核心知识，放弃了向世界一流钢企引进技术的传统老思路，积极参与到世界汽车板前沿技术研究活动中，例如参加国际钢铁协会发起的汽车轻量化项目，主动学习第三代汽车板技术，与世界各国企业共同研发汽车板产业的上游技术，以便获得竞争优势，超越世界一流钢企。

在这一阶段，除了引进先进技术外，宝钢逐渐加大了合作研发投入，从技术和地域范畴扩展了自身的研发网络。这些活动主要表现在以下几个方面：首先，宝钢研究院打造了第三代汽车板实验室；其次，与各产业巨头建立深度的技术合作，例如与通用、大众等国际汽车领军企业合作成立汽车用钢联合实验室，共同研究第三代汽车板；最后，加大国际合作研发力度，达成了多项国际合作共识，包括与美国的伊利诺伊大学以及科罗拉多矿业学院达成合作研究共识等。在这个阶段，宝钢拓展了其研发网络，但与关系网络中的其他成员还是弱合作关系，可以消化吸收的显性知识相对较少，因此宝钢只能将企业原有知识重新转化为关于第三代汽车板的知识。在这个阶段，受外部关系网络的影响，宝钢采取了独奏型学习模式，即"直接学习后再直接学习"的方式。在转化原有知识为新知识的过程中，宝钢出众的知识整合与应用能力发挥了重要作用。宝钢利用原有知识，不断通过经验学习转化为新知识，尤其是更为重要的隐性知识。为了解决第三代汽车板遇到的难题，宝钢早期通过经验学习自主研发关于设备和工艺的技术；在拥有自主技术的情况下，宝钢生产了世界第一个超高强钢专用机组，超越了美日等发达国家企业的技术，同时中国钢铁股份有限公司也选择引进该技术。

培育国内高端市场

扩大中等收入阶层

在影响培育企业或产业创新能力的众因素中，最根本的因素是国内市场容量。在企业产品设计、研发、生产制造和商业化的环节中，比较、权衡创新成本与收益是创新活动得以成功实施的最根本、最有效的激励因素。只有经济体内部的消费者需求规模足够大，而且消费者的可支配收入也在不断增加，有能力且有支付意愿购买高成本创新产品，企业在创新活动中的高级要素投入才能转化为创新活动的收益。中国经济正处于快速发展阶段，而越是处于产品或产业价值链高端的要素，就越要通过高速增长的市场需求来实现其价值的转化和增值（刘志彪，张杰，2009）。因此，可以通过国内市场支持创新活动，提升国内企业或产业的高级要素发展能力，这就是"需求诱导型创新"。如果中国可以有效地利用高速增长的国内市场需求规模，观察市场空间结构的变化，创造高级要素专业化的条件，这就意味着中国也具有同发

达国家所拥有的高级要素共同竞争的能力。更进一步地说，在经济全球化下，如果发达国家只掌握了产品或产业价值链中某个环节的核心技术，而不具有对该产品终端需求的控制力，那么它就不能实现其在全球价值链高端环节创新活动中的成本收益平衡，同时也会失去其对附加值分配的控制主导权（刘志彪，2017）。

这方面最经典的例子是美国，美国是一个典型的依靠内需的全球化经济体。首先，美国消费者的可支配收入普遍较高，购买力较强，同时人口数量是全球前五，这些因素使美国国内需求规模长期位居全球首位，同时也是使美国成为全球市场主导者的重要条件。其次，巨大的国内市场需求以及政治、文化、历史等因素使美元可以作为储备货币在国际市场中流通，导致全球生产要素都向美国转移，同时全球范围内实行"出口导向"战略的国家向美国出口大量的产品，这也使美国能够一直获得低成本的要素和产品。最后，由于美国国内市场巨大、吸引力强，全球生产要素尤其是高级创新要素都向美国转移，这种吸引力是世界上最大的。调查表明，美国是到目前为止吸引外国直接投资最多的发达国家，同时也汇聚了最多的全球一流人才。中国制造产业对西方技术的需求最为强烈，但这种需求对国内企业的自主创新活动产生了"挤出效应"，使中国制造企业长期缺乏创新活动。另一方面，长时间的以价值链低端要素作为出口产品的国际代工模式，也使中国的制造企业没有动力将资源投入到产品研发设计和品牌网络中去，因为企业靠国际代工就可以取得相对较高的利润率。这对中国制造业产生了不利影响：中国的本土研发产业和重装备企业因为需求不足而破产，被市场淘汰。另外，这种"温水煮青蛙"效应又使本土企业缺少"心脏"和"大脑"。缺少"心脏"，即缺少核心技术，这些核心技术大多由发达国家的跨国企业掌握，中国制造企业只能引进技术或者高成本使用外国的技术，也可以称之为"心脏移植"。缺少"大脑"，指中国制造的产品智能水平较低，同时软件开发以及应用水平落后于世界先进水平（段婕，孙明旭，2012）。

继续推进供给侧改革

在经济全球化背景下，发达国家的跨国企业以产品分工的形式把价值链低端的一些高消耗、高污染的生产环节转移到了发展中国家，从而更好地专注于价值链高端的产品研发设计、品牌和营销等环节，而发展中国家只能承担一些价值链低端的、以劳动力和资源消耗为主的生产加工环节，主要表现为中低端产品产能严重过剩，但高端产品有效供给不足。中国改革开放以来一直实施出口导向型发展战略，基本做法是加入制造业的全球价值链，主要面向中低端的市场出口产品，满足低端消费和低端投资。当全球处于金融危机时，国内的需求结构也随之改变，从前的中低端产能对于现在的市场需求而言就变成了过剩产能。从消费者的角度来看，随着国内中等收入消费者群体比例的增加，对中高端产品的消费需求也会迅速增加，但是如果国内的有效供给不足，这些消费者就会选择国外市场的中高端产品和服务。因此，习近平总书记提出了深化供给侧结构性改革，改变中国传统上基于加入全球价值链的制造业出口导向型发展战略。为了满足国内不断增长的中等收入消费者对中高端产品的需求，企业要减少低

端产能，生产中高端产品，同时企业也要积极进行技术创新，建立自主品牌，增加中高端的有效供给，使中国制造转向中国创造（江三良，陈芮，2017）。

适度保护本土市场

中国作为发展中大国，这个"大"不仅体现在人口基数大和地域辽阔，也体现在经济范畴内的国内市场容量大和消费者需求结构复杂，这些客观事实有利于提升中国有实力企业（链主）的国际竞争力，使其可以摆脱发展初期在全球价值链背景下与发达国家的不公平竞争困境，更好地发展高级要素。企业在新产品的生产环节以及旨在提升产品质量、改进性能的研发投入环节中，主要是以市场的最终消费需求为导向的（张化尧，2012）。因此，受消费者购买力和收入结构影响的需求偏好决定了企业研发投入的可获利程度，这就是前面所说的"需求诱导型创新"。国内中产阶级不断扩大，国内的消费结构也慢慢由"哑铃型"变为"橄榄型"，逐步形成高、中、低层次配合式和接力棒式的消费者需求结构。但是，随着大量外资和跨国公司进入中国市场，这些企业不仅在传统产品，也在新兴产品的价值链高端环节与中国本土企业争夺国内市场，从而减弱了中国本土企业作为"东道主"的优势，缩小了国内企业的发展空间，阻碍了中国企业由"俘获网络型"转变为"均衡网络型"的价值链治理模式。如何通过宏观调控适度保护中国国内市场，充分发挥有效市场需求对国内价值链攀升的激励作用，从而推动国内主导企业的创新活动，这是在全球价值链背景下中国代工企业由"俘获网络型"向"均衡网络型"转化的重要议题（杨桂菊，2010）。

典型案例分析

实施上述战略取得成功的典型例证就是日本。日本曾经通过提高国外产品的进入障碍，最终在经济发展初期为日本本土企业提供了一个相当大的国内市场，使日本本土企业可以在国内市场发展新兴产业（如汽车、材料、电子等）。日本实施保护国内市场的战略步骤如下：首先，日本建立了主要面向国内市场需求的价值链分工体系；其次，日本迅速培养了一批价值链中的主导企业（链主），形成由链主主导的价值链分工体系，并通过引进和学习技术、消化吸收再创新，慢慢地创造出高级要素的发展条件，最后在产业内部完成了从生产要素驱动到投资驱动，再到创新驱动的转化过程。在发展初期，适度保护国内市场的战略是本土链主得以生存与发展的必要前提条件。如果在这个阶段，日本没有实行保护国内市场的战略，而是让本土企业实行以低级要素为主的初级产品出口导向型战略，就必然会形成"俘获网络型"全球价值链的治理体系，从而不能培养出本土企业的价值链攀升能力（杨桂菊，刘善海，2013）。相反，中国台湾地区是典型的失败案例。由于中国台湾地区的市场较小，在发展的初始阶段，中国台湾地区就实施"依附型"的出口导向发展战略，通过参与全球价值链低端的制造加工环节成为全世界的代工工厂。但是近些年来，中国台湾地区企业面临着巨大难题：一方面要交纳研发专利费用（跨国企业普遍提高了授权费和关键零组件价格）；另一方面又要面对代工价格降低的问题，出现了"代工困

境",即代工的微利化。虽然中国台湾地区的代工企业已经完成了从 OEM 到 ODM 的转型,但是在从 ODM 转型为 OBM(功能和链的转型阶段)的进程中大部分企业都遇到了上述问题,这一现象被人们形容为 OEM → ODM ···· OBM。中国台湾地区学者翟宛文曾经指出,中国台湾地区的企业在本地区市场需求不足的条件下,根本没有建立自主品牌的基础条件,所以在以后的发展中应该将中国大陆作为实施品牌战略的市场(毛蕴诗等,2009)。

实施进口替代战略

步骤一:实施主动跟随战略

跟随战略(the strategy of the followers)是一种采取各种方式来学习和模仿跟随对象的先进之处的战略选择,如果跟随成功,会比自主研发创新更节约企业资源和时间。按照跟随对象的不同可以具体细分为产品跟随战略、地区跟随战略和营销跟随战略等。对于长期处于国际竞争不利地位的中国企业而言,跟随战略可以理解为从国外或某些外资企业中寻求并研究能够占领市场的产品与先进技术,通过生产本土的进口替代产品或代工产品,占领这些产品的国内市场,进而开拓国际市场。在企业初期或能力不足的阶段,学习和跟随跨国公司的产品和技术是国内制造企业的普遍做法,比如中国通信企业中的 90% 都曾经选择过跟随战略。在发展初期,格力集团主动跟随当时处于国内空调企业领头地位的春兰集团,逐步建立了自主品牌,并通过引进先进技术和消化吸收生产出了深受国内消费者欢迎的空调，在国内市场有了立足之地（毛蕴诗，孙赛赛，2016）。学习和跟随产业领军企业的产品和技术，尤其适用于那些面对巨大国内市场而技术较为落后的中国制造企业，这是因为相对于发达国家企业而言，发展中国家的本土企业自主研发创新能力较低，但是这些企业可以学习、引进那些实力雄厚的竞争企业中可以占领市场的技术，并消化吸收这些先进技术，这种做法可以大大减少企业自身在技术研发过程中消耗的时间和成本，从而在较短的时间内生产出高端产品，获得高附加值和高利润，进一步占领竞争对手在国内的市场，并提升企业的国际竞争力（毛蕴诗，李洁明，2006）。

步骤二：培育核心技术自主创新能力

拥有核心技术、能够自主制造关键性零部件是本土企业实施进口替代战略的重要前提之一。通过研发核心技术，建立发明专利的技术体系，企业可以获得参与制定产业技术国际标准的权力，从而在国际产业标准的竞争中占得优势。通过产业标准竞争获得的竞争优势一般很难模仿，因此可以提升企业的核心竞争力。这是因为一旦形成了国际标准技术格局，企业的技术地位将很难被其他企业超越，借此可以获得持久的国际竞争优势和长期的巨大利润。因此，在市场竞争中如果要提升企业产品的附加值，完成产品升级，企业要围绕以下三个环节逐步深入，即从只制造产品，发展为制造关键零部件，并最终拥有核心技术，控制产业标准。比如中国的格力集团为了提高产品的附加值、成为空调产业的领军者和能够控制产业发展方向，长期坚持研发核心技

术，并主动参与到制定产业标准的竞争中去。从根本上说，企业之间的竞争主要是核心技术的竞争。核心技术具有研发难度高、资源投入多、成功率低的特点。企业一旦掌握了核心技术，可以在较长的一段时间内拥有竞争优势。国内本土企业曾经普遍缺乏核心技术，缺乏与跨国公司进行合作研发创新的技术基础，因此只能以高额的专利费获得技术，在与跨国公司的竞争中处于劣势。另外，由于跨国公司实施了严格的技术壁垒，国内本土企业通过溢出效应获得跨国公司先进技术的效果微乎其微（原毅军，孙大明，2017）。此外，核心技术决定产品的性能和质量，因此，拥有核心技术和自主生产核心零部件对企业来说非常重要。在现实中，格力集团自主研发空调关键零部件正是培养企业核心竞争力的重要基础。在空调产业中，压缩机是空调系统的"心脏"，制冷剂是空调系统的"血液"，变频控制器是空调系统的"大脑"。格力集团一直以来实施以技术创新形成企业核心竞争力的战略，每年在压缩机、制冷剂和控制器中投入大量的研发资金（毛蕴诗，孙赛赛，2016），并取得了一定的效果。

步骤三：开拓国际市场

中国一部分有实力的企业在通过跟随战略实现了进口替代后，不但开始从外国企业手中夺取国内市场，而且逐步进入国际市场，并取得了一定的成功。中国企业进入国际市场不仅可以实现产品升级，而且增加了出口量，推动了产业发展和经济增长。像彩电、冰箱、空调、微波炉等产业的规模不断扩大，出口量也日益增加，形成了具有一定国际竞争优势的产业，为中国经济增长发挥了巨大作用（刘阳春，李田，2012）。比如，科龙空调不仅是国内空调市场占有率的"榜眼"，而且在 2004 年上半年，科龙的出口收入相比 2003 年同期上涨了约 148.5%，出口收入对科龙空调营业总额的贡献从上年同期的 25.6% 左右上升到了 42.8% 左右。又如，成立于 1987 年的华为最初是生产用户交换机的代工企业。1990 年，华为开始自主研发适用于酒店与小企业的用户交换机技术，并成功地实现了商业化。到 1998 年为止，华为已经成功地进入了中国的农村市场和主要城市市场。华为的国际化战略也取得了相当的成功，在 2003 年的 317 亿元销售额中，约有 84 亿（约为 10.5 亿美元）是通过国际市场获得的，这个海外销售额约是销售总额的 1/4，此时华为已经成功地从将国内市场作为全部利润增长点的初期阶段进入到将国际市场作为业务增长重点的发展阶段。之后华为不断拓展国际市场，国际销售额达到了 20 亿美元，已经进入 70 多个国家和地区的市场，全世界有 274 个运营商正在使用华为生产的产品。同时华为 NGM 系统已经占据了 18% 的全球市场，是占有率第一的企业，交换接入设备的全球出货量也连续三年位居世界第一。根据世界知识产权组织的调查数据，在 2015 年的企业专利申请数量排名中，华为以 3898 件登顶，这是华为第二年夺冠。现在华为的产品已经进入 170 多个国家的市场，全球有 1/3 以上的人口使用华为的产品。

典型案例分析

上世纪以来，日本企业正是通过进口替代战略提升了国内产业的核心竞争力。通常的做法是，日本企业在引进欧美先进技术

后，进行自主研发创新，增强企业竞争优势，然后迅速占有国内市场，并逐步进入国际市场。日本的计算机产业开始于 1958 年，成立初期因为技术落后等原因，产业竞争力弱，国内计算机市场主要以进口为主。为了引进 IBM 公司的技术，日本政府允许 IBM 公司在日本建立了一家独资企业，作为交换条件，IBM 公司必须同意日本计算机企业购买其专利。通过这种"以市场换技术"的方法，日本企业积极消化吸收 IBM 的技术，然后迅速研发新产品，占领国内和国际市场，其中富士通公司主要生产大型计算机，NEC 和三菱公司主要生产小型计算机。这些日本本土企业通过引进技术，自主研发并生产可以满足国内消费者需求的计算机，完成了进口替代，同时在政府、银行和关联企业集团的帮助下，逐步抢占国内市场，致使 IBM 公司在日本的市场占有率不断下降，终于在大型计算机市场中被富士通公司取代，在私人计算机市场中被 NEC 公司抢夺了榜首位置。之后日本本土企业逐步拓展国际市场，渐渐具有了与跨国企业竞争的能力。在日本，钢铁、汽车、石化、家电、钟表、照相机、半导体及计算机等产业都是通过实施跟随与进口替代战略取得了成功。日本的经验表明：在跟随战略中，自主研发创新能力才是企业的核心竞争力。在最初阶段，政府的市场保护政策只是为企业提供了一个临时的"避风港"，本土企业可以在这个阶段内继续拥有自己的市场，但是一旦取消了市场保护政策，国际竞争者必然会进入本国市场。在市场对所有企业公平开放后，只有那些掌握了核心技术的本土企业才能在国内和国际的市场竞争中立于不败之地。

技术升级：重大关键技术瓶颈及优先发展策略

　　如上文所述，全球价值链中存在着市场导向型、均衡网络型、俘获网络型和层级型四种不同的治理模式。市场导向型的价值链治理模式是指发达国家与发展中国家之间的分工交易关系是以保持距离的市场契约为基础的，它是由于发展中国家获得某种产品技术势力、市场势力或者某种生产要素的独特禀赋性而产生的。均衡网络型价值链治理模式的含义是指在全球价值链下，发达国家的购买商或者跨国企业与价值链分工协作体系中的发展中国家本土企业或网络之间的关系，是一种能力上互补、技术上充分交流、共享市场的双边合作关系，不存在相互控制。这种模式的产生条件是发展中国家的本土企业或企业网络在价值链的任一环节中，具备与发达国家大购买商或跨国企业相抗衡的市场势力或技术势力，这些势力主要来源于发展中国家本土企业的核心技术控制能力、自主创新研发能力或者市场垄断能力（不可替代的强大生产体系下的成本规模优势）。从理论上看，市场导向型和均衡网络型价值链治理模式下的发展中国家本土企业或企业网络能够对工艺升级、产品升级、功能升级或跨产业升级中的任一环节或者是完整升级过程进行自主选择，因此既能够进入全球价值链，又不会因为进入全球价值链而发生低端锁定的问题。当然，为了能够建立市场导向型和均衡网络型治理模式，发展中国家本土企业或网络需要掌握核心技术等可竞争的优势（程新章，2015）。

培养引进大批具有全球视野的高端人才

一个国家若想实现技术升级、进而能够主导经济全球化，则必须储备大批具有全球视野的高端人才。当下，中国国内并不缺乏一般性的人才，而是紧缺具备实现原始技术创新、带领中国企业走向世界的领军型人才。毋庸置疑的是，具有全球视野的高端领军人物能够在未来影响世界产业格局。按照立足于国内需求对技术升级和全球化战略实施定位的要求，中国未来的目标是将东部地区尤其是该地区的大城市建设成全球高端人才的聚集区之一、全球科技创新中心之一、世界前沿技术研发和先进标准创制引领区以及影响全球高新技术产业的辐射区。为了实现这一目标，需要从现在开始积极努力。比如，抓紧制定聚集和培育高端领军人才的相关政策，组建由战略科学家和高端领军科技创业人才带头的研发团队和创业团队，发展世界一流的科学研究所和科技研发中心，培育由高端领军科技创业投资家和科技中介人才领衔的创业服务团队，等等。目前，阻碍中国培养具有国际视野的高端人才成长的表面问题是语言障碍，更重要的原因则是国内的科技和教育环境不足以培养足够的、在各领域都能占有一席之地的高端技术人才，因此通过吸引海外留学生中的优秀人才回归不但可以填补人才缺口，还有助于实现中国高端人才的市场化和国际化。这是因为大部分在国外知名大学获得博士、硕士学位的"海归"们不仅有国外科技前沿的实践经验，而且对市场经济和现代管理有着深刻的理解，有些"海归"不仅拥有自主的知识产权和专利技术，而且还与国外专家和公司有着广泛的联系，这些优秀的海外留学人员将是中国经济崛起过程中的中流砥柱（鲁晓东，2014）。利用、引进和培养相结合的做法是拥有大批具有高度国际化视野的高端人力资本的关键。这里的利用是指主动利用西方各国处于经济不景气时期的机遇，抓住机会收购西方国家的企业，特别是之前实力雄厚的上市公司，其目的不仅是盘活公司的资产，更重要的是运用它们的人才，特别是高端的紧缺人才资源，让他们在中国企业的技术升级过程中或开拓全球市场过程中提供研发和设计服务。

推进基于全球价值链的海外并购战略

阶段一：慎重选择并购对象

中国企业海外并购之所以发展迅速、形成浪潮，既因为有政府在背后的推动作用，也因为有企业盲目跟随大众行动的"羊群效应"。作为一个发展中国家，中国企业海外跨国并购的目的不仅是寻求矿产资源，更是为了获得所需的先进技术。然而必须注意的是，技术驱动型并购比市场驱动型并购和效率驱动型并购更困难，这是因为企业在技术驱动型并购后不容易实现企业间的文化和技术融合，反而容易造成并购后的协同效应小于分散效应的结果，从而阻碍企业的创新与发展，导致并购的结果与并购的动机相悖（陈爱贞，刘志彪，2016）。机床行业的海外并购是这一方面的典型事例。自 2002 年以来，包括大连机床、沈阳机床、杭州机床、上海明精机床、北京第一机床、哈尔滨量具刃具在内的国内龙头机床企业纷纷选择海外跨国并购，这些企业是国内机床行业前沿水平的代表，它们原本希望能够通过海外并购，直接获得该行业的核心技术，并且利用跨国公司的品牌知名度和现有的国际通道来实现网络全球化和运营国际化的目标体系。然而到目前为止的结果却是，中国机床行业不仅没有获得高端市场，而且对低端市场也失去了控制，远远偏离了预期的目标。例如，2006 年杭州机床集团收购了德国 Abaz&b 磨床公司 60% 的股份，接着又在 2010 年收购了 Abaz&b 磨床公司其余 40% 的股份，但由于未能处理好文化整合、国际市场拓展等问题，企业的经营举步维艰，最终在 2011 年被东力控股集团有限公司收购。除此之外，在近几年的"海外并购浪潮"中，有些企业通过大量收购使其规模迅速扩张，更有甚者把"并购"作为主业进行资本运作，其间以并购资本为支撑，采用打价格战等策略性行为进行市场抢占，结果表明，这种做法沉重地打击了行业中的中小型企业的创新活动。中国海外并购战略未能取得成功的根本原因在于，并购的作用模式是促进企业间的资源再分配，从而有效利用资源，但是它却不能保证资源能够在企业间和行业间的配置更加合理，也不能保证并购方能有效整合全球创新资源，从而打破并购企业和产业创新的瓶颈。所以，要在面临国际激烈竞争和国内产业结构失衡的双重压力下突破这一难题，应该站在价值链升级的战略高度来引导资源优化配置，将企业并购作为一种促进本土企业和产业进行自主创新的新型战略，而不仅仅是企业自身发展

模式的选择。为实现这一目标，需要在全球价值链的基础上实施"通过并购促进创新"的战略：首先通过全球价值链的资源配置流向来引导企业并购；其次通过企业并购实现资源在全球价值链的再分配，从而提升企业在全球价值链中的地位；最终推动企业和产业实现自主创新（任曙明等，2012）。在此过程中慎重选择并购对象是关键。

阶段二：培养逆向吸收能力

逆向并购是一种国际化经营战略，具体含义是指发达国家的企业被欠发达国家的企业并购，欠发达国家的企业通过这种形式获取战略性资源。在逆向并购的过程中，知识转移也出现了逆向流动，呈现出技术知识由被并购的发达国家向实施并购的后发国家转移的流向，也就是从"强"到"弱"的流动，这种现象被称为逆向知识转移。在欠发达国家企业的跨国并购中，其并购对象大多数是发达国家的企业，并购目的则不言而喻，即吸收发达国家企业的先进技术，学习其成熟的管理经验，以及获取现有的营销渠道等。最近几年中，跨国并购在中国十分流行，企业正在通过这种途径来获取战略性资产，进而实现产业升级，最终寻求在全球价值链中的定位优势。技术并购能够使企业通过知识转移的方式获取重要的战略性资源，并提高创新能力。此外，从创新的角度来看，由于实施并购的后发国家企业和发达国家的被并购企业之间存在着技术能力的不同，二者的知识基础也有差异，而正是这些差异使得并购企业增加了组织学习和技术创新的机会。并购企业之间相互学习和吸收知识，并通过知识转移的过程来提高自身的创新能力。目前的研究结果表明：首先，知识具有累积性，因此并购企业的知识基础具有提升其吸收能力的作用。知识累积对于形成吸收能力进而促进并购企业创新十分重要。知识累积的促进作用会随着技术并购而愈加显著，并购企业通过技术并购实现知识累积，而知识累积具有促进形成吸收能力的作用，吸收能力则是知识转移的基础，因此知识转移也随着吸收能力的提高逐渐加强，通过日益强大的知识转移，并购又进一步巩固了知识累积。如此循环往复，并购企业的创新能力将受知识累积的影响。换句话说，并购企业处于知识逆向转移流向中的"弱"向，知识转移的效率会受到并购企业的知识累积以及吸收能力的影响。因此逆向并购的整体知识转移效率最终由三个因素来决定，它们分别是外部知识来源、企业知识累积程度以及学习努力程度。在逆向知识转移过程中，跨国技术并购要想发挥其作用，必须保证吸收能力能够充分发挥作用，唯有如此，并购企业才能有效提升其创新绩效。

其次，如果并购企业双方的知识具有一致性，将更能促进企业的吸收能力。知识一致性是指并购企业双方的知识资源具有互补性以及重叠程度。企业进行跨国并购的主要目的是利用并购快速获得新知识以促进企业创新。然而，知识资源本身并不能够左右并购企业的创新，吸收能力也只是实现创新的途径，其目的是完成知识的转移，最终提升企业技术能力。并购企业的吸收能力会受到并购企业双方知识一致性程度的影响。显然，知识一致性程度高，也就是当企业的关键知识资源与并购对象具有相关性和一致性时，其吸收能力会显著提高，知识转移的效果也会更好，

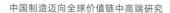

也更容易发生逆向知识转移。而如果知识一致性程度低，则会使知识转移花费更多成本，而且会影响价值创造。因此，这要求并购企业的管理者能够发现知识一致性，以确保知识转移的预期收益，只有这样，企业才有动力促进知识转移的发生。此外，吸收能力水平还受到市场轨道稳定性的影响。欠发达国家得益于市场轨道，这为它们创造了新的赶超机会，特别是在技术范式比较稳定的背景下，吸收能力的形成将受到巨大的市场需求的影响，知识转移的效率也是如此（毛蕴诗，黄程亮，2017）。技术范式以及技术轨道的含义并没有考虑到诸多以市场需求为代表的关键因素。通过观察发现，欠发达国家的赶超过程结合了本国的市场需求特征，也就是说市场轨道为欠发达国家创造了新的赶超机会，这就证明赶超过程不是只能通过建立新的技术轨道来实现。这里所提到的通过市场轨道进行赶超和创新，主要是指欠发达国家基于本国市场需求，在同一技术范式下进行创造性学习，同时充分挖掘和利用市场轨道的多样化进行创新，最后达到降低现有的产业壁垒甚至突破产业壁垒的目的。如果中国企业想依靠市场轨道占据本国市场，则需要有针对性地引进先进技术，或者通过并购的方式吸收外国的领先技术，这种情况下知识逆向转移的关键因素无疑是企业的吸收能力水平。未来国内产业的升级发展方向将直接影响中国企业并购海外企业的技术资源方向，企业在实施并购时更愿意沿着固定的技术轨道前进，或者倾向于相对缓慢的创新方向。这样做的原因是企业会有较高程度的自身知识累积，当市场轨迹保持有序、技术范式稳定时，知识吸收以及知识转移的风险会大大降低，其效率也必将得到提升。

最后，如果并购方具有良好的吸收能力，则知识转移效率将得到提升。并购企业的吸收能力在逆向知识转移的过程中扮演着重要的角色，中国企业在产业链低端的制造环节中具有很大的优势，但其知识累积水平和创新能力却曾经相对较弱，近年来通过不断跨国并购的方式获取了发达国家企业的先进技术、管理经验以及品牌等大量战略性资产，对知识累积和创新能力的提升起了很大的作用。目前中国企业的吸收能力能够保持在较高的水平，与其知识基础逐渐累积、市场轨道保持稳定以及与目标企业知识保持一致性等条件密不可分，这也是逆向并购知识转移具有效率的保障。中国企业的跨国并购以寻求知识为目标，这里的知识寻求不仅包含对显性知识的寻求，同时也涵盖了对隐性知识的转移。显性知识可以通过跨国并购过程中的资产转移来完成，而并购企业之间的人员交流则是隐性知识转移的主要方式。留住核心人员是保证并购重组成功的两个基本特征之一，此外，保持核心能力是另一个基本特征。由于被并购企业掌握很多对并购企业有价值的隐性知识，因此并购企业愿意支付高于被并购企业资产价值的价格来获取知识。在获取隐性知识的过程中，吸收能力也起到了重要作用，吸收能力能够通过并购企业内部的人员交流和互动得到提升，然后实现隐性知识的逆向转移。吸收能力在逆向知识转移过程中促进知识转移，主要是通过并购企业间的人员交流和互动实现的，也就是说企业间业务人员之间的交流和互动是逆向知识转移实现的关键。工程机械行业的龙头企业中联重科在实施海外跨国并购时，遵循本土化的原则，对外方管理层进行相应的调整并对其充分授权，同时完善激励机制，确保了被并购的海

外企业能够保持连续稳定的经营。技术和产品的整合是知识转移效果的体现，技术整合不仅使双方资源得到了充分的利用，而且使企业的整体竞争力得到提升，最终实现了并购所要达成的目标（赵剑波，吕铁，2016）。

阶段三：培养正向设计能力

所谓的正向设计能力是指在确立顶层设计要求时要考虑用户需求，从上至下进行分解，将复杂的产品（系统）功能一步步细化，确定子系统和零部件的解决方案、产品功能属于何种结构，并形成稳定运行、可批量生产的商业化产品和能够支持全生命周期的能力。唯有正向设计才能带来真正的产品自主创新，与之同属于制造业产品开发典型模式的逆向工程则不具备这种能力。在传统的技术追赶研究中，逆向工程和自主创新被简单地认为是后发国家（欠发达国家）产业技术能力形成过程的两个阶段。然而通过对装备制造部门中的中国高铁装备产业的研究发现，两个阶段之间的能力并非连续的，而是存在着重大的断层，缺少正向设计能力是这一断层的主要表现。欠发达国家若要达到在全球产业链开放环境中的深度嵌入，并实现技术追赶的目标，必须要培养正向设计能力。正向设计能力和逆向工程能力对于技术能力组成都十分重要，这两种能力都属于产品设计能力（赵薇，2016）。不过对于同一产品的开发设计来说，二者有着本质的区别：正向设计基于用户需求，需要有理解产品工作的完整逻辑，然后理清产品设计与产品性能之间的关系，最后在这些基础上开发出适用于不同需求的产品系列；而逆向工程则是基于仿制对象，它的目的在于破解特定仿制对象的技术规范或技术数据包，尽可能使自身产品接近仿制对象。通过对比可以看出，正向设计的知识搜寻范围与应用方式具有不确定性，需要更高的设计能力；而逆向工程有明确的仿制对象和知识搜寻范围，对设计能力的要求相对较低。一旦企业具备了正向设计能力，就能够对产品性能进行适时的调整、对产品谱系进行完善，使异质性用户的需求得到满足，而且能够拓展产品线，在选择供应商时具有主动权，在国际供应链资源中的地位从被动转向主动。以中国高铁装备研发为例，通过考察其由逆向工程向正向设计转移的全过程，可以得出以下几点启示：第一，从战略定位的角度来看，产业形成正向设计能力的首要条件是由既往的研发导向进行转变，即从探索试验及产品示范转向自主研发、批量生产具有成熟性能的商业产品。第二，从资源配置的角度来看，产业形成正向设计能力的基础是人力资源累积以及协调有效的长期合作机制。第三，从活动系统的角度来看，产业形成正向设计能力的重要依托是根据科研和工程的需要，不断得到完善的测试体系，尤其是要同步提高测试理念和组织水平。第四，从学习机制的角度来看，产业形成正向设计能力的主要路径是在同一时间引进多国技术，形成各类学习并行的态势，例如"试验中学""干中学""用中学"等（吕铁，江鸿，2017）。

探索逆向研发外包

产生背景与依据

在过去的数十年中，中国企业加入了全球价值链，主要是通过对跨国公司的外包订单进行承接，逐渐地参与到国际间的产品内分工中。但是对中国企业来说，这种产品内分工，仅仅是处于价值链低端环节的分工。中国企业之所以要在低端分工环节下主动选择逆向研发外包，是因为越在处于技术落后的时候，越要主动抓住国际分工的机遇以及国外资源，充分发挥本国的比较优势，从而使自身的技术创新能力得到提升。在当今国际背景下，中国企业有可能通过在逆向外包中学到的技术，快速实现企业自主创新的目标。在改革开放初期，由于外汇紧缺同时急需设备与原材料，中国只能通过出口来换取外汇，然后进口设备与原材料。现在中国的外汇储备居于世界第一，国内资金流动性比较充裕，在这种不再为资本发愁的情况下，出现了国内产能过剩的局面。为了解决这一问题，中国企业需要继续选择出口导向的全球化战略，但是目的有所不同，现阶段这一战略的特征是利用别国的市场，使用本国的低端生产要素，通过出口解决国内市场的缺口。目前中国处于第二波全球化战略阶段，这一阶段的特征是基于内需制定战略，目的在于"利用本国的市场，用足国外的高级生产要素，尤其是利用国外的创新要素，加速发展在中国的创新型经济"，通过内需的方式吸引国外的要素流动，以解决国内技术缺口问题。第一波全球化的特征是出口导向，其基本路径是将本国的低端要素加入到全球价值链之中。在这一阶段，中国消费品的出口迅速增长，而国内装备业却因为缺乏市场需求逐渐衰败，造成这种现象的主要原因是位于全球价值链高端的主导者利用其研发设计优势以及网络品牌优势，向价值链低端的中国企业发包。为了使国外消费者的需求得到满足，中国企业在贴牌生产时，经常会扩大其可供出口的生产能力，采取的方式是进口国外的机器设备以及技术，因此对国内的装备业形成挤出效应。目前中国已经进入第二波全球化战略阶段，此时企业加入或形成国内价值链是基于内需的经济全球化的基本路径要求。具体来说，处于价值链高端的国内巨型企业或中国跨国公司已经成为全球价值链的主导者，它们向国内外企业逆向发包依据的是国内外市场需求和由自己所主导的研发设计，通过这种方法将全球的生产要素供给商发展为自己的供应商，或是形成全球供应链，把产品销往全球。此外，逆向研发外包是聚集高端人才的一种战略手段，而拥有全球化的高端人力资本是中国发展新一波全球化经济的关键（刘志彪，2015）。

内部与外部条件

第一，中国实施经济全球化战略的背景与开展逆向研发外包的前提是一致的。过去中国积极参加由跨国公司主导的外包，大力发展加工贸易，享受了经济全球化带来的好处。但在现阶段，这种粗放型增长模式已不再适用，因为其特征是以加工贸易和出口创汇为导向。这种模式消耗了大量的资源，破坏了生态环境，

损害了劳动者的利益。同时中国在国际制造业代工中的比较优势因为国内生产要素成本的上升而不复存在，致使外资控制的国内工厂逐步向其他拥有更低成本的发展中国家迁移。第二，逆向研发的发包方需要面临巨大的竞争压力。以率先发起逆向研发外包的中国汽车行业为例。中国的汽车市场比当年日韩等国更加开放；日韩等国的汽车市场都曾经受到过本国的政策保护，而国外主流品牌大多是通过合资方式顺利进入中国汽车市场，已经占有相当高的市场份额。资金技术密集是汽车行业的特点，竞争比较激烈，再加上不断缩短的产品生命周期，使得汽车行业的成本压力进一步增加。中国的国内自主品牌起步很晚，在竞争中只能依靠低价格策略占据优势，虽然也在不断努力进行升级，但其发展仍然因为知识产权以及核心技术能力的不足而受到限制。面对这种困境，现阶段逆向外包是一种可行的摆脱困境的战略途径，因为只有迅速培养企业的自主研发能力，才能避免被吞并的悲剧。第三，逆向研发的国外接包方一般都正面临着重大变革或危机。接受逆向研发外包意味着要向发包方（往往是竞争对手）传输技术，这种做法风险极大，它可能使位于市场垄断地位的国外企业失去其优势，只有当环境压力十分巨大或利润十分丰厚时，它们才会主动选择接受逆向研发外包，向发包方传输技术。如果说合资模式是中国主动以牺牲市场来换取技术，逆向研发外包则是外国利用其技术换取生存。仍以汽车行业为例。2008年的金融危机给全球汽车市场以重击，几乎所有的主流车企都经历了利润下滑甚至亏损的劫难。北美汽车的三巨头处于破产的边缘，美日欧相关核心零部件厂商的销量锐减，很多企业被迫申请破产保护。

由于丧失了上游整车市场的牵引，遭受了损失的零部件企业一直没能完全恢复元气。在经历了金融危机之后，汽车行业的零部件及整车企业被迫调整策略，他们意识到对美国市场的过分依赖并非长久之计，因此开始接受中国自主品牌汽车发出的逆向研发外包，以此获得利润。第四，发包方所在经济体的市场容量要足够大，巨大市场需求带来的利润足以抵消企业逆向研发及其消化吸收所带来的成本。美国由于国内民众的强大购买力而拥有全球最强劲的需求，其巨大的国内市场为产业发展带来了很多好处，使其成为吸引全球各种低成本要素和产品以及各种高级要素的国家。由此看来，逆向研发外包若要取得成功，也必须扩大中国市场的规模，使其成为具有世界规模的市场（陈启斐，刘志彪，2013）。

可能产生的陷阱

任何战略都具有双面性，逆向研发外包也不例外。这种战略的潜在威胁在于：首先，把高端环节外包出去就意味着企业把"心脏"外包了出去，等于是让他人参与到自己核心能力的构建过程中。发包方可能会因为谈判或协议的不顺利而遭受巨大的损失，还可能深陷其中。从接包方的角度来看，只有发包方具备良好的管理协作水平、成熟的企业治理机制以及充足的管理人才时才值得信任，然而发展中国家的企业并不具备上述条件，中国在这方面也并不成熟。其次，发展中国家的企业可能会因为高端环节的外包面临进一步落后的风险。发达国家的企业一般不会主动接受发展中国家的委托，更不会提供知识技术，除非它们面临激

烈竞争，企业利润严重下降时才有可能接受外包协议。发达国家的企业在知识密集环节和服务方面具有优势，接包则能使它们得到进一步的强化。发展中国家的企业必须要有足够的学习吸收能力，否则可能会对发达国家企业更加依赖。由于发展中国家的发包企业缺乏自主研发创新能力，因此必须不断从发达国家的企业购买设备以及相关技术。发达国家企业在这个过程中会故意保持镇定，一旦发展中国家企业进行大幅度的市场扩展，它们就会对发展中国家企业提起知识产权的诉讼，或者对其收取巨额的专利费用，将发展中国家企业逼入困境。2003年就有这类案例，欧美大型零部件供应商联合日韩约70%的零部件企业曾一度拒绝向奇瑞提供零部件，其中欧美企业以德尔福为代表。无独有偶，吉利也遇到过这种情况。吉利的发动机最初购买自丰田，后来丰田趁吉利有大量需求时大幅提高发动机的价格，吉利不得已只能购买高价发动机，这一困境直到其自主研发出发动机后才得到缓解。

经典事例

在中国汽车市场中，合资品牌长期以来占据霸主地位，而之后进入的国内自主品牌基本上没有优势可言，因此中国的自主品牌在很多方面先天不足，包括生产规模、资金筹措、技术研发、人才储备、企业管理和市场开发等。自主品牌要想在竞争激烈的汽车市场中后发制人，则必须要克服这些劣势，通过学习将核心技术掌握在自己手中。总结国外经验可知，主要有两种模式能够使没有优势的后入者吸收先进国家的技术，发展自己的技术能力：一种模式为引进外资，这种模式下设备、技术由跨国公司来提供；另一种模式是购买技术许可证，弱势国家逐步消化吸收先进技术，从而使自己的创新能力得到提高。然而至少中国汽车行业的发展事实证明，第一种模式并不适用，因为中外合资的本质是"以市场换技术"，虽然中国的汽车制造生产能力在短时期确实有了一定的进步，但最重要的核心技术依然由外方掌握，这使合资企业的创新能力受限。因为中方没有能力学习吸收先进技术，对外资技术越来越依赖，因此"以市场换技术"的战略没有达到当初的预期效果，反而使中国汽车行业陷入了引进—落后—再引进—更落后的恶性循环。如果中国汽车企业仅仅依靠劳动力成本优势与国外企业竞争，而没有掌握核心技术，其结果将会是被锁定到产业价值链更低的位置，无法与外国企业相提并论。基于中国企业在短期内无法自行研发出核心技术的现实情况，相比之下第二种模式更具可行性，即逆向研发外包。奇瑞和吉利汽车拥有自主品牌以及销售终端渠道，它们并不是通过与跨国公司合资来进行汽车生产，而是向国外知名的汽车研发机构发包设计与研发业务，从而获得了中高端汽车产品链的设计与研发能力。具体做法是，指派企业团队与国外研发机构共同进行研发，之后双方一起确定技术路线、研发目标以及概念设计以适合中国本土的市场需求，尽量做到参与完整的产品研发流程，同时学习研发技巧，了解所需的工具，吸取先进的经验，甚至获得自主知识产权。举例来说，吉利将造型设计委托给了德国吕克，同时与意大利汽车项目集团进行合作；奇瑞请奥地利的 AVL 设计发动机，又委托意大利的博通公司和宾尼法利纳公司设计外形。通过与国

外著名企业合作，国内的发包方获得了自主开发权，企业创新能力和技术水平都通过逆向外包得到了提升。比如，奇瑞和吉利在国内市场上已经占据汽车销量前十名，是销售排行榜中为数不多的国内自主品牌。不仅如此，它们在国外市场上也已经小有成就，吉利和奇瑞分别已经向 50 多个和 70 多个国家与地区出口汽车（葛明，苏庆义，2018）。

从结果来看，逆向研发外包是发展中国家企业基于知识学习的一种成长战略途径。奇瑞通过逆向研发外包不仅掌握了发动机的自主研发模式，还从发动机扩展至整车、底盘、变速箱、新能源及混合动力等关键部件领域，不仅迅速吸收了这些领域的国际先进技术，而且运用到本企业的自主研发中，使企业拥有自主研发能力以及研发平台，找到了一条同步于甚至领先于世界技术成果的捷径。

促进产业关键共性技术升级

产业共性技术的供给与扩散的多重失灵

基础研究和产品开发是通过产业共性技术这一中间技术联系起来的，产业共性技术在知识转变为生产力的过程中起到了过渡作用，它是一种基础技术，特点是具有应用基础性、系统性、关联性以及开放性等。从技术发展阶段的维度来看，可以将中间技术根据发展阶段维度划分成三个子集，分别对应基础性共性技术、竞争前共性技术和应用类共性技术三个层次的共性技术。第一个层次的基础性共性技术具有较为突出的系统性、科学性、综合性等特点。基础理论的长期累积是研发和创新这类共性技术的必备条件，所以其研发成本和失败风险相对较大，需要供给方有较大的承担能力，能力有限的单个个体一般无法承担供给共性技术的任务，而且合作也不是轻易能够达成的，这种情况下就出现了供给的"组织失灵"现象。在成果转化时，技术接受方需要进行大量的二次开发工作，这要求他们的吸收能力以及开发能力足够强大。此外，这类技术在技术市场上由于自身有很大的不确定性而容易导致其价值被低估，使得技术许可、技术转让的扩散也随之受限，成为扩散中的"市场失灵"。第三层次的应用类共性技术是三种技术中与市场应用最为接近的一类。应用类共性技术需要密切结合专业应用背景来进行研发和应用，在成果转化时不需要技术接受方做大量的二次开发工作，往往也不需要很大的投入，承担的风险比竞争性技术低得多，却能开发出相同的经济效益。然而有利有弊，应用类共性技术的供给方要面临很大的成果溢出的可能性，如果缺少严格的制度来保护知识产权，鉴于技术易被模仿和应用的特点，供给方一般选择不研发。这种共性技术需要健全的法律制度保护，同时也要求明确的产权界定以及法律制度的有力执行。如果达不到这些要求，将会导致供给方研发的技术创新成果被过度且被动扩散，供给方往往无法得到扩散补偿而遭受经济利益的损失，供给方的创新积极性也会因此降低，这种情况即扩散中的"制度失灵"。此外，由于技术外溢使得企业无法保证技术的全部或大部分收益能够归自己所有，因此它们没有动力去研发产业共性技术，这种研发的外部性问题被称为共性技术供

给的"市场失灵"。竞争前共性技术位于中间层次，具有承上启下的作用，其来源为第一层次技术的进一步开发，同时应用前景较好。竞争前共性技术经过后续二次开发后具有天然的技术壁垒作用，可以有效阻止技术模仿行为，并且是企业技术能力能够承受的。因此，市场可以在这类共性技术的供给和扩散中起到基础性作用，同时需要尽可能把共性技术扩散的不利影响降到最低，即解决信息不对称性以及收益不确定问题（耿殿贺等，2010）。

选择合适的研发组织模式

选择合适的研发组织模式是共性技术实现研发成功和合理扩散的重中之重，它决定了共性技术的有效供给和扩散，决定了产业创新能力的增强以及竞争力的提升。中国目前的共性技术研发组织状态是多种形式并存的，传统的企业或企业联合体、科研院所、工程（技术）研究中心、重点实验室等组织在共性技术供给和扩散方面仍有一定的影响，一般是通过技术合同、项目合作、共建实体等诸多方式实现，但从共性技术研发和服务的效果来看，目前还有很多问题亟待解决。随着中国近年来实施创新驱动战略以及科技体制改革的进一步深化，产业、技术创新领域树立了开放式创新、协同创新等理念，不断涌现出一些制造业共性技术研发的有效组织模式，它们能够适应经济全球化的竞争环境，这些创新模式的典型代表包括产业技术创新战略联盟、产业技术研究院、产业公共技术服务平台等（毛蕴诗，汪建成，2006）。

典型组织模式代表一：产业技术创新战略联盟

产业技术创新战略联盟以企业为核心，同时联合了大学、科研院所等其他组织机构，基于企业发展的需求以及各方的共同利益，订立了提升产业技术创新能力的目标，以契约作为法律保障，建立了联合开发、利益共享、优势互补、风险共担的技术创新合作组织。战略联盟的战略意图和目标非常明确，这类联盟的组成是为了实现产业层次的共性技术研发和扩散，它们代表了产业发展的目标。产业内部资源由联盟调动和整合，通过合作研发产业共性技术，然后将这些技术扩散至联盟和全行业，以提升产业竞争力。产业技术创新战略联盟在技术进步加速和全球竞争加剧的背景下出现，最早兴起于 20 世纪 60 年代的日本，欧洲和美国紧跟其后；到 20 世纪 70 年代末，产业技术创新联盟已经遍布全球。产业技术创新战略联盟对中国来说是新生事物，因其特定的特征而被赋予特定的使命。把各种创新要素通过产业技术创新战略联盟聚集到企业之中，不仅符合中国的现实国情，而且也紧跟世界产业技术的创新趋势，同时也是借鉴国际成功经验的必经之路。然而，产业共性技术作为中国创新体系的中间环节出现了缺位。李国杰院士指出，在中国技术创新链上产业共性技术研究和转移是最薄弱的环节，国家自然科学基金、"973"等资金主要投入到基础研究方面，而风险资本和企业内部投入则是为产品开发提供支持。研究发现，技术创新链可分为技术链和产业链，但是这两者并不是相互对应的关系。产业共性技术研发作为过渡的中间环节非常重要，它是自主创新的关键，在二者间提供连接作用，如果缺失中间环节或者此环节不坚实，核心竞争力无疑也是不足的。创建联盟分为以下步骤：首先要把断开的产业链连接起来形成完整的产业链，使得产业技术需求紧密结合技术创新主

体；然后构建产业技术创新战略联盟，通过联盟对集成创新的促进作用，完成技术由低端向高端的转变，进而优化升级中国的产业结构，最终使产业核心竞争力得到有效提升。不仅如此，这种联盟的形式能够融合各种技术的研发主体，企业将各种创新要素聚集起来，能够使产学研合作的松散问题得到有效解决，其实质是使产学研合作机制创新进一步深化（汪建成，毛蕴诗，2007）。

典型组织模式代表二：产业技术研究院

产业技术研究院是一种经典而有效的共性技术研发机构形态，其研究对象包括产业共性技术以及关键技术，其目标包括使先进技术实现产业化和升级优化产业结构。实施产业共性技术研发需要建立国家级、区域级产业技术研究院，这些研究院是一种组织模式的创新。发达国家和地区的科技经济之所以快速发展，很大原因是将大学、科研院所和企业联系起来，以产业技术研究院为联结，在它们之间建立产业共性技术研发机构，通过这一举措加强研发共性技术和关键技术，推动高新技术产业化。美国、日本、中国台湾分别建立了国家标准与技术研究院、产业技术综合研究院以及工业技术研究院等机构，不仅对所在国家或地区的技术创新起到了促进作用，还发展了高新技术产业。在产业创新体系建设中，产业技术研究院的作用不仅包括发挥战略规划、联合研发、组织协调，还包括成果转化以及政府决策咨询等，它还参与到开展技术预见、产业战略研究与规划之中，其研究重点是产业共性技术中缺失的产业链环节和关键环节，对于新兴产业的发展也有推动作用，此外还能够使传统产业能级得到提升。总而言之，产业技术研究院与所属于企业的研发机构和大学、科研院所等组织相比较有三个独特的创新点：（1）行业属性和应用导向在特定产业共性技术研发领域较强；（2）与产业发展相契合，注重由市场和需求所驱动的创新，其职能融合了知识创新、技术创新以及衍生创业；（3）立足区域经济发展，与一般大学和科研院所相比，产业公共技术服务以及创新网络组织功能体现得更加明显（宋耘，姚凤，唐秋粮，2013）。中国目前缺乏足够的企业技术研发能力，科研人员和资金投入不足，虽然大学以及科研院所为企业储备了大量人才，但其产业技术创新需求是面向市场的，科研目标并不与之相一致。所以产业技术研究院应基于产学研相协同，对区域科技资源进行整合，集中力量研发行业共性技术、关键性和前瞻性技术，从而促进成果转移并且实现产业化，最终创造巨大的经济价值。

典型组织模式代表三：产业公共技术服务平台

产业公共技术服务平台是一种提供公共服务的组织系统，它将大学、科研院所、科技中介服务机构以及骨干企业等优势单位资源进行有效整合，主要面向企业技术创新共性需求，服务平台的目标是发展支撑产业，其服务对象是企业，特别是中小型企业。产业公共技术服务平台比其他平台更注重产业导向，它们的目标是为产业提供系统性产业共性技术支撑以及公共服务。建设产业公共技术服务平台的根本目的是为共性技术服务，解决在产品研发过程中行业、企业，特别是中小型企业所面临的共性技术需求问题。产业公共技术服务平台的基本服务功能可以概括为四个具体方面：（1）最根本的服务——共性技术的研发服务。平台作为集中力量研发制造业发展所急需的共性关键技术的支撑。

（2）平台属性决定的条件资源保障服务。资源服务能够降低制造企业，特别是中小企业的研发成本以及研发风险，这些服务包括大型仪器、中试平台、测试手段、文献数据信息等。（3）技术转移孵化与扩散服务。地方和行业的技术、人才等综合资源要通过共性技术的转移和扩散来完成整合，进一步完善技术转移服务体系。（4）共性技术人才集聚和交流服务。充分发挥平台的集聚效应，建立创新机制来激励人才。

政府的顶层设计是选择共性技术研发组织创新模式的关键，但是也不能忽略合理定位政府职能的重要性。在技术创新基础极不稳定的初期，政府应充分发挥作用，不仅要增强产业共性技术的研发力量，更要建立起自主创新体系。之后，政府应随着体制的逐步完善，由主体地位慢慢转向辅助性地位，承担起政策制定、环境建设、资金和公共服务提供等工作。鉴于面向市场差异化的产品和服务是共性技术研究的终极目标，企业必须是共性技术研发中的中心，这样才能在引导资源配置方面充分发挥市场机制的作用。虽然有多种共性技术研发模式可供选择，但无论在研发过程中选择哪种，政府都不能对产学研协同合作盲目主导，而应该做到有机结合、利益结合以及市场融合，只有这种层次较深的紧密协同，才能保证产业共性技术研发的健康、持续发展（任保全，刘志彪，2016）。

采取适当的共性技术扩散方式

克服扩散中的"市场失灵""制度失灵"和"组织失灵"是共性技术扩散的关键，为了实现共性技术供求双方的利益最大化，共性技术应形成有偿扩散和对研发成本进行补偿的激励机制，为供给方的持续发展提供资金保障；对共性技术的接受方，特别是中小企业来说，共性技术的扩散应确立向竞争性技术成功转化并带来经济效益的最终目标。实际上，研发和应用过程以及专有技术的结合程度会因共性技术的层次而异，因此，需要根据产业共性技术层次类型采取适当的扩散方式。如前文所述，第一个层次是基础性共性技术，由于其开发过程与专有技术的结合程度比较低，而且还需要技术接受方完成大量的二次开发工作，所以此类共性技术可以通过供给方为企业提供有偿二次开发技术服务的方式扩散，这种扩散方式不仅能够解决中小企业由于没有足够的技术创新能力而限制共性技术应用范围的问题，而且还能避免在直接交易共性技术时出现价值低估的现象。作为第三层次的应用类共性技术拥有最高的专有技术结合度，其研发及应用过程与专业应用背景密切结合。以机械镀锌为例。它是所有镀锌企业都需要的一项共性技术，比如汽车、航天或一般机械生产都离不开机械镀锌技术，然而由于不同的产品对这一技术的要求各异，所以它必须紧密结合专有技术。这类共性技术的扩散方式有多种选择，可以由供给方承接企业的研发项目，还可以通过技术诊断、产品设计等服务形式交付给企业共性技术和专有技术，从而使技术的外溢性降低。竞争前共性技术比基础性共性技术有更高的专有技术结合度，但低于应用类共性技术。可以选择技术许可、技术转让等方式使其在技术市场上扩散，这是因为竞争前共性技术经过后续二次开发后具有天然的"技术壁垒"作用，可以有效阻止技术模仿行为，并且是企业技术能力能够承受的。

促进共性技术供给和普及的机制创新

共性技术供给和普及的机制创新包括五个方面：第一，创新产业共性技术投资机制。在政府投资的形式上，目前中国的科技计划虽然有很多形式、覆盖面也较广，但由于共性技术研究需要长期持续进行，所以仍存在不足，需要国家设立专项资金支持产业共性技术，以实现其稳定持续的发展。在产业共性技术投资上，政府应发挥其主导作用，产业作为辅助建立资金投入体系。在研发初始阶段，政府投资起到主要作用，而中后期则应吸引产业界资金加入，实施各种激励和优惠政策。第二，创新产业共性技术资金使用机制。对于产业共性技术资金的运行使用，采取基金制的形式可以避免在现行科技计划中出现分散投入的问题。产业共性技术发展基金会根据每年的发展规划进行预算申报，在经过产业共性技术管理委员会以及咨询委员会审核后上报，最后由有关部门完成审批。基金会的审计监督工作由财政部门负责。使用资金时会与战略规划和决策制定机构相独立，采取基金管理的方式，申报是自由的，然而审查则是依靠专业人士，坚持民主，实现评审公正，最后选择最优项目进行资助。项目的招标、立项、评审、监督和使用经费管理等工作由产业共性技术发展基金会负责。第三，形成人才队伍培养与建设机制。为了建立这一机制，需要在中国现行的高等教育学科中增加针对产业共性技术研发的学科专业，全方位考虑学科发展趋势，结合现状基础进行学科结构优化调整，同时致力于学科之间的交叉融合，设立新的学科增长点，实现专业人才的初步积累。第四，创新共建、共享机制以及共享、扩散科研成果机制。产业共性技术要做到科研资源共享，需要对行业科研院所、企业、高校等科研基地进行调查，详细了解与共性技术有关的基地、实验室、研发中心的仪器设备等基础设施，最后创建产业共性技术科研资源库，以便统筹协调全行业和优化配置，有效共享由国家投资建设的分散在社会各环节中的支撑共性技术研究开展的各种资源。由国家在高等院校、科研院所以及企业中投资建设的科研设施，不能以营利的方式对社会开放，而企业自有的科研设施应该允许其以收取合理费用等方式向社会开放，为社会分享。对于政府资助的有形技术，如果能够能形成知识产权，则承担单位是知识产权所有者，在享受所有权的同时负责技术转移及扩散；若没有形成知识产权，项目承担单位应通过签订协议享有共性技术的成果，并通过技术市场进行扩散。在共享技术成果和技术扩散时，所有的创投资金以及企业要共同努力，积极发挥其作用。第五，构建监督评价机制。监督制度的作用是监管共性技术研发推广期间的研发经费，另外再设立反馈系统以保证畅通的渠道，寻找影响创新过程的主导反馈回路，不论是促进作用还是阻碍作用，只有找到共性技术的创新和发展受哪些关键因素影响，才能及时了解研发推广过程中的问题，为制定具有促进创新作用的制度和机制奠定基础。与此同时，要加强对研究机构的效果评价，可行的方法是建立对研发项目的评价体系，合理评价研发推广效果，对责任方起到约束作用。对于评价的内容，注重鼓励以重大学术问题前沿以及自由探索为导向，更加关注长期价值。此外，为了确保体系能够稳定高效地运行，还要关注其创新体系如何变化发展，评估包括创新投

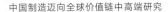

入、创新产出、创新组织成效、政策绩效、发展重点、共性技术
开发和扩散效率、企业参与共性技术研发状况等各个方面，及时
发现不足之处（吕铁等，2016）。

美国的共性技术平台制度

按照建设模式可以将美国的共性技术研究平台分为三种形
式，即政府研究机构、政府社会资本合作研究计划以及技术联
盟。政府研究机构是由政府内部设立的实验室平台，为体系内研
究部门提供从事专业性研究的平台；政府社会资本合作研究计
划是指社会资本（或联合体）申请政府有关部门发布的研发计
划，立项后进行持续研究；技术联盟是一种由企业主导，同时
多个企业和高校或科研院所共同参与创建的研究平台。政府以
不同的形式参与到这三种形式中，其中政府研究机构由政府提供
研发资金进行组织研究，并实际管理，政府对这种平台在资金管
理和研发力量配备等方面参与的程度最高。美国这类研究机构的
研究领域一般以测量、测试等基础领域为主，在共性技术研究体
系中地位很高，最具代表性的例子是美国国家标准与技术研究院
（NIST）。

NIST 隶属于美国商务部，其职能是为负责发展产业界共性
技术和方法、推进技术创新、提升产品质量、加速工艺过程现
代化和新技术新产品产业化的联邦政府研究机构提供帮助。在
共性技术研究领域中，NIST 主要有两类研究模式：第一类是由
NIST 设立实验室，对特定领域的共性技术进行研发；第二类是
由 NIST 发布政府与社会合作研发计划，之后社会联合主体申请

项目，最终立项并实行具体研究。NIST 的主管方是美国商务部，它是 NIST 全部资金的提供者，由联邦政府拨放经费；研究机构包括信息科技实验室、通信技术实验室、材料测量实验室、工程实验室、物理测量实验室、纳米科学与技术中心以及 NIST 中子研究中心。NIST 研究项目运行情况由评估委员会负责评估，该委员会由美国国家研究理事会任命，其组成人员包括著名学者、重点实验室的管理及研究人员与产业界相关人士。NIST 拥有分工明确的组织架构，政府体系内部所有层级和部门各司其职。NIST 与社会各界共享其研究成果和各项标准成果，以求有效促进科研成果的迅速产业化。除此之外，NIST 对实验室实行包括学术和经济两个方面的双重评估考核机制，学术评估考核的重点是项目的技术价值、实施有效性及其实际作用，而经济评估则重视项目的成果转化可能性以及预期的经济效益。NIST 在 2010—2016 年间成果显著，共有 273 项发明，申请了 151 项专利，有 105 项专利授权、266 项有效许可和 103.44 万美元的许可收入。

第七章

功能升级：创新要素配置、高端嵌入与制造业服务化转型

价值链从产品升级、技术升级再到功能升级、跨产业升级的四个层次中，产品升级和技术升级是价值链环节内在属性的变动，而功能升级和跨产业升级是价值链外在组合的变化。以中国为代表的发展中国家虽然在部分产业中实现了产品升级和技术升级，甚至成为了世界制造基地，实现了从低附加值环节向高附加值环节的转换，但是却很难实现功能升级和跨产业升级。例如，中国在持续扩大改革开放、坚持以经济建设为中心的指导思想的推动下已经成为经济总量仅次于美国的庞大经济体，中国企业在国际上的竞争力也持续攀升，涌现出了像华为、联想、中兴、海尔等为代表的一批优秀的跨国企业。然而，从赢利能力、国际市场覆盖面、品牌含金量等方面分析，可以发现多数中国企业仍处于全球价值链的中低端。要推动中国从"世界工厂"走向"世界资源配置和创新中心"，摆脱长期被锁定在价值链低端生产环节的不利局面，就必须依靠企业、政府和社会共同的力量，采取适当措施实现中国从价值链中低端到高端的功能升级。

嵌入全球价值链对功能升级的影响

功能升级的定义与分类

价值链功能升级指的是通过重新组合价值链中的环节来获取竞争优势的一种升级方式，即获得价值链上新的、更好的功能，如设计和营销，或者放弃现有的低附加值功能，而集中致力于更高附加值的环节。在以往的发展中，中国主要通过全球价值链主导企业的技术溢出，促进自身产业升级。然而随着技术贸易壁垒的提高，原有的价值链提升路径已不可行，需要通过不断了解客户需求，基于颠覆性创新或者实现功能升级来占领价值链的中高端环节。

在价值链当中，功能升级被认为是极具吸引力和挑战性的升级类型之一（Humphrey and Schmitz, 2004; Isaksen and Kalsaas, 2009）。多种因素影响着功能升级的范围，这些因素包括企业治理类型、企业能力、企业目标等，以及特定国家和地区创新系统的质量（Ponte and Ewert, 2009）。因此，功能升级可以区分出不同的类型，如表7-1所示。第一种类型可以定义为较高层次的企业或供应商向较低层次的企业渗透。例如，土耳其服装制造商 Erak Clothing 成功地对企业进行重新定位，由代工企业转型为一家原创品牌的制造商和零售商（Tokatli and Kizilgun, 2004）。虽然在价值链中的主导企业支持甚至要求低层次企业进行产品和技术升级，但是由于这些企业难以取得设计、品牌制造、销售等方面的功能升级，因此，只有韩国、新加坡、中国台湾和中国香港等高效经济体才出现这种类型的功能升级。这种类型的功能升级也可能是由于其他因素导致的，例如全球需求的突然增加，领先企业进入新市场以实现扩张，价值链上的主要买家通过引入两个或多个供应商来减轻对单一供应商的依赖等（Glogar, 2013）。

企业决定放弃低附加值活动，转向开发核心能力，是第二种类型的功能升级。在研究中已经发现许多此类功能升级的案例。例如，罗马尼亚服装企业倾向于放弃低价值生产环节，将其转包

给罗马尼亚国内或者邻近非欧盟国家的偏远和贫困地区，以降低成本，同时解决劳动力短缺问题。这种转变可能是暂时的，也可能是永久性的。在前一种情况下，企业倾向于将低附加值的活动外包，以满足超出企业生产能力的强劲需求。这种临时性的功能升级是生产网络中供应商之间关系的动态性和灵活性调整。而后一种情况是因为主导企业具有较强大的能力，从而永久性地重新考虑企业应当在其内部执行哪些功能，以及外包哪些功能。

表7-1　功能升级的主要类型

功能升级的类型	功能升级的实现途径
类型一：价值链中较高层次的供应商向较低层次的供应商渗透	较高层次供应商的不可靠性、高成本或有限创新能力，致使其向较低层次供应商渗透，以动态改进它们的成本和能力
类型二：企业放弃其低附加值的活动，转而专注于核心业务能力	企业通过放弃或者分包一些低附加值的活动，从而集中于具有较高附加值的活动，以实现功能升级
类型三：主导企业或者更高层次的供应商自愿转移一些高附加值的功能	主导企业或者更高级别的供应商需要增强其研发能力以应对激烈的全球竞争，从而将更高级别的功能进行转移。这也可能出于主导企业对成本或者文化差异的考虑
类型四：开发新的（中间）市场	较低层次的企业或供应商通过设计或制造全新产品来实现功能升级。例如，通过创建现有产品的新组合，从而催生出新的市场
类型五：通过并购实现升级	企业可以通过寻求技术投资，或者通过并购高层次企业甚至主导企业来实现功能升级

资料来源：Jiri Blazek（2015）。

第三种类型的功能升级发生在主导企业或者更高层次的供应商由于调整其组织生产模式而自愿将一些较高附加值的功能转移给较低层次的供应商的情况下（Humphrey and Memedovic, 2003）。例如，对意大利汽车行业的研究发现，行业当中存在着更高功能扩散的"级联效应"，且一线供应商的大幅度减少是推动这一转变的主要因素。这是因为主导企业将其供应链进行合理化，专注于数量更少、规模更大、能力更强的供应商。这可能会使得主导企业减少对此类产品的严格控制，进而产生模块化的治理结构（Gereffi, 2014）。功能向下转移的情况并不仅仅局限于汽车行业。服装行业的主导企业也更愿意与能够承担新功能的供应商合作，如精加工、投入采购和产品设计开发等。因此，这种类型的功能升级似乎是高能力、高效率的低层次供应商进行升级的可行途径。

第四种类型的功能升级产生于较低级别的供应商能够开发新的、以前不存在的产品，并且能够说服更高级别的买方或主导企业为中间产品开发新市场。例如，捷克的汽车制造公司 Brano 通过将车载摄像头整合到汽车锁中开发出了一种新产品，从而创造了一个新的细分市场，使该公司获得优势。然而这种类型的功能升级并不常见，因为能够实现这一突破的低层次供应商的数量必然会受到价值链主导企业的限制。

第五种类型是通过并购实现功能升级。例如，通过收购高技术企业、更高级别的供应商甚至主导企业来获得知识转移。显然，各种形式的功能升级都存在着风险和调整，也有潜在多方面的利益。重要的是，潜在的风险收益率以及实现特定类型功能升

级的可能性与企业在全球价值链层级中的地位密切相关。研究表明，企业功能升级获得支持的程度受到企业管理者与一级供应商，甚至是与价值链主导企业管理者建立信任关系的能力的影响（Glogar，2013）。因此，非正式制度的作用，如企业管理者之间的信任程度，进一步凸显了全球价值链治理的多样性。一般来说，企业的成本－能力比率、领导能力、价值链的性质、各个国家和地区创新体系的总体质量、法律制度等都会对企业功能升级的类型、方式、程度产生影响。

功能升级在中国制造业升级中的重要性

功能升级在中国制造业升级中的重要性表现在三个方面。首先，功能升级对技术升级和产品升级起到承上的作用。在价值链升级模式中，技术升级和产品升级处于低端环节，完成了这两类升级活动的企业只是比处于相同环节的企业获得了更多的技术进步和产品改进，但是与处于更高环节的企业仍存在较大差距。此外，技术升级和产品升级主要作用于生产环节，而只有通过功能升级和跨产业升级才能从根本上转变企业价值创造模式，从全球价值链分工中赚取更多利润。当前，中国作为全球制造业大国，在产品升级和技术升级上已经取得显著成效，但是多数产品都是贴牌生产，中国制造企业主要实现的是工艺创新，产品功能创新较少。因此，功能升级在价值链升级中起着至关重要的作用，它是实现从价值链低端环节攀升到高端环节的突破口。只有实现功能升级，才能带动中国企业的组织能力和竞争能力达到一个新的水平，从而提高企业对整个价值链的掌控，确保通过技术升级和产品升级所创造的价值实现增值，为中国产业的全球化发展带来更多利润。

其次，功能升级是实现跨产业升级的基础和前提条件。提高自主创新能力，可以减少企业对价值链主导企业的依赖，增强企业独立自主研发技术、建立品牌、提升产品功能的能力，从而推动企业走向成熟。功能升级在全球价值链升级中起到启下的作用，为企业实现跨产业升级奠定了基础。并且企业只有实现了功能升级，才意味着具备了建立完整新产业价值链的能力，进而才能进入新价值链的高附加值环节，推动价值链中高端化发展。企业在价值链中所具备的能力与其所处的功能环节是正相关关系，企业进入新价值链的能力越强，所能获得的价值环节也越多（张辉，2006）。这充分体现出了功能升级在全球价值链中高端化中承上启下的作用。

最后，功能升级有助于推动产业跨地域、跨市场合作，增强产业各环节之间的联系。价值链的功能升级不仅需要产品、技术的升级，更重要的是将地方经济、社会、文化等各种要素联合起来，提升产业的地域根植性，打破市场间的条块化分割，真正实现经济与社会的协调发展（罗斌，黄昭昭，2010）。同时，只有实现功能升级才能真正实现价值链从加工制造到品牌经营的跃迁，从根本上实现中国产业的价值链中高端化，改变中国产业在国际分工中的不利地位，为产业发展开拓更为广阔的空间。在当前产业全球化发展的情况下，实现功能升级是发展中国家转变经济发展模式的一种方式，这种方式需要从劳动、资源密集型产业转变为技术、资本密集型产业，并依靠技术创新、品牌创建、产

业融合的现代化经济增长模式，从全球价值链分工中获得更高收益，保障国家产业发展的潜力。因此，功能升级是中国当前迈向全球价值链中高端所需关注的重要问题。

嵌入全球价值链对功能升级的影响

企业嵌入全球价值链一方面可以通过价值链当中的知识溢出来积累先进技术，获得知识的更新，另一方面可以通过参与价值链分工来提高自身的制造能力，从而为企业自主创新、建立自有销售渠道奠定基础。以中国为代表的发展中国家，在嵌入全球价值链时会受到正向和负向两种影响。

正向影响

从正向影响来看，链条上的主导企业能够通过直接的知识溢出带动发展中国家的企业实现功能升级。在长期合作中，承接产业转移的企业与价值链的主导企业建立起信任关系，从而取得了获得主导企业核心知识的机会，能够接受来自主导企业的知识溢出和转移。生产加工企业通过吸收主导企业有关新产品开发和销售环节的知识，奠定了自身功能升级的基础。从全球制造业基地的变迁历程来看，欧洲、美国、日本、韩国等典型国家和区域都有承接国际技术转移的经历。例如，韩国通过国家动议和产业集群创新模式，承接国际技术转移，把经济发展导向创新驱动，培育出新的产业创新增长点，从而实现了从落后农业国向新兴工业化国家的转变（徐小丽，2012）。国家动议是政府部门牵头，对整个国家的经济结构走向进行统一规划和引导，通过技术引进和吸收来实现国家价值链升级的战略。同时，韩国将建立产业集群作为承接国际技术转移的载体。在 21 世纪初期，韩国启动了产业综合体和创新集群发展战略。这源于两个方面的考虑：一是韩国通过现有的产业综合体实现了产业结构的调整，促进了经济增长，并推动了价值链中高端化；二是从要素驱动和批量生产经济时代成长起来的产业综合体存在较多弊端，突出表现为研发能力不强、地方经济联系不紧密、中小企业技术创新能力低等。为此韩国制定了集群创新发展战略，由创新驱动经济发展，并以集群创新的形式推动产业创新，大力培养新的成长型产业集群作为产业创新和价值链高端化的重点。并且在整个工业化进程中，架构新的制度，促进创新资源向着特定目标和领域流动并集聚，从而实现价值链从技术升级向功能升级的跨越。

负向影响

从负向影响来看，价值链上的主导企业并不希望处于价值链低端环节的企业通过功能升级实现价值链跃迁。主导企业利用其对价值链的控制能力，通过设置技术壁垒，阻止研发、销售、设计等与功能升级相关的职能转移给低端企业。这种俘获型治理模式将发展中国家的价值链低端企业锁定在特定的价值链环节。同时，当涉及核心知识时，价值链的主导企业会采取关系隔绝和认知隔绝两种手段来防止核心技术外溢给低端企业。这种方式一方面通过限制低端企业与其他企业合作的广度、深度以及限制人员流动来实现，另一方面通过主动控制与发展中国家企业的知识距离，造成认知隔绝来实现。

在全球价值链形成过程中，当产业转移目的地企业的内部能力基础相对薄弱时，有必要嵌入全球价值链来获取主导企业的知

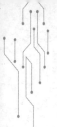

识溢出效应。同时，由于发展中国家企业难以对主导企业构成威胁，价值链中主导企业的战略隔离度相对较小，这有利于发展中国家企业的功能升级。随着发展中国家企业内部能力的提升，其对价值链主导企业的威胁越来越大，主导企业对知识溢出的控制也会增强，从而阻止了发展中国家企业的功能升级。这表现在：第一，订单取消或者转移。全球价值链参与企业选择决定权掌握在价值链主导企业手中。一旦少数全球价值链参与企业加大研发投入力度或者尝试建立自主品牌，准备向价值链中高端攀升，价值链中的主导企业为了避免其核心利益受损，可能会采取威慑措施来控制参与企业的升级活动。主导企业所采取的订单取消或转让是最常见和直接的方式。它直接截断了价值链参与企业主要的收益来源，从而迫使参与企业放弃价值链升级活动。第二，事先合约限制。全球价值链主导企业在与参与企业签订合约时，一般会鼓励参与企业进行与生产制造活动相关的技术升级和产品升级，但是还规定参与企业不能转让所获得的技术或工艺，并且不能为其他企业生产相同类型的产品，从而避免技术扩散和外泄。全球价值链主导企业通过这些手段把参与企业牢牢锁定在制造环节，使其难以实现功能升级和跨行业升级。第三，反倾销。当全球价值链参与企业突破既有价值链的限制，向着原来价值链主导企业的主导市场进军时，全球价值链主导企业就可能使用反倾销手段来阻止或者延迟参与企业的进攻。例如，中国外向型劳动密集型产业屡遭反倾销调查，如纺织、服装、食品、家具、皮鞋等企业，近年来反倾销所涉及的面越来越广，光伏、风电、信息通信等多个产业都受到波及，对相关产品出口造成极大影响，有的甚至完全失去辛苦开拓的市场。第四，外商投资独资化。全球价值链主导企业通过独资化将其价值链全球化，从而将东道国企业的部分或全部业务排除在全球价值链之外，从而实现市场交易内部化，建立科层制的价值链治理模式和体系。这是对价值链各个环节控制力最强的一种方式，是价值链反升级方式中最为严厉的一种。

面对全球价值链参与企业的升级活动，价值链主导企业所采取的订单取消或转移、事先合约限制、反倾销甚至外商投资独资化等手段使得参与企业被牢牢锁定在全球价值链的低端环节，从而难以实现功能升级。清楚地了解全球价值链中的负面影响将有助于发展中国家在全球价值链背景下实施功能升级，并且能够帮助发展中国家选择适当的升级路径和升级策略，从而突破价值链的低端锁定和障碍。

全球价值链中功能升级受阻的原因与后果

近年来，随着发达国家试图通过减税、放松监管等措施吸引海外企业回流，重振本国制造业，加之新兴经济体国家和发展中国家积极融入全球价值链，价值链低端环节的竞争者剧增，而高端环节的知识隔绝程度越来越大。发展中国家从价值链低端向高端攀升的压力，与发达国家提高价值链高端嵌入的门槛形成相互抵触的力量，从而表现出贸易摩擦和争端的加剧，甚至引发国家间逐渐加码的经贸摩擦。为了摆脱价值链低端锁定，实现价值

链功能升级，需要认清在全球价值链中功能升级受阻的原因与后果，进而制定有针对性的措施。

全球价值链中功能升级受阻的原因

发展中国家在全球价值链中难以实现功能升级主要有三个原因：

第一，发展中国家创新要素积累不足，自身能力有限。在全球价值链专业分工体系下，发展中国家未能掌握其他环节的技术、工艺，无法完成功能升级，从而也缺乏控制核心环节和组织价值网络的能力，难以实现跨产业升级。同时，当前产业升级越来越多地依靠创新要素的优化配置。相较于发展中国家，发达国家的企业生产效率更高，创新要素积累更为丰富，加之近年来发达国家通过"重返制造业"战略吸引海外资金、人才回流，使得发达国家与发展中国家之间的人力资源禀赋、科技水平差距进一步拉大。

第二，欧美日等发达国家和地区是全球价值链的主导者，有能力在全球配置价值链分工的各个环节。发展中国家作为产业转移的承接方，只能被动服从全球价值链主导者的安排，在分工环节上缺乏自主性和灵活性。发展中国家试图从价值链低端环节向高端环节升级，就意味着与全球价值链的主导者展开正面竞争，势必会受到这些主导企业的阻挠，从而难以实现价值链升级。

第三，随着发达国家对制造业的重视，它们普遍采取限制价值链知识流动和溢出的方式封锁价值链的中高端环节。在全球价值链中，为了保障产品质量和交货时间，发达国家会引导发展中国家进行产品升级和工艺升级，然而却对核心关键技术进行封锁，为保证自身在全球价值链中的竞争优势与领导地位，限制参与价值链低端分工的企业进行功能升级。

基于以上分析，发展中国家全球价值链功能升级受阻，既有外部的知识、技术封锁的原因，也有这些国家自身能力不足、创新水平低下的原因。两者相互作用，限制了发展中国家从工艺、产品升级转为功能、跨产业链升级。

中国制造业实现功能升级的困难和障碍

中国制造企业主要处于价值链的制造和代加工低端环节。进一步细分，可以发现中国制造业多数属于劳动密集型行业，从事加工装配业务。与此相比，欧美等发达国家占据了价值链的中高端设计、营销、品牌等环节，并拥有很多在制造技术、工艺等方面的专利技术。而中国制造企业，从传统的服装产业，到高新技术的电子通信产业，都基本没有自己的品牌，多数企业是为世界各大厂商进行代工。

中国制造业之所以难以实现功能升级，其根源就在于中国制造业长期处于全球价值链的低端。虽然在产品升级和技术升级方面取得了一定的进步，但是仍没有扭转中国制造业在全球价值链中产品附加值低的困境。

通常来讲，处在全球价值链低端的企业通过加工装配和代工融入全球价值链，然后逐渐掌握生产和制造技术，并关注全部生产过程。在此基础上，这些企业尝试设计并独立制造完整的产品，进而建立自主品牌，在本土和全球市场上销售自己品牌的产

品。在生产制造环节，企业可以进行产品升级和技术升级，而在设计和建立品牌环节需要企业进行功能升级和跨产业升级。中国制造企业升级主要在设计、销售和建立品牌环节受阻。

显然，中国目前的大型制造业主要依靠代工模式，其中最典型的是富士康为苹果代工。不可否认的是，这些企业在承包国际品牌时逐渐积累了强大的模仿能力。许多企业希望为国际知名品牌代工，从而进行"干中学"，将价值链转变为学习链，通过学习链打造创新链，设计和制造出自己的产品，最终形成自主品牌。然而，事实上没有多少企业能够成功实现价值链环节的升级，大量企业仍然挣扎在利润率低、竞争激烈的代工领域。处在价值链低端的代工企业，通过为价值链主导企业进行产品代加工，掌握了一些先进的生产技术和工艺，实现了技术升级和产品升级。同时，其他企业的技术模仿使得这些学习到的先进技术扩散开来，促进国内企业实现技术升级和产品升级。对于处于产业链低端环节的企业来说，代加工不但使得自身技术水平得到提高，还带动其他企业实现技术和产品升级，这已经是这些企业的能力极限了。但是突破技术障碍，掌握核心科技，并创立自己的品牌和产品来引领世界潮流的愿景却迟迟未能实现。并且这些代工企业与价值链主导企业之间的关系并没有发生根本改变，代工企业仍然被主导企业所俘获，代工订单仍然是这些低端企业赖以生存的基础。

从根本上讲，导致中国制造企业陷入升级困境的原因有两点：第一，价值链主导企业对整个链条具有极强的掌控能力，制定了极为严格的生产标准和工艺流程，要求代工企业严格按照要求生产，不允许企业进行创造和修改；代工企业只能获得整个生产技术体系中很小的一部分技术。第二，代工企业缺乏主动进行创新和人才储备的积极性。由于忽视了对设计创新和人才培养的投入，许多代工企业只满足于设定好的生产过程和技术工艺，而不积极进行自主研发创新，从而导致工艺技术整合薄弱。这两个原因造成这些企业无法充分利用所学的知识。技术创新只能依靠模仿，并没有将所学转化为自己的创新能力，因此它们的学习速度跟不上国际领先企业技术更新的速度。虽然大多数中国制造企业都具有很强的模仿能力，但它们无法学习别人的核心技术，很难实现真正的功能升级。

全球价值链中无法突破功能升级的后果

发展中国家长期受阻于功能升级和跨产业升级阶段，这既是被俘获、锁定在价值链低端环节的表现，也是价值链低附加值环节竞争加剧、弱势企业被挤出的表现。

第一，低端锁定。对中国服装加工、纺织、制造企业以及拉丁美洲代工企业的研究都表明，在全球价值链分工体系经历短暂的技术升级和产品升级后，大部分发展中国家的企业很难继续提高其对价值链的控制能力和增值能力，被价值链主导企业锁定在低端环节。出口产品中的大部分增加值被主导企业获得，从而使得这些处于价值链低端的企业虽然出口量大幅增长，技术和盈利水平却提升缓慢。

第二，挤出风险。发展中国家的企业长期被锁定在价值链的低端环节，无法升级到全球价值链的中高端。随着那些劳动力成

本更低、资源禀赋更为丰富的国家或地区嵌入全球价值链后，部分发展中国家可能与发达国家相脱钩，无法继续参与价值链分工，造成经济增长放缓甚至衰退。例如，巴西制鞋业曾经为耐克、阿迪达斯等知名品牌代工。但随着中国制鞋业的发展，巴西制鞋业的国际分工地位被逐渐取代，巴西制鞋业陷入萧条。当前随着中国劳动力成本的上升、资源环境保护意识的提高，中国被挤出的风险也开始显现。

第三，工资洼地。由于发展中国家与发达国家在价值链分工体系中的非对称性，以及发展中国家在功能升级受阻后逐渐暴露在挤出风险之下，为了能够继续留在价值链分工体系中，部分国家或地区可能选择与提升产品复杂度、加强增值能力目标相悖的发展路径，转而选择压低工资水平，沦为"工资洼地"，长期陷入中等收入陷阱。

由此可见，部分嵌入全球价值链的发展中国家，虽然通过工艺升级和产品升级参与到高技术产品的国际分工中，并构建起现代产业体系，但是分工地位和收益仍没有摆脱低端锁定的命运。随着生产要素更低的国家和地区加入全球价值链，处在价值链低端的国家可能被挤出价值链，使经济发展陷入困境。因此，突破功能升级障碍、实现价值链中高端化是这些长期处于价值链低端的国家迫切需要解决的问题。

推动制造企业实现功能升级的关键影响因素分析

新兴市场中的企业实现产业升级，并发展其在全球价值链中获取价值的创新能力是至关重要的。这对中国企业来说尤为突出，因为它们中的多数处在全球供应链中的传统"世界工厂"地位。由于中国的劳动力和生产成本最近出现明显的上升，因此，中国制造企业如何能够变得更具创新性，并将其能力提升到更具价值的全球价值链高端环节已经成为一个重要的课题。现有研究表明，中国企业在参与全球市场方面独具特点（Deng, 2012；Yamakawa et al., 2008）。从这个角度来看，中国企业在全球价值链中用于获得价值升级和追赶的策略也应当独具特点。

现有的价值链研究忽略了企业能力对价值链升级的影响。实质上，价值链研究应当探索全球价值链升级中技术能力的垂直维度（Morrison et al., 2008）。对于印度汽车工业的研究发现，研发与价值链升级趋势并无显著关系，而关键制度和国家创新体系可能影响企业技术能力的发展（Pietrobelli and Rabellotti, 2011）。在发展中国家，中小企业通过加入全球价值链可以获得新的知识和技能。在全球价值链中，正向的实物流带来价值增值，而逆向的信息和知识转移为价值链上相关企业获得技术能力和实现升级提供了机遇（Fromm, 2007）。

企业应当如何通过参与全球价值链来增强其功能升级？在制造业中，企业从原始设备制造商转变为原始设计制造商是一种较

为典型的功能升级模式。在原始设备制造商模式中，一个承包供应商根据外国领先公司的精确规格生产成品。相比之下，原始设计制造商模式涉及设计产品及其规格，并为领先公司制造这些产品。在原始设计制造商模式中，供应商通过产品工程、设计制造和产品设计来增加价值。因此，原始设计制造商模式为功能升级提供了一种模式，在这种模式下，供应商在为其主要公司完成任务方面发挥的创新作用比在原始设备制造商模式下更大。与原始设备制造商相比，原始设计制造商模式被认为是一种利润更高的增值业务服务，为那些能够在价值链中获得额外租金的承包供应商提供服务。

考虑到企业的内部能力有助于新兴市场企业的功能升级，因此应当关注技术进步和质量优势的影响。新兴市场企业应努力提高产品质量，并在研发上投入大量资金，以实现功能升级并赶上全球竞争对手。因此，企业内部能力的这两个维度是功能升级的前提。同时，电子商务和信息技术以及贸易展览促进了企业间的信息交流，拓宽了企业创造价值的渠道和方式，也对企业实现功能升级产生了重要影响。

技术能力在企业功能升级中的作用

这里的技术能力是指一家企业相对于同行业中可比企业的技术能力。技术能力有利于创造优质产品和改进现有产品，提高企业生产效率和效益。技术能力在高科技企业尤其是新技术企业中尤为重要。研究表明，技术进步与企业的创新能力有关。高水平的技术能力促进了企业的技术学习和创新。并且，技术进步使得企业能够在动态环境中建立竞争优势。企业在研发中获得的技术能力提高了企业的吸收能力，即企业识别新的外部信息的价值、吸收新信息并将其应用于商业目的的能力，能够有效促进企业实现功能升级。吸收能力在提升企业的创新活动中起着至关重要的作用，例如从原始设备制造商升级为原始设计制造商。这对于新成立的企业也具有重要意义，因为这些新企业通常拥有有限的知识储备和资源，难以从全球价值链中获得并利用外部知识。所以新企业更应当重视技术能力的培养，这样才能实现功能升级，并在全球价值链中获得优势地位。

质量优势在企业功能升级中的作用

质量优势是指企业能够确保其产品质量的控制能力。质量控制能力是一种无形资源，它为企业提供了竞争优势，有助于企业积累技术知识和促进创新。现有研究表明，质量能力对新企业尤其重要，因为这些企业成立时间短，通常会受到责任和缺乏声誉的阻碍（Knight and Cavusgil, 2004）。质量控制能力是指新企业向客户提供良好产品或服务的能力。对质量的强调需要使用创新的过程，并提供一种区分企业产品与竞争对手产品的方法。产品控制能力的各个方面，如以客户为中心、员工培训和团队合作，都与产品和流程创新有关（Perdomo-Ortiz et al., 2006）。全面质量管理增强了业务流程创新，因此可以利用企业的资源来开发特定的能力。质量控制能力作为资源储备的一个方面，可以被积累和利用，以发展企业在功能升级方面的创新能力。因此，来自企业内部的质量优势可能对企业的功能升级产生积极影响。

电子商务和信息技术在企业功能升级中的作用

电子商务和信息技术的最新进展为各种商品和服务创造了新的市场（Jean, Sinkovics and Cavusgil, 2010）。电子商务市场指的是基于互联网的企业对企业（B2B）交易，它代表了内部组织系统。在这些系统中，多个买家和卖家使用电子交互来开展业务。此外，电子商务市场还具有许多重要的功能，例如编目、匹配、汇总，以及降低买方和卖方之间的物流或沟通成本（Grieger, 2003）。电子商务市场的重要性促使研究人员开发出不同的电子商务市场类型，并了解单一市场参与者的动机（Grewal, Comer and Mehta, 2001）。然而，现有研究对电子商务市场是否以及如何促进参与者的战略成果（如创新和绩效）并没有太多涉及。在现实中，电子商务市场使出口商能够通过与外国客户和代理商的互动获取有关外国市场的信息。电子商务市场还提供了竞争对手产品和价格的目录，使企业能够轻松跟踪竞争对手产品的最新发展。因此，出口商可以利用从电子商务市场获得的知识来开发创新理念。此外，某些电子商务市场向参与者提供了市场研究数据，例如潜在客户、竞争对手和产品的信息。这些信息有助于出口商识别行业和市场趋势，进而促进国外市场创新产品和工艺的开发。因此，电子商务市场在促进信息收集和识别新兴市场的新机遇方面发挥着重要作用。通常，新兴市场的制度环境无法支持诸如贸易协会等中介机构的发展。例如，阿里巴巴已经成为世界上最大的B2B电子商务市场，并促进了几家中国新企业的成功国际化。然而，由于缺乏与东道国环境的真正互动，仅仅依靠电子商务市场获取国外市场信息可能导致决策和战略制定不力。有研究认为，在线国际化导致出口商陷入"虚拟陷阱"，阻碍了有效的外国市场知识获取（Yamin and Sinkovics, 2006）。总的来说，电子商务市场对企业功能升级的好处大于可能的负面影响。

贸易展览在企业功能升级中的作用

贸易展览是将来自特定行业或专业的一组供应商聚集在同一地点，为他们的产品和服务举办实物展览的活动。贸易展览被认为是企业自我宣传、获取信息或宣传、销售商品或服务以及向网络宣传的宝贵机会。

贸易展览对新企业尤其有价值，因为新企业通常只有有限的资源来开展国际业务（Wilkinson and Brouthers, 2006）。贸易展览有助于中国企业增强创新能力，并进行功能升级。首先，贸易展览帮助企业收集有关外国客户和竞争对手的市场信息。贸易展览促进了与众多企业和组织的互动，从而使企业能够收集有关竞争对手的产品、资源和能力的信息，以及他们在产品和服务创新中面临的问题的信息。其次，贸易展览可以帮助企业获得有关操作流程、方法和技术的知识。外国买家可以提供反馈以改进现有产品，甚至可以利用贸易展览为新企业提供技术、运营或产品开发援助。最后，现有研究表明，贸易展览可以使中国出口商之间产生学习关系，促进功能升级和创新过程。

基于以上分析，贸易展览能够促进中国出口商的关系建设和学习过程，可以看作是关系治理。因此，贸易展览对企业进行功

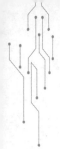
能升级能够产生积极影响。

尽管贸易展览和电子商务市场通过学习效应和获取国外市场知识为企业功能升级提供了机会，但是随着企业对出口的依赖增加，它们对功能升级的积极影响可能会减少。体验式学习的积极作用受到无意学习和非系统学习的限制。此外，经验往往是模棱两可的，这导致难以获得正确的信息。因此，随着企业对出口的依赖增强，贸易展览和电子商务市场的出口学习效应将下降。

突破全球价值链低端锁定实现功能升级的可行路径

凭借廉价劳动力和丰富的自然资源优势，中国的制造企业已经融入了从低端环节到加工、代工和外包的全球价值链。中国企业主要从事零件生产、模块零部件生产和装配等活动。这些生产环节属于低附加值环节。随着生产环节技术门槛的逐渐降低，越来越多的发展中国家可以以各种形式参与到生产环节，从而导致生产环节的价值链增加值进一步下降。对此，中国制造业只能从根本上改变产业在全球价值链分工中的不利地位，走出仅依靠资源和廉价劳动力发展经济的模式，转向更多依靠技术创新的现代经济增长模式。只有这样，在国际分工中，中国制造企业才能既保证分工利益，也获得利益交换，同时确保国家产业平衡和产业安全。

优化产业创新要素配置

在上述分析中已经指出，嵌入全球价值链的低端环节很容易被发达国家的主导企业锁定在低端环节。与此同时，嵌入全球价值链的发展中国家注重要素的生产，虽然它们可以获得早期的竞争优势，但在全球竞争的前提下，潜在的竞争企业会大量进入市场，或国内生产要素的升级跟不上成本的增加。在升级过程中，价值链主导企业的阻碍可能会导致整个产业大规模衰退。那么是否存在可行的突破价值链低端锁定的途径？

中国的产业转型升级实践表明，在全球价值链的开放环境中，产业升级是一个动态的学习过程。如果企业努力学习，突破在初级生产要素基础上建立竞争优势的传统做法，并按照动态竞争原则继续投资先进的生产要素，则可能改变路径依赖的现状，突破锁定格局，进而走上高质量发展的道路。以中国出口结构变化为例。2017 年中国高新技术产品出口增长 10.6%，同比增速提高 18 个百分点，集成电路、通信系统设备等产品出口占比稳步提升。中国是可以通过加大创新要素投入、提高产品技术含量，实现价值链从产品升级到功能升级的飞跃的。

具体来看，发达国家之所以可以占据全球价值链的顶端，主要是因为从事研发、设计、营销等非实体性活动就能从中取得高额附加价值，最重要的原因在于它们在产业结构调整中，不断地投入内涵丰富的技术、知识和人才，使其产业结构不断"软化"。在科学技术是第一生产力的当下，创新要素的投入是奠定制造业和其他服务业竞争力的基础。创新要素包括人才、资金、技术、

环境、制度等，它们对价值链实现功能升级的作用主要体现在：第一，创新要素所蕴含的各种具有核心竞争能力的隐性知识，通过软件嵌入硬件，提高了产品技术含量，丰富了产品功能，提升了产品市场竞争力。第二，通过创新要素的合理配置，能够增强产品的设计、研发与创新，优化市场定位服务、生产中的工程技术服务、营销中的物流服务、网络品牌服务等。这些都具有增强产品差别化、个性化的作用，从而强化企业的定价和控制市场的能力。第三，功能性创新要素，例如金融、管理咨询、知识产权保护等，对于提高企业战略清晰度、增加市场份额等具有决定性作用。

基于以上讨论可以看出，实现价值链功能升级既需要以知识、技术为基础的主体性创新要素供给，也需要管理咨询、知识产权等功能性创新要素供给。为了充分发挥创新要素功能，需要企业和政府共同行动，通过合理配置，实现价值创造方式的转化，提高对价值链的组织和控制能力。

提升产业高端嵌入能力

功能升级的复杂程度要高于工艺升级和产品升级的复杂程度。功能升级体现了综合能力，要求企业具备创新、组织和控制的能力。

具体来说，第一个层次是企业内部创新要素的创新能力，包括技术创新和产业化、品牌建设、企业组织和商业模式创新、新市场开发和销售网络创新能力。第二个层次是组织和创新价值链的能力。在全球价值链分工中，企业需要具备整合自身生产要素、外部生产要素和全球经济要素的能力，才能实现功能升级。企业应了解世界各行业各种生产经验活动的比较优势、在产业价值链中的地位以及与其他企业的关系。同时，企业需要具备处理价值链中各种社会关系的能力，才有利于在这些国家进行投资、购买等国际经济活动。企业应与价值链中的其他企业进行沟通和协调，以获得其认可和支持。企业还需要与客户沟通，以确保所生产的产品和服务能够更好地满足客户的需求。第三个层次是持续控制价值链的能力。如果企业是价值链中的龙头企业，就需要培养管理和控制价值链的能力，以保持其在价值链中获得高附加值的地位。企业需要能够根据不同的情况调整治理模式，重构价值链，对链内企业进行联合、合并和重组，以改变产业组织和竞争形势，保持自身的市场力量。

这三个层次的能力是层层递进关系，并且不能借助外力获得，而只能通过企业自身的成长来培育。企业在逐步提高这些能力的同时，也实现了现代经济增长方式的发展和深化。为此，企业可以通过以下途径提升产业高端嵌入能力。

首先，应当保护企业现有的在高端环节具备的各种能力。中国企业通过嵌入价值链低端环节实现了工艺升级和产品升级，成为全球制造工厂，甚至有部分企业突破了价值链低端锁定的桎梏，树立起产品品牌，打通了销售渠道，培育出迈向功能升级的能力。对此应当予以保护，在鼓励企业继续修炼内功的同时，要加大对原创品牌、技术创新的扶持力度。其次，由模仿学习转向创新。在从事价值链低端生产制造时，需要有意识地观察和思考在这些环节中主导企业的各种行为和做法，重视对引进的设备、

工艺流程以及以其他形式引进的技术的消化吸收。然而，一些高技术产业由于技术封锁，难以通过模仿学习获得能力提升。此时需要企业自身不断努力，积极进行探索和创新，培育出与现有能力不同的新能力，甚至超越现有价值链主导企业，顺利获得功能升级。最后，构建属于自己的产业价值链，实现功能升级。难以在原有价值链中实现功能升级的，可以凭借自身能力积累，组建新的产业价值链，从而突破功能升级困境。中国市场规模巨大，因此可以利用中国企业熟悉本国市场的优势，在国内合理组织产业链分工，将附加值低的价值链环节转移到国内经济相对落后地区，从而培育国内主导企业的价值链控制和治理能力，进而再寻求向全球价值链中高端环节的突破。

推动制造业服务化转型

　　制造业服务化是指企业内部生产和服务部门的分离和独立发展，这些生产和服务部门主要针对生产经营主体提供服务，而不是直接为消费者提供服务。制造业与服务业的融合不仅产生了面向生产的服务，而且带来了制造模式的转变和面向服务的制造模式的出现。这种整合不仅是产业发展的方向，也是价值链中高端化的途径。制造业服务化包括面向制造的生产服务和面向制造的产品服务。它涵盖了生命周期不同阶段的制造服务，包括产品规划、研发与设计、制造设备、销售回收等。

　　现阶段中国制造业服务化有三个重要方向：一是产品技术的升级，二是价值链的高端化，三是新兴产业的创造。从价值链分布的微笑曲线可以看出，研发设计和品牌营销是微笑曲线的两端，这是一个高附加值的环节。目前，提升中国价值链的关键是制造业与生产性服务业相融合，促进制造业从产品制造业向服务制造业的结构调整和转型升级，充分发挥动态竞争优势，打破对产业价值链低端的路径依赖。生产性服务有多种形式，从产业链前端的研发设计、市场调研到产业链后端的零部件定制服务、成套设备、总承包、第三方物流、供应链管理优化、再制造等。从制造业的角度看，服务应该是"为服务而制造"，这是全球制造企业转型升级的必由之路，也是实现价值链功能升级的关键。以跨国制造企业的战略转型和发展为例。罗尔斯－罗伊斯公司作为全球最大的航空发动机制造商，并不直接为波音、空客等飞机制造商提供发动机，而是采取"租用服务时间"的形式，承诺在发动机租用期间提供一系列的保养、维修等服务。通过这种形式的服务合同，公司绑定了用户，增加了服务型收入。IBM 公司也同样从一家单纯的硬件制造商成功转型为提供硬件、网络和软件服务的整体解决方案供应商。公司服务收入所占比例早已超过50%。在外国企业成功转型的过程中，制造业服务化转型最重要的发展模式是将以产品为中心的制造业延伸到服务增值。通过产业链的重组，企业的经营重心从制造业转移到制造业服务化，从制造业转移到综合服务业，即真正实现从"制造＋服务"向"制造业服务"的转变。据此，中国推动制造业服务化转型可以从三个维度着手。

维度一：变革产业组织模式。目前，全球经济复苏缓慢，中国企业面临着复杂的外部需求环境，生产性服务业滞后所带来的弊端越来越明显。例如，自主品牌竞争力较弱，缺乏核心技术和

销售渠道的支持，致使国内制造企业的议价能力被削弱，"中国制造"的利润率持续下降，传统的贸易增长方式变得难以维持。因此，必须加快制造业和服务业的整合，发展高附加值的制造业服务，让现代服务业通过研发、集成、设计、制造、测试和信息化等手段为制造业在工程总承包、系统集成、完整解决方案以及再制造等方面提供嵌入式增值服务，支持制造业形成完整的高附加值产业链，以满足差异化的需求，促使大量优秀制造企业从传统的生产型制造企业向现代服务型制造企业转变。

维度二：推动技术创新方式变迁。中国的制造业产品大多处于国际低端市场和定牌出口加工的水平，产业优势主要集中在规模和数量上，但缺乏一些具有世界竞争力的大企业。要扭转这种被动局面，必须结合"中国制造2025"所确定的重点领域，鼓励制造企业提高创新要素投入，在研发设计、流程再造、信息支撑、国际竞争等方面加大实施力度，提升产品附加值和企业整体效益。同时，结合"一带一路"建设、京津冀协同发展、粤港澳大湾区等国家重大战略布局，扶持和建设一批配套完善的服务型制造集聚区。在精益制造、柔性制造、敏捷制造和虚拟制造等新兴制造模式领域培养出一批示范项目和企业，不断拓展服务领域，提升制造业服务化水平。为此，生产企业、研发设计企业、服务企业需要组成一个开放、协作的制造网络，在创新网络中整合与协同企业的研发、制造和服务等功能，促使"低成本、低价格、高消耗"的制造业发展路径向"高附加值、高技术、低消耗"的发展路径转变。

维度三：加速先进制造模式应用。以计算机集成制造为代表的信息化改造模式在信息技术对制造业工作模式的转变和应用过程中起着重要的催化作用。信息化能够对制造业的结构升级产生效益倍增效应、发展模式转换效应和产业升级助推效应，通过加快对传统产业在深度、广度和速度上的改造，改变传统的制造业生产经营模式，打造具有弹性标准化的产业链。在此基础上，应开展独立的全球供应链整合，以更广阔的视野和更高水平的协同作用支持全球网络协同制造。与此同时，企业应从生产加工环节加速延伸到自主研发、品牌营销等服务环节，逐步推进制造服务业的发展。

跨产业升级：跨产业
融合实现产业升级的
基本模式和一般规律

第八章

　　跨产业升级是指某个实体通过整合现有的知识和技术，开发出新产品或新服务，并将其应用于原有产业或其他新兴产业和新领域的过程。这一过程促进了新产业与原产业的协调发展，从而实现了经济效益，显著提高了企业的附加值。跨产业升级是价值链升级的一种高级模式，也是一种最新的模式。对于后发国家而言，想要实现价值链的跨产业升级是非常困难的。许多后发国家可以实现价值链的产品升级和技术升级，却很难实现功能升级和跨产业升级。然而，跨产业升级模式十分重要，它是能够真正改变后发国家企业在全球产业链中分配地位的升级模式。因此，跨产业升级对中国产业成功突破全球价值链低端锁定、实现产业转型升级具有重要意义。

全球价值链中实现跨产业升级的模式与条件

　　跨产业升级是价值链中高端化的最高级形式，也最难实现。它的本质是通过技术整合、研发创新开拓新的应用领域，从而实现产业结构整体的高端化，推动产业发展方式的转型升级。这主要包括以下五种模式：

　　第一，在产业结构软化中实现跨产业升级。在产业结构演进过程中，第三产业的比重不断提高，出现制造业服务化、经济服务化的趋势。同时，伴随着高加工度和技术集约化的过程，产业发展对信息、服务、技术和知识等软性要素的依赖程度不断加深。据统计，2017 年中国第三产业占 GDP 的比重上升至

51.6%，在三大产业中占比最高，并且服务业新产业、新业态和新模式已经成为带动经济增长、引领产业结构优化的重要力量，为中国产业实现价值链跨产业升级奠定了基础。

第二，在产业结构高科技化中实现跨产业升级。产业结构的深刻变化依赖于价值链的产品升级、技术升级和功能升级，这反映出各大产业从强调结构比重升级向强调技术体系升级的趋势，也反映出产业结构高科技化的趋势。2017 年，中国规模以上工业战略性新兴产业增加值比上年增长 11%，规模以上工业高技术产业增加值比上年增长 13.4%，这表明中国的战略性新兴产业发展迅速；战略性新兴产业、高技术产业保持较高增长，成为引领价值链实现跨产业升级的重要力量。

第三，在产业结构开放化中实现跨产业升级。一国或地区在价值链中高端化的过程中需要充分利用资源禀赋和比较优势，积极参与到全球产业分工体系中，大力发展外向型经济，在"引进来""走出去"的过程中促进创新要素流动，提升工业技术水平，深化加工层次。中国提出的"一带一路"倡议标志着中国进入全方位开放的新时期，相关国家和地区在政策对接、产能合作、金融服务等领域的互动协作不断深化，为实现价值链跨产业升级营造了良好的外部环境。

第四，在产业结构信息化中实现跨产业升级。互联网技术的应用在打破地域、技术、产品、服务、产业边界后实现了产业的规模化和业务的标准化，通过更为细致的产业分工、重构的产业生态，提升了产业效率。德国"工业 4.0"、"中国制造 2025"都强调通过信息网络和物理生产系统的融合来改变当前的工业生产

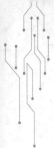
与服务模式。产业结构的信息化为实现跨产业升级提供了手段和工具。

第五，在产业演化生命周期中实现跨产业升级。根据技术市场生命周期与产业演化生命周期的对应关系，先进区域的技术市场生命周期可划分为五个阶段，分别是早期市场、利基市场、全面市场、成熟市场和衰退市场。对于新兴地区的厂商而言，其市场发展速度远远落后于先进地区，这主要是由于新兴地区制造业的技术来源于引进和模仿学习。因此，新兴地区厂商的生命周期阶段表现为初始阶段、成长阶段、成熟阶段和转型阶段。在初始阶段和成长阶段，新兴经济区只能以低价无名品牌进入边际市场，然后与知名品牌合作，大规模生产原始设备和自己设计的产品。随着先进地区的制造商开发出新一代技术并进入技术市场的第二阶段，新兴地区的制造商将尝试与知名品牌制造商合作，逐步将生产能力转移到使用下一代技术的新产品。只有在第二个生命周期阶段的后期，新兴经济地区的厂商获得自主研发能力和自主品牌后，才能够在技术市场生命周期的第三阶段与先进地区保持同步成长，并与其形成相互竞争关系。在新兴地区，制造商必须经历市场生命周期学习和增长的几个阶段，以达到先进地区制造商的技术标准，并在主流市场中与他们竞争。然而，在新兴经济体制造商的增长中，制造商的主要目的是寻求与先进地区的制造商合作的机会，以服务换取来之不易的学习成长机会。随着新一代技术产品替代的发生，先进地区的制造商为争夺领导地位必然会形成激烈的竞争。这时，他们将为新兴地区的制造商提供战略联盟的机会，并适时扩大生产能力，以便在未来的竞争中获得领导地位。

在工业化进程中，韩国、新加坡和中国台湾等经济体通过出口导向型的产业政策鼓励本地企业加入到全球生产体系当中，使这些企业根据自身的技术水平找到了发展的机遇。这种跨职能、跨流程的跨境全球价值链不仅推动了这些经济体的发展，而且也为这些经济体内参与全球竞争的企业提供了发展机会。在融入到全球价值链之后，韩国、新加坡和中国台湾等经济体的后发企业与全球采购商建立了各种各样的联系，包括外商投资、合资企业、原始设备制造、专有设计制造以及技术许可等。

全球价值链中实现跨产业升级的经验事实与基本特征

跨产业升级的典型案例与经验事实

认识传统产业的新特点、新需求，重新定位市场，实现跨产业升级

随着中国经济社会的发展、生产力和生产效率的提高，居民收入水平日渐增长，中国消费正步入升级时代。同时，一些传统产业、劳动密集型产业也出现了新特点、新需求，产品性质发生了变化。例如，以鞋帽服装为代表的传统劳动密集型产业广泛采用新技术，甚至与新技术深度融合，跨产业转型为高新技术产业。361°集团于2014年和百度成立了大数据创新实验室，推进高科技智能产品的研发。2015年与乐视体育共同打造智能运动生态系统，将业务范围延伸至智能运动设备领域。特步与"三

维数据交互平台"企业合作，打造移动时代鞋服产业"互联网+"一站式解决方案，推动鞋服产业发展模式的转变。安踏与新浪共同建立体育联盟，希望通过做电商与互联网相结合，用互联网思维来锻造企业，提升销售效率。这些鞋服企业与互联网企业跨界合作实质上是基于顾客个性化需求的价值链整合与跨越，通过大数据资源的开发利用，提供给顾客综合让渡价值，降低顾客时间、体力、精力成本，同时又提高了人员价值、服务价值，实现价值链的整体升级。

利用行业边界日渐模糊的趋势，创造新需求、新产品，实现跨产业升级

随着大数据、云计算、移动互联网的发展，行业边界趋向模糊，融合发展已经成为现代产业发展的基本方向。这其中包含有形产品之间的融合、无形产品之间的融合，以及有形产品和无形产品之间的交叉融合。信息技术引起的产业整合和行业界限的模糊化为企业的扩张和创新提供了机遇，尤其是一些与信息技术相关的高科技企业。其中，苹果公司是全球跨产业升级的典范，它将自身的产品线、应用开发者、硬件厂商和服务提供商整合在一起，形成一个完善的生态系统，为客户带来整体划一的"苹果式"体验。除此之外，苹果的产品还涉及传统通信和计算机应用，并扩展到文化、娱乐、媒体、金融、证券和艺术领域。苹果在全球创造了一个巨大的新兴市场，并已成为全球最有价值的公司。中国信息通信类企业，如小米、华为也逐步建立起具有品牌特色的产品生态圈，并从信息通信扩展到智能家电、可穿戴设备、健康家居等多个领域，建立企业产品生态链，实现跨产业升

级，创造更多有价值的服务。

制造业向着生产服务业延伸，提升附加价值，实现跨产业升级

售后服务在大宗商品行业当中具有很大的价值增值空间，这些行业的市场相对饱和、产品使用寿命长，同时后续维护要求较高。因此，从传统营销延伸至生产性服务、增加投资和提高附加值是这些行业转型的可行路径。例如，英国的 ARM 公司只从事智能手机、平板电脑、嵌入控制、多媒体数字等处理器的设计和知识产权许可，完全不涉及半导体芯片的生产和销售，但全世界超过 95% 的智能手机和平板电脑都采用 ARM 架构。此外，以 IBM 为代表的世界主要信息技术硬件制造商纷纷向系统解决方案提供商转型。在剥离了 X86 服务器部门和 PC 部门之后，IBM 依靠其在大型机和人工智能领域的技术优势和产业整合能力，为银行、通信、教育、电子、能源等行业及政府部门提供全套信息化解决方案。在新技术和企业持续创新的驱动之下，新的生产服务模式将不断涌现，这将进一步推动制造业服务化的转型，驱动微笑曲线的营销环节向生产服务环节转移和抬升，实现价值链升级。

利用创新技术之间的交叉融合，培育新兴产业实现跨产业升级

跨产业升级涉及将从一个产业部门获得的知识应用于一个新的产业部门。这在中国新能源汽车及其与智能电网的融合中体现得最为明显。

随着对环境问题和清洁能源的日益关注，电动汽车（EV）

越来越受到政府、产业和社会的重视。电动汽车被普遍认为是减少石油依赖和气体排放、提高能源转换效率的最有效策略之一。

在产业发展的早期，电动汽车技术专注于电动汽车的各个部件或系统，如电机、驱动系统、燃料电池、车载可再生能源等。然而，随着智能电网概念的兴起，电动汽车将发挥新的作用，即与电网进行能源交换。这些称为可联网电动汽车（GEV）的车型不仅能够利用插电功能从电网获取电量，还能够通过双向充电器将电量输送回电网。此外，双向充电器具有直流链路电容器，其本身能够为电网提供无功功率支持。

传统的化石燃料发电厂从源头到终端用户的效率都非常低，整体效率接近30%左右；而可再生能源从发电到电网连接效率很高，整体效率约为70%。然而，可再生能源（例如风力和太阳能）的间歇性质对电网电压、频率、无功功率等会产生不利影响。因此，电网需要得到补偿或调节。这种补偿在与小规模可再生能源相结合的住宅区实施起来较为困难，但单个可联网电动汽车在家庭电网中能够发挥很好的功率补偿作用。此外，一组可联网电动汽车也能支持社区的用电需求。基于可联网电动汽车的充电/放电能力和电网的节能要求，可以有车辆到户（V2H）、车辆到车辆（V2V）和车辆到电网（V2G）等电动汽车与智能电网的不同组合模式，在不久的将来将会变为现实。实际上，车辆到户、车辆到车辆和车辆到电网使得可联网电动汽车不仅可以作为运输工具，还可以作为电网的可控负载和分布式电源。因此，可联网电动汽车可以在充电或放电期间在家庭电网、社区电网甚至配电网中发挥积极作用。同时，相应的双向充电器可以利用其电容将无功功率注入电网。在电网系统中，无功功率支持非常重要，系统可以从电容设备中检索额外的无功功率，以支持那些要求高无功功率的电感设备。所有这些特征形成了车辆到户、车辆到车辆和车辆到电网的新技术。

电动汽车与智能电网的融合是在两种不同技术作用下实现的跨产业升级。这种变化不但拓宽了两个产业的发展前景，也创造了新的价值增长点。

跨产业升级的基本特征

由上述案例可以得出，通过跨产业升级推动价值链中高端化表现出以下特征：

第一，立足企业自身资源和能力是实现跨产业升级的有效途径。利用企业自身资源和能力进行跨产业升级，企业无须大范围地重新组织企业资源，减少了前期投入。并且企业可以根据转型效果及时调整策略，从而降低了转型的风险。在这一过程中，企业既可以保持产品开发的主动权，又能够使得跨产业知识转移更具导向性和目的性。

第二，通过打通全产业链，掌握微笑曲线的两端，推动传统产业与高技术产业相融合，实现跨产业升级。传统代工、贴牌生产企业的利润空间日渐缩小，难以在激烈的国内外竞争中取得主动地位。因此，部分传统制造企业通过产品技术积累、技术跨越以及升级营销渠道、开发新产品和新客户等途径实现产业链的延伸，增强企业竞争实力并提高产品附加价值，最终达到升级的效果。此外，还有部分企业根据自身能力，对产业链上的环节进行

垂直整合，增强了企业对战略性资源的控制，从而培育出核心竞争力，取得竞争优势。

第三，利用知识经济和信息时代制造业服务化的发展趋势，促进制造业向服务化转型，重塑价值链。企业借助互联网和大数据平台，整合并利用企业和客户的资源、信息、数据等进行创新，由此催生出网络协同研发、协同制造、智能化供应链管理、在线监测、大规模个性化定制等一系列服务型制造新模式。在此影响下，企业间的分工更为深化，联系也更加紧密，甚至形成服务型制造网络，实现了资源的动态整合和高效集成，提升了产品和服务的附加价值。

全球价值链中中国产业实现跨产业升级的现实选择

由上述分析可见，当前跨产业升级是在充分利用互联网信息技术的基础上，促进产业"软性"发展，引导"生产性制造"向"服务性制造"转变，从而创造新的价值增值点，延伸产业价值链。中国自改革开放以来，凭借劳动力禀赋优势参与到全球价值链生产当中，成为"世界制造工厂"。然而，产品科技含量较低，长期处于价值链低端环节限制了中国产业的可持续发展。在新一轮科技革命与中国亟须转变经济增长方式的历史交汇期，抓住这一重大历史机遇，寻求适合中国实际情况的跨产业升级路径，实现价值链由低端向高端转变是中国产业发展面临的紧迫任务。根据国内外经验，在全球价值链中实现跨产业升级有四条路径：新旧产业融合、模块化产业集聚、区域产业联动以及推动产业由跟随型向引领型转变。

新兴产业与传统产业融合实现跨产业升级

跨产业升级涉及两个层次的跨越：一是研发中多重技术领域的跨越，二是应用领域跨越多个行业。因此，全球价值链中的跨产业升级表现出行业边界模糊性的特征，形成网络效应，改变了企业价值创造的模式。具体来说，互联网的发展和信息技术使得各行业之间的技术、业务、运营和市场之间的联系日益紧密，行业界限也变得模糊，开始有企业扩展和渗透到其他行业，跨产业的业务交叉和创新也随之产生。行业边界的日益模糊带来了产业融合，它促进了资源的合理配置，大大降低了产品和服务的成本。技术的应用范围，以及各种资源加入网络的可能性都在产业融合的作用之下明显增大，进而网络效应开始出现，生产系统变得更加开放，消费者也成为生产要素的一部分。

企业通过产业间的融合跨产业发展，为企业带来了巨大的收益递增机会。因为在产业升级过程中，研发跨越多重技术领域，使得在微笑曲线左右两端叠加的基础上，企业实现了微笑曲线的整体上移，为企业带来四大经济效率：第一，规模经济性。跨产业的网状升级模式，拓宽了价值链升级的空间，丰富了价值链升级路径，从总体上扩大了产品或业务的应用规模。第二，范围经济性。跨产业升级使得研发和生产领域跨越多重技术，产品应用跨越多个行业，带来资源的共享，实现范围经济性。第三，速度经济性。通过对全球资源进行整合，企业可以聚焦于产品的研发

设计和市场销售，对市场需求的察觉更加灵敏，可以提升研发速度，缩短产业周期，从而获得速度经济性。第四，网络经济性。随着互联网技术的飞速发展，知识和技术实现快速传播。企业通过搭建巨大的网络应用平台，产品应用跨越了许多产业，获取了新的、更高的附加价值，从而提高了跨产业升级的效益。

根据中国产业发展特点，通过产业融合实现跨产业升级有三种方式可以选择：

方式一，以传统产业为核心的融合。以升级、改造传统产业为核心，新兴产业利用其技术优势在设计、制造、销售等方面向传统产业链进行渗透和延伸，从而使已经失去竞争优势的劳动、资本密集型产业转变为技术密集型产业。新兴技术，例如增材制造、协作机器人、人工智能、产品数字化模拟仿真等应用到传统产业当中，使新旧产业边界发生交叉，甚至消失，引发传统产业的分化、解体和重组，推动产业核心环节向着价值链中高端移动，产业附加值逐渐提高。反过来看，新兴产业由"制造"走向"智造"的过程也离不开传统产业奠定的基础条件。在产业融合过程中，传统产业中远离核心竞争力的部门和环节被逐渐剥离，通过更为细致的专业化分工，传统产业优势资源被集中在核心生产制造环节，从而为新兴产业发展提供专业化的制造服务。如此一来，新旧产业的有机结合提升了传统产业核心环节的价值增值能力。

方式二，以新兴产业为核心的融合，即以新兴产业主导产品作为驱动价值链升级的核心环节。在其中，企业的主要任务是积极开展技术研发创新，提高产品的竞争力，降低生产成本。传统的价值链升级从价值链低端开始，通过模仿创新，向较高附加值环节升级，在此基础上，最终实现跨产业链的升级。这种升级路径本质上是线性演化路径，无法从根本上摆脱价值链低端锁定。为此，需要构建以新兴技术为基础的价值链跨越升级之路。为了提高价值链高端的竞争力，本土企业必须掌握价值链的核心环节，在本地市场获得品牌和销售终端渠道，培养自主研发能力和创新能力。然后进入区域全球市场的价值链分工生产体系，将价值链"外围"依赖关系转变为以我为主的"中心"控制关系，由低端加工制造商转变为高端系统集成商和品牌运营商，进而实现产业的跨越升级。

方式三，新兴产业嵌入价值链中高端环节。无论是新旧产业还是不同类型产业之间的相互融合都能够引发产业的诞生与扩张，并伴随着原有价值链的解体与重构以及新的融合型价值链构建。这就为新兴产业直接嵌入价值链的中高端环节创造了条件。在融合过程中，新进入的企业加入到价值创新的新系统，改变了原有的商业模式，使得价值链实现跨产业再整合与重构。这一方面创造了新的技术方法或新产品，另一方面使得产业获得了高水平的技术和研发，产业价值创造能力和增值能力显著增强，融合后的核心产业价值向着价值增值高的区域攀升。

由基于模块化的产业集群推动跨产业升级

生产的全球化、生产规模的扩大以及需求的个性化带来两方面的影响：一是产业分工的空间组织模式逐渐向产业集群形态转化；二是模块化的生产组织方式将细化的分工重新整合起来，将

专业化知识"封装"并以标准化接口连接，从而提高了组织效率和生产效率。模块化推动了产业集群升级，导致了全球价值链的分工模式、治理模式和市场结构的变化。

组织模块化将原有组织划分为若干子系统，每个子系统可以彼此独立地设计，进行单个或多个模块生产，并制定主导规则以协调机会和资源的配置。这就意味着，全新的知识模块化布局和相应的流程生产方法需要打破原有产业组织的知识结构和流程体系。在组织模块化的作用下，价值创新流程被整合到组织流程当中，允许流程激发价值创新，并且每个模块都有自我发展和适应的能力。模块化使得价值链主导者的角色与功能发生了变化。原先价值链中的核心企业主导整个价值链靠的是技术能力和市场能力，而模块化要求价值链的领导者承担界面总成和设计模块规则的任务。并且，价值链上原本分工明确的各个环节之间开始相互渗透、整合，形成各个功能模块的生产。

模块化产业集群是一种新的产业集群发展模式，它按照一定的标准将传统产业集群进行模块化分解，再按照一定的规则将各个子模块进行重组、联合发展。提供特定模块的产业集群都可以依靠自己的核心技术来创建不同价值链所需的模块。因此，相较于传统产业集群，模块化的产业集群在提高交易效率、加快自主创新、增强集群抗风险能力等方面具有优势。并且随着消费需求的个性化，原有的价值创造方式已经不能满足消费需求的变化，需要对产业系统进行模块化分解，使得原本基于产业价值链分工的企业间的上下游关系，演变为模块化组织内模块间平行的价值网状关系，从而降低协调成本，提高交易效率和频率，并以更为灵活的方式嵌入其他价值链。

根据模块化产业集群升级特点，由基于模块化的产业集群推动价值链跨产业升级有以下三个步骤：

步骤一，使用模块化组织形式改变原有产业价值链形态。原有产业链集群中企业之间的关联方式在新的技术和经济条件下发生了巨大的变化。产业链中每个环节对价值创造的贡献已被重新定义。价值和利润也在产业链中发生变化和转移，越来越集中到对价值创造起关键作用的环节，同时转移的范围也越来越大，转移的方式也越来越多样化。产业分工的变化带来了产业链变革。新的劳动分工从线性生产过程演变为立体或平面的网络功能分工，称为模块化。在实践中，复杂的产业集群按照某些联系规则进行分解，成为可以独立设计的半自律性子系统。然后，根据设计好的界面标准将可进行独立设计的具有一定价值功能的模块集成在一个结构更为复杂的产品系统中，从而实现对产业集群的模块化改造。产业集群进行模块化改造后，各个子模块既遵守共同的设计规则，又具有很大的自主权利，表现出较高的分散特征，从而形成新的产业价值链形态。

步骤二，由价值模块重新整合，形成价值模块网络。随着个性化需求和技术创新的快速变化，企业之间的相互关系变得更加紧密和复杂，原有的价值创造环节被重新定义。产品或服务的竞争优势远远超过企业的能力和资源，并且越来越多地反映在产业集群价值创造模块之间的系统协同作用上。因此，产业价值链的高端化需要建立在由各利益相关群体形成的一个具有活力的价值模块网络上。通过协作、创新、竞争将各种专业化产业集群中的

企业、供应商、业务流程与系统等合作伙伴完美地结合在一起，形成一个强大的、灵敏的模块化网络，全面满足用户的个性化需求，从根本上提升产业价值链地位。

步骤三，利用模块化有效化解产业集群创新不足、低端锁定等风险，并通过跨产业升级促进价值链中高端化。在模块化产业集群的跨产业升级中，每个提供特定模块的产业集群在全球价值链分工模式变革和治理模式变革的基础之上，都可以依托自己的核心技术，创造出不同价值链所需的模块，因此，嵌入其他价值链也会变得更加容易。这可以通过两种途径来实现：一是产业链条自身的延伸和强化，形成覆盖上下游、包含多种功能模块的产业集群；二是某一特定模块嵌入到其他价值链当中，使得模块应用领域不断扩展。

产业集群进行模块化改造使得集群创新和发展不必受制于整个价值链。在大企业、大项目的带动下，通过技术研发和投资，可以实现产业升级路径的阶段跨越与融合发展。同时，由于分解出的模块能够分别集中力量设计和制造特定产品，然后在行业间展开合作，从而不但节约了成本，还提高了产业集群的灵活性和适应性，使其能够嵌入不同的价值链环节。

由区域产业联动实现跨产业升级

跨产业升级是将一种产业的知识运用于另一种产业。在跨产业升级过程中，企业通过知识获取方式的实时更迭来弥补原有产业和新进入产业之间的知识势差，并通过知识整合来对接企业已经积累起来的优势知识与新领域知识，最终将整合知识跨越性地应用到新领域，实现跨产业升级。由此可见，既然跨产业升级需要跨越研发当中的多个技术领域，并且还需要跨越多个行业的应用领域，那么，实现跨产业升级的可行途径可以采用区域产业联动的方式。

区域间产业互补优势和产业内在的技术经济联系是区域产业联动的基础。这种产业联动寻求跨区域科学合理的产业分工，能促进区域产业结构优化升级，实现区域产业协调发展，提高区域经济整体效率。为了形成具有较强国际竞争力的区域产业链，企业应开展跨地区的投资和经营活动，联合开展技术研究，共同开拓新市场。与此同时，随着多区域合作的不断发展，区域竞争正在从单个产业、单个企业之间的竞争转变为产业链、产业集群之间的竞争。当前，中国提出"一带一路"倡议，打造中国－东盟自贸区升级版，加强与非洲国家的合作，可以有力地推进资源要素深度融合，加快培育现代产业集群，促进区域产业走向跨产业、跨区域转型升级的新阶段，实现价值链的中高端化。

要素流动、产业转移和产业联盟是实践中区域之间产业联动的三种方式。首先，资本、原材料、劳动力、技术和信息等生产要素跨区域的空间转移被称为生产要素的流动，而产业联动的基本方式，同时也是产业联动发生的基础条件之一就是生产要素的流动。在区域发展的早期阶段，要素总是从欠发达地区流向发达地区。但是在一定程度上，一些传统要素也会由发达地区流向发展中地区。与此同时，技术创新在经济发展中日益增加的重要性使得要素流动的主要内容从传统要素（资本、劳动力和原材料等）向创新要素（技术和信息等）转变。其次，产业转移是一种

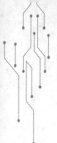
经济行为和过程。在资源供应或产品需求条件的影响之下，某些行业或产业链会从一个地区转移到另一个地区。产业转移在全球价值链模型中体现为一种基于价值链组织和治理的国际产业转移模型，它是一种具有独特投入产出关系的生产系统，可发展为供应链和生产过程，使生产过程所实现的价值增值过程在空间布局上凸显为价值链，从而促进国际分工在更广泛的市场规模和更多样的市场中扩大和深化。最后，产业联盟中企业的合作达到了一定阶段。在此阶段，企业之间不再满足于产业链上下游、投入和产出之间的联系，而是受共同的战略利益所驱动，在股权、协议或契约的约束之下形成风险共担、优势互补的长期合作关系。这是区域产业联动发展的一种先进形式。

根据区域产业联动的三种形式，由区域产业联动实现跨产业升级有与之相应的三个阶段：

阶段一，节点型企业相连通的弱嵌入阶段。在该阶段，区域间的技术水平、产业结构、知识基础差异较大，使得跨区域的学习成本、协作成本较高，知识在不同区域产业间的转移难度较大。随着信息技术的发展、交通条件的改善，企业跨区域进行产业布局、整合资源的活动逐渐增多。不同区域的产业与产业之间的创新合作、联合技术开发日渐频繁，并逐步建立起技术创新联盟，与当地企业联合设立新企业。在该阶段，企业间的嵌入关系主要是基于产业链合作的结构性嵌入，是高技术地区向低技术地区的单向技术辐射。在价值链中表现为研发、设计、创意等高附加值环节由发达地区核心企业掌握，而制造、加工装配等环节向欠发达地区转移。

　　阶段二，产业集群间联动的中嵌入阶段。在产业集群间联动的作用之下，两个区域产业集群之间的技术距离会不断缩小，企业间的合作成本会不断降低，企业间的协作创新机会也会越来越多。这主要是由于在产业集群间联动的过程中，价值链网络的深入和企业的迁入所带来的技术和认知的影响。与此同时，创新要素也会向迁入地流动，这是核心企业逐渐扎根于集群网络所带来的影响。跨区域、跨产业间的信息交互、人才流动、创新合作、知识共享更为频繁，由此催生出跨产业的创新组织和跨区域的产业集群网络。在该阶段，跨区域的创新协作更多地集中于一个或者多个主导产业领域，进一步扩宽了跨产业升级的渠道。

　　阶段三，区域间网络协同的强嵌入阶段。在该阶段，集群间创新网络正式形成，它基于区域间企业合作和产业分工协作，同时，跨区域的交互和学习行为大量存在，信息、知识、人才等创新要素加快流动，不同区域和产业集群间的创新要素配置效率、一体化程度不断提高。跨区域、跨产业的创新网络之间呈现关系性嵌入，并不断深化，技术创新活动表现出双向互动、一体化的特征。该阶段真正实现了由跨产业升级带动价值链中高端化。不但原区域产业素质得到改善，创新要素得以优化配置，产业链实现高端化升级，而且带动了产业联动区域创新要素供给的优化，完善了区域产业分工体系，使得价值创造与经济互动更为活跃。这也是中国实施"一带一路"倡议的初衷——通过产业联动增进中国与沿线国家价值链的联结。

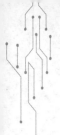
通过由跟随型向引领型转变实现跨产业升级

改革开放以来，中国经济持续高速增长，已成为世界第二大经济体和最大的制造业国家。然而，中国在世界经济和科技领域的身份主要是追随者，突出的问题包括缺乏创新能力、原创技术和产品。而且，中国传统的比较优势也正在减弱，这是由于受到世界经济增速放缓、外部需求减弱和国内要素成本持续上升的影响。与此同时，中国的经济发展进入了新常态，既有机遇也有挑战。抓住发展机遇、有效应对挑战、培育新优势的重要途径便是补上创新不足的短板，实现从追随者到领导者的转变。具体来说，这包括以下几个方面：

第一，明确创新驱动的重点领域，推动重点产业率先创新。为突破产业发展瓶颈，我们将推动重点领域和重点产业带头创新，以技术创新引领产业发展到中高端水平。鼓励对前瞻性和共性关键问题进行基础研究。例如，新一代信息技术、新能源、新材料、新能源汽车、生物医药、节能环保、高端装备制造等高科技成果要做到产业化的水平，先进制造业和战略性新兴产业在整个产业中的比重也需要逐步提高，这是推动产业链高端化的基础。将先进的制造技术、制造和管理模式应用于产业链的价值创造的全过程，需要我们加强技术改造，吸收国内外高新技术成果。而推动传统产业转型升级需要重点推广和应用食品、建材、电子信息、环保等行业的新技术、新工艺、新设备和新材料。此外，传统产业的升级改造需要大力推进信息技术的广泛应用，推动企业生产过程自动化、管理网络化、营销电子商务化以实现与信息技术的深度融合。

第二，积极调整产品结构，促进产业迈向价值链中高端。鼓励企业在提高生产能力的同时提高技术竞争力，注重技术领先，培养前瞻性、敏感性，积极开发和生产技术领先、性能领先的产品，提高新产品的全球首发率。加快利基产品的开发和发展，避免生产能力供需不平衡的影响，促进和鼓励企业加快高附加值产品的开发。通过增加产品的附加值来抵消价格下行的压力从而维持公司的赢利能力。此外，重视新兴的应用场景对新技术的市场需求，并在新一代信息技术、高端装备制造和新能源等方面发挥产业优势，追踪新兴应用场景的发展趋势，了解消费者对新兴技术的需求并确保能够率先调整产品结构。深入分析人工智能、大数据、云计算、移动互联网、物联网等技术将如何促进产业升级，引导企业丰富产品设计思路，进一步拓展市场。

第三，确定产业中长期发展目标，多渠道保障产业扶持力度。深入贯彻落实产业扶持政策，建立国家新兴产业投资资金，对重点企业、重点项目加大扶持力度。利用好各种资金渠道，例如财政资源、产业转型升级资金、产业强基础项目、专项建设资金、技术改造资金等渠道重点扶持具有创新实力和产业优势的企业，使创新企业一方面补齐技术短板，夯实产业基础，另一方面强化产业优势，抢占产业制高点。灵活运用税收政策，充分发挥关税杠杆的调整作用，及时调整进出口关税、税率，对高新技术企业采用研发费用加计扣除的政策。创新金融支持方法，引导金融机构和社会资本以各种方式支持新兴产业的发展，降低中小企业的融资成本。

第四，加强知识产权布局，协同合作夯实产业基础。推进知识产权和核心技术储备，对企业间专利交叉使用的路径进行探索，成立以企业为主导、研究机构参与和社会资本投资的专利运营投资公司。同时，依托现有知名品牌，选择具有一定比较优势的产业领域着力培育，使其成为具有市场竞争潜力的品牌。在科技攻关、技术开发和技术改造等项目进行的同时，对知名品牌企业给予资金支持。推进自主品牌驱动战略，鼓励企业掌握越来越多的产品核心技术的自主知识产权，逐步提高产品自主知识产权的价值内涵，提高企业无形资产的总价值，提升整个产业的核心竞争力和价值。

在实际案例中，中国通信行业从第一代移动通信技术落后，到第二代技术追随，再到第三代技术突破、第四代技术同步，最终在第五代技术实现引领，从通信领域的参与者、跟随者成长为规则制定者，这是中国通信科研实力在激烈竞争中不断积累的结果。在第三代移动通信技术时代，中国提出的 TD-SCDMA 标准成为被国际电信联盟批准的三大第三代移动通信技术标准之一，是中国电信史上的一个重要里程碑。中国充分利用 TD-SCDMA 在智能天线、帧结构、系统设计等方面形成的关键技术和自主知识产权，与国际主流标准 LTE 积极融合，形成了由中国主导的 TD-LTE 标准。2010 年 9 月，TD-LTE 的增强版本与 FDD-LTE 一道被确定为第四代移动通信技术国际标准，标志着中国在移动通信领域的研发技术实力与产业发展迈上一个新台阶。随着第四代移动通信技术网络的大规模商用，人们对更高性能移动通信的追求并未停止。为了应对未来爆炸性的移动流量数据增长、海量设备的接入、不断涌现的各种新兴业务，第五代移动通信技术的研究已经在全球范围内的学术界和产业界加快推进。对此，中国也给予了高度关注。在政策红利的作用下，中国的第五代移动通信技术产业发展迅速，突破了许多关键技术。就目前而言，中国的第五代移动通信技术研发已经进入第二阶段的试验，预计将在 2020 年实现第五代移动通信技术的商业化应用。第五代移动通信技术不仅是通信技术的演进，更是跨产业的演进。汽车、制造、健康、消费和零售等产业都将与第五代移动通信技术网络进行垂直整合，带来"乘法效应"。

中国在移动通信业从跟随者转变为引领者得益于国家层面的积极推动，以及采取了同步发展、融合创新的国际化开放路线。借助政府主管部门组织搭建的政产学研用联合平台，高校、研究院所、芯片设备与终端制造商、运营商开展了紧密合作，并积极吸引国外产业界和厂商的参与。在这一过程中，中国移动通信领域的基础科研能力大幅提高，关键元器件和集成电路芯片实现重大突破，涌现出以华为、中兴为代表的一批具有世界影响力的设备制造企业，并培养和锻炼了一大批相关领域的创新人才。这些成果使得中国在相关国际标准化组织中的话语权不断提升，在国际产业联盟中的地位也显著提高。

除了移动通信领域，中国在新型显示产业、智能家居产业、零售物流产业等都实现了从追随到引领的转变，这些产业也成为推动中国产业结构实现升级转型的新引擎。与此同时，也应该指出，中国整个产业仍然处在大而不强的水平，稍有不慎将可能又丧失优势，产业的后续发展仍面临着"继续补课"和"加速追

赶"的双重压力。所以，中国必须建设现代化产业体系，提升全球价值链地位。这就要求我们加速提升中国产业专利的转化率，灵活运用知识产权攻防战中对抗博弈的技巧和规则，重视自主研发，积累核心专利成果。

产业迈向全球价值链中高
端的政策方略与政策建议

第九章

打造链主：重构全球价值链的核心环节

全球价值链中链主的权力来源

链主，又被称为旗舰企业或主导企业，可以限制主要的供应商、消费者和竞争者的经营活动，也可制定他们两两之间交换的市场规则。不同种类的价值链中，链主也不同。在买方驱动下，链主通常是一些具有知名度的跨国公司和全球大买家，如沃尔玛、家乐福。它们通常能主导营销环节、制定标准和设定参数。在卖方驱动下，链主往往是那些有权制定技术标准、有能力主导技术革新和演化方向的核心企业，如微软公司和英特尔公司。在收益分配方面，链主在价值链中掌握了绝对利益份额。换句话说，对于发展中国家的代工活动，链主能够对其实施控制、约束和限制，其中，创新驱动型链主可以决定产业创新的方向，因为它掌握了核心技术，而市场驱动型链主则可以掌握定价能力，因为它占据了价值链的品牌营销环节。

对于非实体性环节的控制是链主最重要的权力来源。一方面，发达国家的链主为减少制度、要素成本，以合同形式将中间品生产分包给发展中国家的代工企业，通常这些代工企业只能得到最低的合理利润。另一方面，发达国家的链主控制着订单的发放，这种非对称性的权力结构使发展中国家的代工企业处于更加不利的地位。本质上，在价值链中，跨国公司通过控制无形资产的价值链环节，如研发、设计和营销环节来进行治理，因为这些环节有着高进入壁垒和高收益的特点。而发展中国家只能获得低收益，并且由于发达国家的链主有着订单控制权和参数设定权，发展中国家只能依据参数在有形资产价值链环节上进行生产。综上所述，技术和服务密集型的价值链环节是链主的核心业务环节，其他相关环节则由其通过一个生产网络来控制。

链主控制与代工国家产业主导权

在 2018 年 4 月中兴通讯的制裁案中，中兴被美方认定违反了美国限制将技术出售给伊朗的条款，因而被判处巨额罚款。由于中兴的芯片供应严重依赖于美国公司，而该业务又是中兴在 5G 领域和手机业务中的核心业务，在制裁实施两个月后，中兴的业务陷入停滞状态。最后经过多方周旋，双方达成和解：中兴公司向美国支付 10 亿美元罚款，另外准备 4 亿美元交由第三方保管；美国选择合规审核团队进驻中兴，并要求中兴在 30 天内更换董事会和高管团队；中兴为美国的合规审核团队支付费用。中兴事件看似是美国对一个违反其国内法律的外国公司实施制裁的普通案件，而其本质是缺少核心技术的"庞然大物"不堪一击的鲜活事例，是缺少核心技术的产业发展不得不受控于人的悲惨教训，这就涉及了国家产业主导权或产业安全的问题。产业主导权指对产业的存在及发展发挥主导性作用的能力，包括"资源主导权""技术主导权""资本主导权"和"市场主导权"等。

由于链主的战略性行为，一个以代工形式进入全球价值链的国家，很容易失去产业主导权（文新，龚三乐，2015），这是因为以下几个原因。

第一，"温水煮青蛙"效应。在一个基于全球价值链的代工关系中，为防止他国企业模仿相关经验知识威胁到自身价值链的核心利益，链主常以"温水煮青蛙"的方式即不间断地给予代工企业较稳定的最低合理利润来使发展中国家的代工企业保持在低端环节，而代工企业也会渐渐地习惯并接受这种模式，原因如下：（1）发展中国家在创新驱动方面相比于链主来说处于劣势，链主不仅处于创新主导地位，也控制着发展中国家代工企业的创新方向。发展中国家的代工企业依赖链主的技术从而在低端制造活动中处于跟随地位，一旦发生技术创新，产业转移就随之而来。当市场竞争由于既有产品发展成熟而转化为价格竞争时，发展中国家的代工企业将面临更加严峻的市场形势：上一轮产品周期下的产品趋于饱和，而价格竞争又要求产品成本降低，同时也刺激了新技术的发展与应用；代工企业在价格竞争下，产品淘汰的风险更高而利润降低。只要产品的制造成本有优势，代工企业的产品订单就依赖于链主企业，由于这些订单又基于产品周期，因而这种依赖具有持续性的特点：一方面，代工企业只能模仿学习一些旧的非核心技术进行低端产品生产；另一方面，当代工企业较为熟练地掌握了相关制造知识时，又进入到新的产品周期中，此时，发展中国家的代工企业只能在新的产品周期中再进行新一轮代工。（2）发展中国家的代工企业之所以会出现持续代工依赖的情况，一个重要原因是缺少支持性产业。例如，装备制造业会逐渐萎缩，因为有技术的产品创新及研发环节被链主所控制，代工企业不得不通过购买机器设备来满足产品升级的要求，这会耗费大量的资金，本来利润微薄的代工企业，此时会更加缺乏产品研发创新的动力，从而进一步促进了对链主的订单依赖性。长期来说，链主对订单发放有着控制权，订单数量的多少取决于链主企业，因此代工企业也面临着订单数量不稳定的风险。此外，产品市场逐渐发展，链主要求产品工艺精益求精，复杂程度也越来越高，参数设定愈加严格，同时制造设备的专用性也逐步加强，这一系列因素都将促进代工企业对链主的订单依赖性，这也意味着代工企业缺乏内生的产品创新激励。（3）对于本土创业型企业来说，由于国内价值链中市场环节主要由链主控制，没有稳定而广阔的市场基础，在市场驱动的价值链中，本土创业型企业前期投资的风险加大。相关研究表明，中国国内价值链的依托正在逐步被全球链主，尤其是知名品牌商、国际大买家主导的市场垄断格局所替代，这容易为处于初期学习模仿阶段的本土企业带来更大的创业风险。而要想进入价值链中的市场环节，需要更高的创新成本以及建立品牌的成本，这就使本土企业陷入为链主进行产品代工的陷阱中，最终产生"温水煮青蛙"效应。

第二，替代性供应商控制和投资锁定效应。对于代工企业来说，不同代工企业之间也存在相互竞争，成本不变时，争夺更多数量的订单能使代工企业的利润增加，因此为了获得订单它们不得不压低报价，从而丧失了技术创新的资金支持。此外，链主控制了市场和研发环节，发展中国家的代工企业为了满足全球链主的参数实施要求，制造设备的投资专用性也越来越强，容易出现产能过剩问题。链主通常没有激励解决这个问题，但当所有代工企业的生产能力普遍提高后，链主会迫使本国制造商竞相压价（逐底竞争），以更低的采购成本采购发展中国家代工企业的产

品，因此发展中国家代工企业的收益和利润会减少，最终导致发展中国家和发达国家的工资差距越来越大。同时专有设备的投资又会进一步锁定代工企业的战略选择方案，降低其实施技术创新的能力。

第三，知识产权控制下的"技术赶超陷阱"。一方面，发展中国家企业面临着技术赶超困难，当发展中国家制造业想要通过出口代工中所学得的技术来进入更高一层的价值链时，全球链主为了使自身核心利益免受损害，会采用技术封锁等策略性工具阻碍其发展，这会大大减缓发展中国家的技术赶超步伐，拉大发展中国家与发达国家之间的技术差距，也会损害其利益分配，从而使发展中国家的企业始终处于价值链的低端环节。在价值链方面，发展中国家在构建价值链时，会受到链主国家主导的全球价值链的竞争，这无疑为发展中国家构建价值链带来了更大挑战。由于链主在技术水平上远远领先于本国企业，并且全球价值链已经呈现出封闭性，这导致本国价值链更易丧失。再者，全球链主更易垄断市场，在一般均衡框架下，由于本国企业中间投入品加入全球价值链的程度并不深，本国最终品部门投入品要素价格也不高，制造业的整体工资水平在供应商之间的相互竞争中被压低，因而本国工资水平不高，全球链主在最终品部门的竞争中更占优势。同时，链主的控制地位会带来需求方面的抑制效应，这也引发了一国对产业安全方面的考虑。

现有全球价值链体系存在的问题

现有研究表明，对于新兴经济体国家及其企业参与的全球价值链的价值存在两种观点：一种是积极正面的观点。它强调了参与全球价值链的收益和优势，认为虽然全球价值链分工体系由发达国家主导，但借助于外溢效应，发展中国家的制造企业可以从中学习先进经验和技术以及创新能力等，从而促进发展中国家代工企业的自主创新。国内外许多关于全球价值链的研究表明，为了达到产业升级和企业升级的目的，无论进入全球价值链的方式是低端融入还是高端融入，发展中国家都要参与到全球价值链中来。有学者认为，只要参与其中，发展中国家企业都能够快速顺畅地完成升级过程。另一种观点则强调了发展中国家参与全球价值链的局限和劣势，认为处于全球价值链低端的企业被剥削，其发展被限制，自然升级过程也受到严重阻碍。有学者认为，中国传统制造企业进入全球价值链的方式很多都是低端融入，例如为全球大买家进行代工生产，这种方式远不如高端融入，例如参与产品研发、营销、售后等关键环节。通常情况下，链主不会主动传授其关键技术，也不会主动帮助代工企业实现产业升级，更不会帮助其增加产品竞争力，它们只希望制造供应商完成代工任务。

后一种观点说明，由链主主导的国际分工中存在市场失灵的问题，主要有以下表现：第一，国际分工市场是非完全竞争的。链主与新兴经济体及后发展企业存在利益冲突。当发展中国家代工企业有自主创新、研发、建立品牌和销售的意图时，链主就会认为这种行为将会挑战其买方垄断地位和既得利益，继而通过各种手段来阻碍代工企业生产体系的升级，将其牢牢锁定在低端环节。这些手段主要有：（1）提高产品进口质量标准，加快设备更

新速度。不仅设定更加严格的质量标准，更要求发展中国家的代工企业对固定资产持续进行大规模淘汰，从发达国家引入更先进的新设备，这使代工企业原本就很微薄的利润被链主所"回收"，既限制了发展中国家装备制造业的发展，也限制了发展中国家的自主创新。（2）利用替代性供应商控制和投资锁定效应。链主利用供应商的相互替代性在代工企业之间引入市场竞争，再利用投资锁定效应，通过采购商的价格逐底竞争来压榨处于价值链上游环节的发展中国家代工企业的利润空间；同时，链主可以利用其现有的先行者优势控制全球价值链中的研发、销售、品牌等高端环节，借此来巩固其买方垄断势力和市场主导性，拉大与发展中国家代工企业的差距。此外，随着国际分工市场的不断发展，发达国家又有了新的压制手段，例如知识产权保护和专利权应用。第二，国际市场分工有严重的市场负外部性。一些高消耗、高污染、低增值的产业被发达国家转移至发展中国家，此举在不同程度上破坏了发展中国家的生态环境，由此造成了一系列问题。第三，信息不对称的存在，使发展中国家的代工企业所付出的代价和环境污染代价与代工所得的收益并不相称。在全球价值链中，不同价值链环节所能创造的价值是不同的。由于发展中国家处于生产性的中游制造环节，其所能创造的附加值很少。而链主则占据了高附加值的非生产性高端环节。例如，为苹果公司代工的富士康公司的利润与苹果公司就相差甚远。第四，技术性贸易壁垒的限制使发展中国家的自主品牌发展受限。有研究表明，由于技术性壁垒的存在，墨西哥制造商需要投入巨额资金在美国市场上拓展自主品牌，并且面临着较高的风险。而据中国质检总局统计，中国有 30% 的出口企业受到了技术性贸易壁垒的限制。

实施打造本土链主的战略

所需的内在条件

由于发展中国家的本土企业会面临经济技术、法律制度的制约，通常会经历生产要素驱动、投资驱动和创新驱动几个发展阶段，这些阶段表现为要素由低级形态向高级形态演变，其中，生产要素驱动对应着工艺升级，投资驱动对应着产品升级，创新驱动则对应着跨产业升级。狭义的低级要素有劳动力、土地、自然资源，广义的低级要素还包括一些简单易复制、易进入的生产工艺、设计工艺、技术开发能力等。而那些模仿复制难度较大、进入壁垒较高的研发创新，以及易受制度变化影响的现代生产性服务业则属于高级要素，例如金融、风险资本体系、营销和物流等。发展中国家通常依赖低级要素进行代工生产而参与全球价值链的分工体系，这对大多数企业来说，是一种不需要投入高额技术创新费用和高级要素的"捷径"。由高级要素生产的产品的竞争通常为非价格竞争，由低级要素生产的产品的竞争通常是价格竞争，而全球价值链的分工体系中所表现出的竞争是一种综合势力的竞争。通常有三类企业拥有这样的势力：一是能进行基础技术创新的核心企业，它们最依赖于高级要求，因而具有价值链的技术竞争优势；二是可以构建国内品牌和销售渠道的终端集成企业，其对高级要素的依赖性次于第一类企业，通常在价值链的市场势力方面的竞争上存在优势；三是围绕前两类企业的多层次配套企业，相比起前两类企业，它们对高级要素依赖较少，在价值

链中表现出成本势力与柔性势力上的竞争优势。因此，产品价值链呈现出天然的低附加值、高附加值和价值链决定环节的多种组合的特点，而全球价值链分工体系发展的现实基础就是不同国家之间存在不同的比较优势和综合竞争势力，这来源于经济发展阶段的差异导致的要素发展能力的差异。值得注意的是，如果发展中国家不将注意力放在发展自身高级要素条件上，而仅仅靠低级要素进入全球价值链，则只能受制于发达国家，很难实现跨产业升级，这就导致了发展中国家注定被俘获的结局。可以认为，国家价值链是产品或产业价值链的不同生产环节在一国国家边界内展开的分工体系。发达国家同时拥有两种要素条件，其中高级要素更具相对比较优势，当国家价值链在发达国家边界内展开时，只会损失一部分利润而不会损失核心竞争优势。但对于发展中国家来说，由于它们中的许多正处于一个由要素驱动转向投资驱动或投资驱动转向创新驱动的阶段，因此它们在自身边界内缺乏可以与发达国家相提并论的高级要素条件。所以对于发展中国家中具有高技术、高投资的新兴产品或产业来说，构建具有国际竞争力的国家价值链仅靠本土企业很难实现，发展中国家只能处于不使用高级要素的低端生产环节。另外，对于发展中国家来说，实施出口导向型国家战略是其经济发展初期的必然选择。在由链主主导的全球价值链中，发展中国家不得不面临一些贸易上的剥削和买方设定的俘获型升级结构的封锁。结论就是：发展中国家能否构建具有国际竞争力的国家价值链很大程度上取决于能否在发展初期不过度依赖国外市场，而是依靠本土市场空间发展高级要素。

培育主导企业

在经济全球化不可逆转的趋势下，发展中国家依靠本土市场空间建构国家价值链，不仅是为了发展具有国内竞争力的本土企业价值链体系，更是为了在全球价值链下，利用国内市场相比于国际市场的时空差和高级要素成长机会，发展出具有全球技术势力和市场势力的关键价值链环节或生产体系。从这一过程的驱动因素来看，关键环节是具有市场势力或技术势力的核心价值链环节。其中，国家价值链中具备自主创能力的核心企业所形成的本土市场技术垄断力量对应全球价值链背景下本土企业与国际竞争对手的技术势力；国家价值链中具有产业转换与升级过程控制权的终端集成对应全球价值链背景下本土企业在与供应商或国际大购买商协调时所体现出来的市场势力。这是因为，本土企业只有在国家价值链下取得主导地位，才能在全球价值链下在本土市场和全球市场上与外国企业展开竞争，才有可能与链主在全球价值链分工体系中相互抗衡，甚至居于主导地位，即"决胜于国内，决战于国外"（胡国恒，2013）。在国家价值链条件下，处于终端集成或技术关键环节的主导企业，作为国家价值链分工体系的中心，有着培育价值链整体竞争力的"领头羊"作用，其他供应商、小作坊形成柔性的分包协作生产体系。技术性投入多、可以进行核心研发或商业化的主导企业可通过其控制地位来充分补偿创新投入和沉没成本。一方面，主导企业能够获得最大份额的收益；另一方面，通过评估外包、下包供应商的等级来引入竞争，或指导其生产设计、制造技术来尽量持续降低制造商的生产成本，最大限度地补偿持续高投入的创新活动，根本上解决由技术

链和价值链的内在不对称导致的创新动力缺失的两难冲突。由于需求和技术变动变得更加复杂和不确定，企业内部组织复杂化、规模化导致追求技术领先的企业缺乏创新动力，外部竞争压力又要求企业进行更加灵活化的创新，内部规模化使企业对引导产品开发的外界技术和市场因素更加不敏感，而内部组织复杂化也造成企业跨部门合作和技术融合上的困难。这个两难的冲突可通过主导企业领导型的价值链分工体系来解决，企业内部规模化所带来的负面影响可通过将非关键生产环节外包出去来消除，其中，非关键链创新活动的研发设计和制造主要通过外包商的"黑箱设计"合作完成，主导企业只需提出功能接口的指标。这样主导企业就大大节约了创新成本和时间，就能将所有有效资源用于抓住外部创新机会进行研发与创新来培育高级要素，也能通过一系列与供应商、消费者、研发机构甚至竞争者的合作交流来巩固其在制定标准与确定规则方面的地位。总而言之，这种方法提高了国家价值链的创新柔性和效率，以及适应变化多端的外部环境的能力。

面临的主要障碍

当今条件下，中国的国家价值链分工体系呈现出"小企业群生型"形态，主要分工形式为同质产品和专业市场上的横向分工以及简单生产链上的纵向分工，存在产业结构大多同质、企业规模普遍偏小、分工协作人格化的问题。这是因为许多企业群密集使得高技术外溢性、人才高流动性、企业间易模仿性引发了一系列过度进入和恶性竞争问题，导致单个企业规模太小、利润较低，不能通过产品设计、技术更新和品牌建设创造垄断利润。由此可见，在国家价值链中构建主导企业，不仅能够对价值链外的其他核心企业产生竞争效应、示范效应及合作效应，也能对价值链内其他非核心企业或上下游协作企业形成技术溢出和技术转移扩散效应；此外，主导企业掌控了价值链中的关键技术和价值收益的高端环节，在价值收益高端环节中获得的收益能够有效补偿关键技术环节中的投入成本，二者相辅相成，形成有效的循环机制，进而形成持续的技术创新能力和价值链升级竞争能力，最终在企业、行业、区域之间实现成果的全面扩散，产业整体技术水平上升，创新周期缩短，带领全行业步入了创新—转移扩散—再创新的良性国家价值链竞争力循环上升轨道（刘志彪，2018）。

选择最佳策略

第一，势力抵消策略。在生产者驱动的全球价值链中，全球链主进行商品或服务的销售、外包和 FDI 等新兴产业前后向联系以全球市场网络为媒介进行布局，链主通常会进行高强度、高频率的创新研发活动来刺激市场需求，从而形成自身在全球价值链中的技术势力和收益分配垄断势力。因此，在生产者驱动型全球价值链中，鼓励提升关键产业中的链主企业的技术创新是构建中国本土企业国家价值链的势力抵消点，鼓励方式包括研发补贴、税收补贴、采购政策扶持等。华为模式正是这样的一个例子。在购买者驱动的全球价值链中，发达国家的链主控制着全球销售渠道终端，形成市场垄断势力和利益分配垄断势力。这一全球价值链中主要的价值增值部分并未流向高技术创新的生产环节，而是流向了市场销售和品牌化等流通环节。因此，在此背景下，培育国家价值链中的主导企业、鼓励在国内市场竞争中的优胜企业自

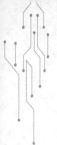

主创新和走出去建立自己的销售渠道是构建中国本土企业国家价值链的势力抵消点。这可以改变中国代工企业由于规模小、产业结构同质、低成本竞争而导致的缺乏市场势力的问题，引导中国国家价值链结构由完全竞争转向寡头垄断或垄断竞争。典型的例子是海尔模式。

第二，反"梯子"理论策略。所谓"梯子"理论，即发达国家只要处于技术创新"梯子"的高处，就能敲断身下几段"梯子"的"隔板"来甩掉发展中国家，维持自身的技术领先地位。主要方式有全球化知识产权保护战略和专利"丛林"策略。这些策略都能保护发达国家利益，阻碍发展中国家的技术学习和追赶。中国是全球最大代工基地，中国代工企业急需技术学习和技术引进，从而由俘获网络型向均衡网络型转化，而"梯子"理论为这个转化过程增添了很大的阻碍。由之前的分析可知，中国的本土市场空间充足、消费需求结构多层化，即使在"梯子"理论下，拥有这两个有利条件，也可以通过合理实施市场保护策略，既不用完全封闭市场，也有能力借力本土市场，凭借自有市场的空间容量对本土企业国家价值链发展和升级产生内在拉动力，再结合适度"市场换技术"策略，逐步实现中国代工企业由俘获网络型向均衡网络型的转化。

第三，平衡"市场创造技术"与"市场换技术"策略。长期以来，对于利用"市场换技术"战略直接引进对外投资能否提高本土企业的自主创新能力一直存有诸多争议。中国作为发展中"大国"的经济意义是：本土市场容量足够大，消费者需求结构层次足够多。这两点对于培育国家价值链中终端集成与核心环节主导企业的竞争力、发展高级要素条件起着至关重要的作用，有助于中国摆脱在发展初期直接面对全球价值链背景下发达国家的不对称竞争的局面。消费者的购买力和收入分配结构决定了消费者的购买行为，而消费者的购买行为又影响微观企业生产新产品或改进产品质量、性能的研发投入，因此，微观企业研发投入成本的可补偿性就取决于消费者的需求偏好，即需求诱导型创新。此外，随着中产阶级的兴起，中国的消费结构正由最初的"哑铃型"向"橄榄型"转变，逐步呈现出低、中、高层次搭配，接力棒式的特点。这有助于构建新兴产品国家价值链，促进高强度的创新投入等核心环节在国家价值链中的发展，推动建成高品牌、营销渠道投入的终端集成环节企业。仅靠开放市场引进外资而忽视本土市场的利用将会导致新兴产品或传统产品价值链的高端环节上本土市场的丢失，限制本土企业作为国家价值链中主导企业的发展，从而阻碍中国本土企业由俘获网络型转化成均衡网络型。因此，如何适度地保护中国本土市场，有效发挥有效市场需求对国家价值链升级和本土主导企业创新的引致功能是全球价值链背景下中国代工企业由俘获网络型向均衡网络型转化的关键（张明之，梁洪基，2016）。

第四，"决胜于国内，决战于国外"策略。这一策略的典型例子就是日本的经济发展。日本成功地将国家价值链→亚洲价值链→全球价值链的动态转移过程与"决胜于国内，决战于国外"策略相结合，从而使国家经济快速良性发展。在国家价值链中关键环节的竞争和不同国家价值链之间的竞争中，只有在国内市场竞争中胜出的国家价值链或国家价值链中的主导企业才有资格

"决战于国外"，这一轮竞争中的胜出者通常有能力主导产业发展，有较强的市场控制能力、自主研发能力和品牌能力，它们有可能在全球价值链背景下形成与全球链主势均力敌的均衡网络型价值链分工体系。因此，中国本土企业只有运用好这一策略，走"决胜于国内，决战于国外"的道路，才能制胜。

苦练内功：全面提升产业竞争力

推动产业技术变革，扎扎实实搞创新

尽管中国的产业种类涵盖了联合国产业分类中的所有产业，同时中国又是工业制成品出口大国，然而，由于全球价值链中国家的产业地位与该国的产业技术密切相关，而中国的产业技术水平整体较低，因此中国很多产业都位于全球价值链的中低端。全球价值链的中高端主要是由发达国家在发挥主导作用，它们将核心技术掌握在手中，通过这些高端技术成功保证了较高的产品质量，增加了核心竞争优势，同时也在创新设计、关键技术及标准化的国际规则设立等领域具有操控权。自 21 世纪以来，全球科技创新活动空前活跃，由于新一轮科技革命的兴起以及产业技术的变革，全球创新版图正在被重新构筑，全球范围内的经济结构也正在被重新塑造。以物联网、区块链、人工智能、移动通信和量子通信等为代表的新一代信息技术正在被加速应用；以基因编辑、再生医学、合成生物学和脑科学等为代表的生命科学领域中正在孕育着新一轮的变革；融合了数字化、机器人和新材料的先

进制造技术也在加快推进世界制造业向智能化、服务化和绿色化转型；以清洁、高效和可持续为导向的能源技术的快速发展将引发全球性的能源变革；海洋技术和空间技术也在不断地拓展人类生存和发展的疆域。这对于中国产业向全球价值链中高端迈进是一个很好的机会，我们必须把握住新一轮科技革命和产业技术变革带来的良好机遇。

首先，在劳动密集型产业内，要注重产品质量水平的提升和技术创新能力的增强。

第一，要促进机器人产业的发展。随着计算机技术的发展，机器人已经深入劳动密集型产业。制造产品过程中往往需要重复性工作，机器人凭借其优良的性能和对质量的严格把控在该领域发挥着绝对优势。从政府层面来讲，应该加强机器人建设工作，引导企业逐渐国际化，借鉴外国先进的机器人开发制造技术，以促进中国机器人产业的快速进步，从而为传统制造业及相关产业设计出高质量、低价格的设备。

第二，要对劳动密集型出口公司在器械上的投入予以肯定和扶持。中国劳动密集型产业在转变过程中面临的一大困境就是大部分企业设备融资困难，国家应致力于解决这类问题，同时利用税收优惠来鼓励对机械设施的投资。

第三，要为加强劳动人民的整体素质深入普及相关教育。技术革新的时代，不仅对知识分子提出了更高的要求，对于劳动人民也有新的要求。很多需要付出劳动力的岗位可以由机器人来完成，这意味着劳动人民要向编程等专业技术人员学习，只有适应这种变化节奏才能保证不被社会淘汰。

其次，在资本密集型产业和技术密集型产业内，针对中国已掌握核心技术的领域，例如轨道交通、通信设备、航空航天、核电能源和基础设施建设等，要注重对中国品牌和中国标准的培养和强化，通过培养中国品牌来提升中国在国际合作中的话语权，通过行业标准的制定扫除中国向国际市场进军的障碍，达到参与全球生产网络的目的。

第一，要在短时间内构建能够促进创新活动的市场体系，涵盖公正公平的竞争市场、高效的知识产权维护及创新活动等。因此要从整体角度来采取相应措施，完善产业制度，以吸取来自各个国家的高端人才和技术。

第二，对创新主体做出相应改革，尤其是国企及科学研究机构等。中国的企业在创新上会出现匹配错误的情况，具体来说就是那些有能力的企业没有足够的资源，而有资源的企业又没有足够的能力去开展研发活动。这就要求我们将创新主体转型，把国企、科学研究机构等转变成真正有竞争力又有动力和能力的跨国企业。

第三，尚需逐渐增加市场开放程度，建构开放性经济新机制。改革开放以来，中国在劳动密集型产业中相对开放程度较高，但在资本和技术密集型产业中开放程度还远远不够。虽然我们有体量巨大的汽车工业，但是汽车行业在国际竞争中仍处于弱势地位，所以亟须扩大开放程度来强化中国资本和技术密集型产业的国际竞争力。继续开放对于中国参与新型国际竞争、解决外部吸引投资带来的难题是十分必要的。此外，在"走出去"方面，中国也要持续进行体制机制改革，使得企业可以更便捷地整合全世界的创新资源。

再次，在技术密集型产业和资本密集型产业内，针对中国缺乏关键核心技术的领域，要注重鼓励企业自主创新研发与"走出去"并行发展，通过并购、合资等手段汲取国外先进技术。

第一，要全力促进自主创新，增加对研发和技术创新等的各项投入，加速产业创新平台的建设，完善区域创新体系构建。激励企业进行自主创新活动，推进研发部门的成立与发展，加强产学研合作，积极促进名牌工程的培育，致力于提升产品的技术含量，增加可创造高附加值的部分。

第二，加大扶持高新技术产业的力度。要通过减免税收等各项优惠政策扶持高新技术企业；落实政府的采购制度，充分发挥政府的政策功能，在相同条件下，应优先购进包含自主知识产权的高新技术产品。务必强化知识产权的保护，致力于促成专利技术产业化。同时要注重民营科技企业的发展，以掌握行业核心技术、有自主知识产权、积极进行技术创新、成长性好为导向培育一批民营高科技企业。

第三，要进一步完善中国企业兼并重组的市场体系，逐步消除跨地区兼并重组的市场壁垒。为企业提供便利化投资环境，鼓励企业进行跨国并购，并指导企业进行并购风险管理。

最后，在钢铁、煤炭等过剩行业内，要去产能，提高产品科技含量。

对政府而言，激励企业创新是化解过剩产能的重要政策抓手。营造良好的创新环境，需要政府进一步简政放权，减少直接管理、干预的范围和程度，逐步向监管型和服务型政府转变。同

时，还需要政府强化经济手段、法律手段，对创新市场进行必要的宏观调控，从税收和金融层面加以引导，实施企业研发费用补贴，落实对高新技术企业、科技企业的税收优惠政策，积极培育和改革市场融资体系，促进企业的产品升级和技术创新。知识产权是企业进行自主创新的观测指标，更是提升市场竞争力的有力措施；中国政府应积极推进知识产权领域变革，加快知识产权强国建设。

抢占新一代信息技术先机，实实在在推转型

中国经过四十多年改革开放和持续发展，现已跻身全球第一制造大国、全球第二大经济体。然而，从整体来看，中国制造业存在大而不强、过分依赖劳动力红利等问题。在全球金融危机的背景下，一些问题尤为明显，特别是产能过剩、生态破坏等方面的问题。当前，新一轮信息技术变革带来的充足科技动力和新生能量正推动着工业向互联网化发展，构筑庞大的互联网空间体系，与工业空间、工业体系和企业相互融合。互联网发展所催生的人工智能技术也在全方位地推动工业进行变革、改造和提升，一系列的工业生产新模式、工业生产新业态和工业生产新价值链体系相继形成，将虚拟世界和物理世界紧密地融合起来、协同发挥作用。

从供给侧来看，制造业与物联网、大数据等网络信息技术的交互融合使其发展理念、方式得到了很大程度的改变。同时，这也促进了智能生产、个性定制以及协同创新等新型供给模式的产生。从需求侧来看，由于消费者的中高端消费能力持续增长，产生了许多对产品质量和产品服务的新需求。根据习近平总书记的

要求，要推动制造业的产业模式和企业形态发生根本性转变。为了促进中国产业向价值链中高端迈进，真正实现智能制造，一方面要把握智能制造的全球发展动向和一般发展趋势，另一方面要围绕新一代信息技术和工业技术来探索新一轮解决方案，开发新的应用模式，而这必须利用最先进的信息技术成果，将其与工业制造技术融合起来。

中国需要发展智能制造，构建新的产业模式和业态，从而真正地引领数字经济的发展，快速推进中国的新工业革命演进，推动中国制造业的转型升级，优化中国制造产能，进而有效解决现存的问题。习近平总书记指出，世界经济正在发生快速的转变，网络信息技术产业将是经济活动中的重要内容。我们要把握好这一机遇，利用信息化培养新动能，利用新动能来推动新的发展。要加强建设信息基础设施，推动互联网与实体经济的深度融合；要加快传统产业向数字化与智能化转变，把数字经济做大做强，为经济发展拓展新的空间。产业技术的变革与优化升级带来了新动能与新技术，制造业产业模式与企业形态的根本性转变催生了新业态与新模式。这些新动能、新技术、新业态和新模式为中国产业向全球价值链中高端迈进，进而推动中国经济高质量发展提供了更好的载体。

在大数据方面，为了推动国家大数据战略的实施，加快数字基础设施的完善，促进数据资源的整合与开放共享，我们要懂得审时度势，通过超前布局、精心谋划以及提高主动性来实现上述目标。目前中国的一些数字经济新业态、新模式有着非常好的发展势头，比如移动支付、网络购物等，中国在这方面正处于世界

领先地位。同时，也要推进大数据技术产业的创新发展。此外，为突破大数据的核心技术，构建自主、可控的产业链、价值链以及生态系统，我们还应以世界科技前沿为标杆，集中国内的优势资源进行发展。最后，要把数据作为纽带来促进产学研深层次的融合，构建数据驱动型的创新体系与发展模式，培育一批领军企业，构建多类型、多层次的大数据人才队伍。

在互联网方面，我们要促进各个领域与互联网的深入结合，为整个社会发展进步增添动力。互联网在孕育新兴行业、促进中国各行各业转型升级方面，正扮演着举足轻重的角色。供给侧方面，要大力发展工业互联网，发挥出新一代信息技术与制造业深度融合的优势，将工业互联网作为新工业革命的关键支撑和深化"互联网＋先进制造业"的重要基石，这对未来工业经济发展将产生全方位、深层次、革命性的影响。需求侧方面，要充分发挥中国巨大的用户市场优势。中国已经成为全球最大的移动互联网市场；截至 2018 年 6 月，中国网民规模达到 8.02 亿人。要依托互联网平台，打造精细化、定制化的服务，以生活更加精细化、智能化、网络化为指导，推动中国的产业转型，促进中国产业迈向全球价值链中高端。

在人工智能方面，我们应该对新一代人工智能的发展特点进行更深层次的学习和了解，从而促进人工智能与产业发展相融合。人工智能有着溢出带动性非常强的"头雁"效应，成为新一轮科技革命与产业变革中的战略性技术。因此，为了获取全球科技竞赛的主动权，推动中国科技的跨越发展，使产业结构得到优化升级，同时提高生产力，首先，我们要尽可能快速地发展新一代人工智能。围绕现代化经济体系的建设，把供给侧结构性改革作为主线，充分利用智能化、网络化、数字化融合发展的机遇，让人工智能在诸多变革中发挥作用，从而提高全要素生产率。其次，要培育和造就有很强带头作用的人工智能企业与产业，形成一种智能经济形态，以满足人机协同、数据驱动、共创分享与跨界融合。另外，还要充分利用和发挥人工智能在服务创新、产业升级等方面的技术优势，促进其与第一、第二、第三产业之间的深度融合。并且要利用人工智能技术促进各个产业的变革，在共享经济、绿色低碳、中高端消费等领域培育新的增长点，构建新动能。最后，要推进建设智能化信息基础设施，提升智能化水平，完善基础设施体系，使其能够适应智能经济、满足智能社会的需求。

总之，为了抢占新一代信息技术先机，推动中国的产业转型发展，要以数据为关键要素构建数字经济。推进实体经济与数字经济的融合发展，推进实体经济与互联网、大数据和人工智能的深度融合，同时加强信息化和工业化的深度融合，推动中国制造业向数字化、网络化和智能化的方向快速发展。利用新一代信息技术发展的契机，促进中国产业迈向全球价值链中高端。

瞄准产业竞争力关键环节，聚焦聚力补短板

目前，中国经济总体上仍处于国际分工产业链、价值链中低端，供给体系质量不高，高端供给的短板明显。要推动经济高质量发展，就要集聚整合有利于高质量发展的要素资源，使各产业、各领域的发展质量不断提升，使经济发展中的高质量部分比

重不断提升。补短板，从根本上说就是要补高质量发展的短板，具体来讲，就是指掌握芯片、传感器、控制系统、发动机等核心元器件和部件，掌握核心的制造装备，解决容易被人"卡脖子"的薄弱环节。把补短板作为当前深化供给侧结构性改革的重点任务，具有很强的现实针对性和深远的战略意义。补短板是优化供给结构和扩大有效需求的结合点，是保持经济平稳运行和推动经济高质量发展的结合点。要加强既有针对性又有力度的政策支持，着力在关键核心技术攻关和新动能培育方面补短板，在标准制定、体系质量方面补短板，在实体经济有效投资领域补短板。

解决核心技术攻关痛点

在核心技术诸多短板要素中，我们必须在人才、资金、机制、知识产权保护上下足功夫，厚植核心技术创新"沃土"，让核心技术驱动发展的"大树"茁壮成长。

第一，以人才选用为"根"，为核心技术攻关"固本培元"。补齐核心技术人才短板需用非常之策：首先是积极培养核心技术人才。高校要担当起中国重点领域核心技术人才培养重任，充分了解人才的分布与需求，调整专业设置，采取产学研融合的人才培养模式，着重培养急需紧缺的重点领域核心技术人才。此外，企业必须注重优秀的核心技术人才及团队的培养锻炼，攻关突破核心技术，确保在激烈的国际竞争中立于不败之地。其次是大力引进全球高端人才。要在更大范围、更广领域、更高层次上吸引全球高端人才和智力资源，让掌握世界先进知识、善于技术突破的优秀人才挂帅，让真正拥有充沛资源的人才去潜心研究、带领创新团队重点突破，有效促进中国核心技术和基础研究的发展。

第二，以资金支持为"干"，为核心技术攻关"施肥加油"。首先，要多元化资金来源，创设政府、相关人事机构和社会合作的多元模式，其中政府充当引路人，相关机构发挥主要作用，社会资金是后备补偿。政府应充分发挥示范带动效应，鼓励和吸引社会各界、企业、个人参与人才投入，推动用人单位成为人才建设的主力军。其次，要加大培养资金投入。最后，要设立专项人才资金。一方面整合现有人才专项资金，从各部门专项资金中统筹一部分集中使用；另一方面从预算增量资金中安排，充分发挥专项资金对部门和地方的引导作用，确保集中使用专项资金，在需要的时候有序运转资金，以避免多次投入造成不必要的浪费，确保这部分资金能发挥其最大效益。

第三，以激励机制为"叶"，为核心技术攻关"遮风挡雨"。要建立适应核心技术发展的人才评价激励机制。要完善科技奖励制度，给予优秀科技创新人才合理的回报，释放各类人才的创新活力。要建立适应核心技术发展的人才评价机制，以实际能力为衡量标准，突出专业性、创新性、实用性。通过改革，确保中国重点领域核心技术人才队伍的稳定，并充分调动重点领域核心技术人才的积极性、主动性和创造性。

第四，以知识产权保护为"土"，为核心技术攻关"保驾护航"。核心技术靠人才、靠企业创新得来，只有切实保护好创新主体的知识产权，才能真正激发其创新创业的积极性，加快创新型国家建设步伐，为世界科技强国的建设奠定基础。要发挥司法主导作用，进一步推进知识产权专门法院和专业法庭建设。要改革相关行政管理模式，推进知识产权行政管理机制改革，统一执

法标准，改善执法效果，完善知识产权立法。我们要抓住机遇、应对挑战，继续推进知识产权保护规范化、法治化，不断完善知识产权保护机制。

弥补"标准"短板

中国很多企业是按照自己的生产规律、产品去设定指标、标准，但是未来的制造需要网络化，需要数据的共享，因此首先要解决标准的问题，这也是中国产业迈向全球价值链中高端必须要解决的一个问题。

首先，应该对供给结构进行改进。与政府一直实行的唯一的供给形式要有所区分，建立起新式的标准机制，充分发挥市场和政府标准的联合效应，增加两者之间的匹配程度。其次，应该提高供给水平。要倡导相关专业机构选取在某些行业内树立了优秀标准的企业作为示范，以这些优秀标准为中心发挥领跑企业的带头作用。最重要的是不能忽视与国际标准的接轨，避免出现与国际标准相冲突的情况，提高标准的适应性。最后，应该致力于科学管理水平的进步。在对科技进行研究开发的同时，也要注意促进标准化的研究制造过程与产业的开拓两方面。也就是说，在对新型商品、新型材料进行开发的过程中，就要开始提前建立起严格的使用标准，以避免在投产或是投放市场的过程中没有能够参考的标准。除此以外，要加大对专业技术委员会的监督，真正做到公开化、公正化、透明化，为更迅速的经济进步铺路。

重新塑造"体系质量"

要兼顾产业发展落后、不足的问题，在原有基础上改进体系质量，同时还要扩大整体容量，不能只想着如何在产业内瓜分蛋糕，还要考虑如何把"中国制造"这个蛋糕做大，与此同时向做优做强的方向迈进。做优做强"中国制造"主要是进一步加强产学研用四方面的协调统一，改进体系质量。近几年，中国对经济发展的关注不再集中于保持增速上，而是要保证制造产品的高质量；高质量不能只是表现在某个公司或某个小的环节上，而是要涉及产业链的全过程。在产业联合发展的进程中，平台的建立不可或缺，这意味着要给自主研发技术足够的空间使其将理论现实化，在实践的过程中发现问题，考证数据的正确性与严谨性。鉴于全球一体化的发展趋势，企业之间的关系也有所变化，与之前各自为战的局面不同，现在更强调企业之间在竞争的同时加强合作，促进产业链纵向一体化进程，弥补彼此之间的短板，或者是实现强者之间的联合，推动整体发展。

补齐实体经济有效投资领域短板

实体经济目前仍然存在一系列问题，例如"发展不均不足、质量及效用较低"等，究其原因主要是"创新实力低，实体经济产业竞争力水平仍需进一步提升"。补短板在经济发展方面的重要价值体现为以科技创新为媒介，提升全要素生产率，进而增加有效供给。实体经济的不足之处体现在以下几个方面：生产性服务、人才培育与吸引、机制体制、要素分配以及管理体系等。

完善实体经济不足的具体措施有：

第一，加强体制的革新，将技术输入由最初的以把规模扩大为目标的模式转型为增加质量收益的模式，从而保证经济扩张的高质量。具体来说主要包括三个要点：首先，要鼓励中央财政科技计划进行管理革新。政府应将资金投入的重点变为基础研究、

前沿技术研究及关键共性技术研究等；资金投入与立项应该从更深层次反映国家战略和产业扩张的需要，要合理分配和利用资金。其次，要仔细研究相关政策，为科研成果的成功转化提供支撑，并完全展现出科技促进经济发展的潜能。最后，要在最短时间内按类别对相关科学研究机构进行革新，创建完善的、符合现代化发展的科学研究机构制度，尤其是在治理结构方面，以期从根源处解决科研机构激励机制等疑难。

第二，建立成熟可靠的行政管理体系，以弥补供给侧不足。具体做法包括通过提高行政审批效率、减少其中环节、健全金融体系来控制公司内的制度性交易成本与资金成本，通过变革财政税务机制与投融资机制来增加公司的有效投资、减少税费压力。

第三，加大人才培养力度，吸收更多关键人才。一是提拔真正的高精尖人才，完善师资队伍建设，改良高等教育课程；二是要致力于构建良好合理的激励机制；三是创造出一种阶梯式的劳动力提拔制度，重视技术类员工发挥的作用；四是重视优秀人才，为避免其流失，应在适当时机提供落户及社会保障等方面的优待，尽可能减少制度摩擦成本。

第四，加快加强市场制度的完善与改进，撤销以往以政府为导向的涉及资本、土地、劳动力等相关资源要素的分配机制，正视市场在其中发挥的调节作用，引导资本和劳动在不同部门的优化配置，进一步带动投资的进行。

第五，推动形成"生产性服务与生产制造协同发展"的产业新生态。生产性服务业产业门类众多，需要打破各自孤立发展的局面，应用好互联网的时代元素，以"搭平台、建生态"的思维，建设"开放、共享、共生、连接"的生产性公共服务平台，整合物流、信息流、资金流，推动生产性服务业协同发展。

全球布局：推进互惠共赢产业合作新机制

加快"一带一路"建设，开创产业合作新局面

以包容开放推进"一带一路"基础设施建设

"一带一路"建设的定位既不是对外援助计划，也不是地缘政治工具，而是推动各方发展的国际合作平台，是中国向世界提供的最大公共产品。近五年来，大批公路、铁路、大桥、港口码头和工业园区等基础设施项目加以实施推进，对改善"一带一路"沿线国家的基础设施条件、推动当地社会经济的快速发展发挥了积极作用。中泰铁路、匈塞铁路、中老铁路、印尼高铁、瓜达尔港等标志性项目加快建设，蒙内铁路、亚吉铁路、中缅原油管道正式投入运营。截至 2018 年 8 月 26 日，中欧班列累计开行已突破 10000 列，运送货物约 80 万标箱，国内开行城市 48 个，可以到达欧洲的 14 个国家和 42 个城市，运输网络覆盖亚欧大陆的大部分核心区域。[①]"一带一路"基础设施建设降低了中国与沿线国家之间的交易成本，为深化产业合作奠定了基础。

---

① "共建'一带一路'下一步怎么走？习近平指明方向"，中国新闻网，2018 年 8 月 28 日，http://www.chinanews.com/gn/2018/08-28/8612234.shtml。

推进"一带一路"产业合作向纵深发展

"一带一路"建设秉持商业化原则，推进效益好的项目实现互惠互利是应有之义，这就需要各国在共同发展中寻求各方利益的交融点，实现合作共赢，进而促进共同发展。目前中国的出口以机电类产品为主，进口以矿物燃料、电机电气设备为主，且中国保持较大顺差，中国与"一带一路"沿线国家的产业合作谱系较窄。随着中国要素禀赋结构的变化和沿线国家技术、收入水平的提高，"一带一路"产业合作潜力巨大。

进一步推动"一带一路"建设走实走深

"一带一路"倡议提出五年来，越来越多国家热烈响应，共建"一带一路"正在成为中国参与全球开放合作、改善全球经济治理体系、促进全球共同发展繁荣、推动构建人类命运共同体的中国方案。经过夯基垒台、立柱架梁的五年，共建"一带一路"正在向落地生根、持久发展的阶段迈进。习近平总书记指出："我们推进'一带一路'建设不会重复地缘博弈的老套路，而将开创合作共赢的新模式；不会形成破坏稳定的小集团，而将建设和谐共存的大家庭。"为了让"一带一路"走实走深、行稳致远，中国应以互联互通为引擎，进一步实现联动发展；以创新增长为驱动，进一步挖掘发展新动能；以发展包容为依托，进一步促进发展承诺的共享。

推动共建"一带一路"，需要在经济合作、发展共赢的平台上完善发展模式，加强全球治理，推进经济全球化健康发展。同时通过多方合作机制的建立，深入研究"一带一路"建设的需求和项目，切实解决当地经济发展面临的问题，更好满足当地人民的迫切需要。

推动共建"一带一路",需要在新一轮高水平对外开放的战略实施背景下统筹协调、狠抓落实、尽职尽责、主动作为,不断树立全局意识,强化战略思维,做好金融保障,加强风险防范,集中优势力量,整合平台资源,推动"一带一路"建设行稳致远。

推动共建"一带一路",需要深化合作领域,拓宽市场空间,推动科技、教育、文化、体育、旅游、卫生、考古等领域交流蓬勃开展,切实推动政策沟通、设施联通、贸易畅通、资金融通、民心相通,惠及世界上广大人口。

总而言之,进一步推动"一带一路"建设走实走深,就是在习近平新时代中国特色社会主义思想引领下,将"一带一路"倡议在探索中推进、在发展中完善、在合作中成长,将理念转化为切实的行动,将远景转变为美好的现实。这既顺应时代潮流,又符合各方期待,有利于推动各国加强政治互信、经济互融、人文互通,有利于"一带一路"沿线国家联动发展、实现共同繁荣,更加有利于推动全球化朝着更加开放、包容、普惠、平衡、共赢的方向发展和人类命运共同体的构建。

推进中非合作论坛,踏上产业国际合作新台阶

为进一步深化中国与非洲国家的友好合作,共同应对经济全球化浪潮,谋求共同发展,中非合作论坛于 2000 年正式成立。在"一带一路"倡议框架下,中非经济合作特别是产业合作为非洲带来了巨大利益,中非经济合作势必踏上合作共赢的

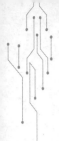

新台阶。

以基础设施建设推进中非经济合作

当前，非洲经济在基础设施、健康、教育、政府治理、安全等领域均存在巨大缺口，其发展面临较为严峻的挑战。据非洲开发银行估计，非洲基础设施领域每年需 1300 亿—1700 亿美元的投资，但实际投入仅为 930 亿美元，资金缺口高达每年 680 亿—1080 亿美元。[①] 近年来，中国企业对非基础设施投资增速很快，在非洲建成了大量高速公路、市政道路、铁路、立交桥和港口项目，对非洲发展起到了有效的带动作用。中国通信企业在非洲参与了移动通信、互联网和光纤传输网等通信基础设施的建设，扩大了非洲国家电信网络的覆盖范围，提升了通信服务质量，降低了通信资费。中国企业在坦桑尼亚承建的光缆骨干传输网提升了整个东非地区的通信一体化水平。中国企业在赤道几内亚承建的马拉博燃气电厂项目有望从根本上改善马拉博市及毕奥科岛的电力供应状况，并对周边地区的农业灌溉、生态旅游发挥积极的促进作用。可以说，中国对非洲基础设施的建设对于推动中非经济合作、加快非洲经济发展发挥了举足轻重的作用。

以非洲经济结构转型升级深化中非经济合作

非洲市场发展潜力巨大，成长快速。非洲大陆的自然资源丰沛富饶，劳动力充足，经济社会各领域整体发展态势良好，需求

---

① "非洲经济恢复活力 基础设施建设资金需求巨大"，中国产业经济信息网，2018 年 2 月 21 日，http://www.cinic.org.cn/xw/hwcj/421690.html。

旺盛。但是，非洲也面临着经济结构转型升级的巨大难题。如何促进经济结构的持续转型升级并且创造更多的就业机会，是摆在非洲各国面前的主要问题。我们认为，转型的关键在于实现工业化，做大做强制造业。中国拥有世界上较为完整的工业体系，并且在高铁、航空航天、新能源、新材料、人工智能等领域处于世界领先水平，拥有作为后发国家发展工业化的管理经验、发展战略和关键的技术设备。可以说，中国是非洲实现经济结构转型升级和完成工业化的最佳合作伙伴。在"一带一路"合作共赢的发展框架下，中国的创新技术、管理经验和发展理念与非洲丰富的资源、人口红利等优势条件相结合，将会拥有广阔的发展前景，令人备感期待，这种合作将成为推进中非经济合作的强大动力。

以民心互通拓展中非经济合作

中国通过在非洲投资设厂、建设工业园区，不但为当地人民提供了价廉物美的工业制成品，而且创造了良好的经济和社会效益。坐落在埃塞俄比亚首都亚的斯亚贝巴郊外的东方工业园，是中国国家级境外经贸合作区，已为当地提供了 1 万多个就业岗位。该园区入园企业达 85 家，总投资 5 亿美元，为埃塞俄比亚上缴税收 8000 万美元。入园企业涉及纺织、服装、制鞋、钢筋、水泥、制药、汽车组装等，这些企业绝大部分来自中国。此外，位于尼日利亚西南部拉各斯州的莱基自贸区内已有 100 多家企业，涉及石油天然气仓储、家具制造、服装生产、贸易物流、工程建设服务、日用品等行业，这些企业中很多是中资企业。上述企业的产品有一部分是在非洲本土销售，由于制造成本低，经

济相对落后的非洲能够也有能力消费。① 由此可见，"一带一路"倡议不但加快了中国企业投资非洲的步伐，而且为非洲人民提供了物美价廉的商品，满足了其消费需求，提高了其生活水平。这无疑对于"一带一路"倡议中的民心相通大有裨益，间接推动了中国与非洲国家之间良好关系的发展。

开启中国 – 中东欧"16+1 合作"新时代，开辟中欧产业合作新路径

"一带一路"倡议中的国家和地区总计有 65 个。其中，东亚 11 个，西亚 18 个，南亚 8 个，中亚 5 个，独联体 7 个，中东欧 16 个。显而易见，中东欧国家在"一带一路"中占有举足轻重的地位。中国与这 16 个国家的合作机制（即"16+1"）在"一带一路"正式提出的前一年开始形成。发展中国与中东欧 16 国的关系以及加强与之的合作，是"一带一路"倡议的重要组成部分。

2015 年 11 月 24 日，国务院总理李克强出席第四次中国 – 中东欧国家领导人会晤时为"16+1 合作"提出了"1+6"合作框架，即共同致力于构建开放包容、互利共赢的新型伙伴关系的一个目标和六大重点。李克强总理指出，"16+1 合作"由小到大、由浅入深，涉及经贸、投资、基础设施、金融、旅游、教育、农业、人文和地方合作等诸多领域，日益丰富和成熟，惠及广大成员国及其民众。李克强总理提出的"1+6"合作框架为中国与中

---

① 马尧，"'一带一路'让中非命运共同体更加紧密"，中青在线，2018 年 8 月 25 日，http://news.cyol.com/yuanchuang/2018-08/25/content_17515806.htm。

东欧合作开创了新途径，开辟了中国与欧洲国家合作发展的新模式，主要内容如下：①

落实合作推进路线图

在"16+1合作"框架中，双边合作是基础，"16+1合作"是平台，两者相互依赖、互相补充。在这一平台上，17国平等协商，互通有无，加强对接，在多边平台上互相寻找机遇点。中欧已就"一带一路"建设与欧洲发展规划、国际产能合作与欧洲投资计划、"16+1合作"与中欧合作"三个对接"达成重要共识，为中国与中东欧国家中长期合作奠定了坚实基础。

对接发展战略，推进互联互通

"16+1合作"成为"一带一路"建设重要的政策沟通平台，通过该平台，上至最高领导层、中至具体决策机构、下至具体合作领域的协调人和负责人均实现了政策沟通的无缝对接，达成了一系列重要战略共识，推进了一批重点合作项目和举措，为推进中欧互联互通打下了良好基础。中东欧国家区位优势明显，双方要加强政策对接，加快建设示范项目。比如，中国同相关国家推动匈塞铁路尽早开工建设，打造中欧陆海快线并加快推动通关便利化，扩大物流合作，推进中欧班列建设，扩大民航交流合作，等等。

打造产能合作新样板

中国应该同16国发挥各自比较优势和产业特点，推进双向多元的国际产能合作，支持中东欧国家提升工业化水平。倡议开

---

① "李克强为'16+1合作'提出'1+6'合作框架"，中央政府门户网站，2015年11月25日，http://www.gov.cn/xinwen/2015-11/25/content_2972027.htm。

展亚得里亚海、波罗的海和黑海"三海港区合作"，在有条件的港口合作建立产业聚集区。大力支持双方企业参与其中，拓展中国装备、欧洲技术和中东欧市场的结合，形成更多产能合作项目亮点。

不断创新投融资合作方式

"16+1合作"框架坚持灵活、市场化、务实合作为主攻方向，积极为"一带一路"保驾护航，推出多项金融工具，提供多项资金保障，形成了一系列金融安排，成为"一带一路"倡议下金融合作的新亮点。中国倡议各方探讨设立"16+1"金融公司、"互联网电商＋融资"的新模式，支持在中东欧国家建立人民币清算安排，加强中方金融机构同欧洲复兴开发银行等地区和国际多边金融机构的交流合作，为"16+1合作"提供更多金融支持。

促进贸易投资双增长

在"一带一路"框架下，中国和中东欧贸易合作进中求稳，妥善解决双边存在的贸易逆差问题，投资合作增长迅猛、成果突出。中国应与16国共同推动贸易投资便利化，为双方中小企业合作牵线搭桥，扩大农业合作及农产品、食品贸易，促进贸易平衡发展。

扩大人文社会交流

充分发挥文化、教育、科技、青年、卫生、媒体、智库等各领域合作平台的作用，举办丰富多彩的人文活动。

近年来，中国－中东欧国家合作在双边传统友好的深厚基础之上取得了丰硕成果。中国坚持对外开放包容的方针战略促进了文化、文明之间相互借鉴、兼收并蓄，中国秉承互利共赢的原则推进务实合作，切实惠及中东欧各国人民，有利于实现共同发展繁荣。"16+1 合作"是对习近平新时代中国特色社会主义思想，尤其是推动构建新型国际关系和共同构建人类命运共同体的积极尝试。共商、共建、共享的全球治理观在"16+1 合作"中得到了落实，中东欧成为构建中欧命运共同体的重要区域，这些具有中国智慧的合作理念增强了"16+1 合作"的向心力（刘作奎，2017）。

坚定弘扬"上海精神"，迎接产业合作新机遇

上海合作组织成立至今已历时 17 载，各成员国之间的合作都取得了较大成就。近年来，受贸易保护主义等逆全球化潮流影响，世界经济发展受到了严重阻碍，尤其是新兴市场国家的发展受影响较为严重。如何应对逆全球化趋势以保证全球经济可持续发展，如何应对国际形势新变化、新挑战，发展区域经济合作，这为上合组织发展方向提出了新的要求。为此，2018 年上海合作组织青岛峰会用"五大观念"进一步阐述"上海精神"，以经济合作、安全合作以及文化合作一起作为推动上合组织发展的三个支点。可以说，这既是对过去合作成就的总结，也为上合区域经济合作指明了新方向。

建立"四个层面对话""两个务实载体"的运行机制，保障上合组织经济合作有效运转

从"上海五国"到上合组织，从安全问题到经贸合作，经济合作议题逐步发展为四个层面对话机制（政府元首级会晤、总理会晤、经贸部长会晤，以及 2003 年开始陆续成立的经贸高官

委员会和七个专业工作组等对接机制）的主要议题之一，为实现各项区域经济合作目标提供了坚实的机制保障。2005 年成立的"上海合作组织实业家委员会"以及"上海合作组织银行联合体"作为两个载体机制，则为推进上合组织框架下的区域经济一体化起到了重要作用。可以说，十几年的发展以及合作机制的不断完善，一方面为上合组织框架内合作项目务实推进、有效运转提供了支撑，同时也为上合组织与其他组织的有效对接、推进成员国共同繁荣发展起到了保驾护航的作用。

确定经济合作原则和战略方向，推动多边经贸合作

随着上合组织不断扩大，成员国内部的经贸合作不断加深，成员国对贸易便利化的需求也越来越强。2018 年 6 月上合组织青岛峰会上发布的《关于贸易便利化的联合声明》必将极大降低成员国间的贸易成本，从而带动区域经济发展。具体而言，我们应大力推进上合组织成员国间的交通和能源领域合作，提升投资规模，促进创新技术应用和保障居民就业；深化电子商务领域合作，加强服务业和服务贸易合作；继续深化交通运输领域多边合作，包括新建和升级现有国际公路和铁路交通线路及多式联运走廊；继续开展农业领域合作，特别是在农产品加工和贸易、农业科研、落实各项联合项目等方面开展合作；推动上合组织地方领导人合作等等。这些举措对进一步推动上合组织多边经济合作将发挥重要作用。

推进互联互通项目，带动区域经济一体化

互联互通是推进区域经济一体化的重要手段。2014 年各成员国共同签署了《上海合作组织成员国政府间国际道路运输便利

化协定》，该协定不但有利于提高成员国过境运输潜力，而且对于深入推动区域互联互通，提升成员国间的经贸合作水平也发挥了重要作用。根据商务部消息，协议生效后，中吉乌公路全线贯通，中国－中亚天然气管线和中哈、中俄原油管道建成运营，中欧班列常态化高效运行，上合组织区域内初步形成涵盖公路、铁路、油气和通信的复合型基础设施网络，进一步密切了成员国间的利益纽带。[①] 未来互联互通基础设施的完善将会给组织成员在资源、资金、技术等诸多方面带来互补互利，最终实现区域共同发展繁荣。

上海合作组织扩大后，组织成员已经有 18 个国家，地域涵盖中亚、南亚、西亚、东南亚，组织合作潜力极大增强。印度和巴基斯坦的加入，则使得上合组织无论是世界人口占比，还是 GDP 占比都得到了大幅度提升，组织内成员得以在更大的空间内利用各自优势，合作互补、资源整合，推动成员国和整个组织的经济发展，促进区域经济一体化。从行业来讲，印、巴的加入使得上合组织在加强中小微企业合作、发展服务贸易、促进电子商务、加强经济智库合作等方面可以取得更多成果。与此同时，中、印、俄在经济发展方面的经验分享则可以惠及更多组织成员，为上合组织整体发展提供更为多元的路径。当前，经过 40 年的改革开放，中国与全球产业链再度重构，可以与上合组织成

---

① 习近平主席上合组织青岛峰会重要讲话精神系列解读⑤，"推进上合组织经济合作，实现区域共同发展繁荣"，光明网，2018 年 6 月 18 日，http://theory.gmw.cn/2018-06/18/content_29324574.htm。

员国进行资源置换，从而打造一个新的经济单元。作为全球人口最多、地域最广、潜力巨大的综合性区域组织，在国际格局深度调整变革的时代，上合组织将秉持"上海精神"，以合作促发展、以合作谋安全，在全球治理中发出"上合声音"，为推动构建新型国际关系、推动构建"人类命运共同体"做出更大贡献。

开放融通：应对百年未有之大变局

当今世界正在经历新一轮大发展、大变革、大调整，各国经济社会发展联系日益密切，全球治理体系和国际秩序变革加速推进。世界经济的深刻调整，贸易保护主义、民族主义和单边主义的抬头，使得经济全球化屡遭波折，多边主义和自由贸易体制受到冲击，同时不稳定和不确定性因素增多，加剧了面临的风险和挑战。我们必须学会从瞬息万变、纷繁复杂的全球局势中把握规律，认清大势，坚定不移地实施对外开放，加强合作，互增信心，共同全力应对风险挑战。习近平总书记指出："回顾历史，开放合作是增强国际经贸活力的重要动力。立足当今，开放合作是推动世界经济稳定复苏的现实要求。放眼未来，开放合作是促进人类社会不断进步的时代要求。"我们要深刻领会总书记讲话的核心要义，应对百年未有之大变局。

积极参与全球治理和国际经济新秩序的重构

全球治理是世界多极化发展背景下提出的由全球所有行为体

合作处理全球问题的一种治理理念和机制。世界的多极化发展，使得西方国家依靠霸权主义和强权政治来维护的西方治理全球理念逐步遭到摈弃（张明轩，2018）。习近平主席在 2018 年 11 月 5 日于上海举办的首届中国国际进口博览会开幕式上的主旨演讲，为探讨全球经济治理体系改革新思路，共同维护自由贸易和多边贸易体制，共建创新包容的开放型世界经济，最终向着构建人类命运共同体的目标阔步迈进指明了方向。我们将习近平主席的发言开宗明义地总结为如下几点：[1]

坚持开放融通，拓展互利合作空间

开放带来进步，封闭必然落后。国际贸易和投资等经贸往来，植根于各国优势互补、互通有无的需要。中国应积极推动各国坚持开放的政策取向，旗帜鲜明地反对保护主义、单边主义，提升多边和双边开放水平，推动各国经济联动融通，共同建设开放型世界经济；推动各国加强宏观经济政策协调，减少负面外溢效应，合力促进世界经济增长；推动构建公正、合埋、透明的国际经贸规则体系，推进贸易和投资自由化、便利化，促进全球经济进一步开放、交流、融合。

坚持创新引领，加快新旧动能转换

创新是第一动力。只有敢于创新、勇于变革，才能突破世界经济发展瓶颈。世界经济刚刚走出国际金融危机阴影，回升态势尚不稳固，迫切需要各国共同推动科技创新、培育新的增长点。

---

[1] 习近平在首届中国国际进口博览会开幕式上的主旨演讲，人民网，http://cpc.people.com.cn/n1/2018/1105/c64094-30382600.html。

中国应该把握新一轮科技革命和产业变革带来的机遇，加强数字经济、人工智能、纳米技术等前沿领域合作，着力打造新技术、新产业、新业态、新模式。

坚持包容普惠，推动各国共同发展

"一花独放不是春，百花齐放春满园。"人类社会要持续进步，各国就应该坚持要开放不要封闭，要合作不要对抗，要共赢不要独占。在经济全球化深入发展的今天，弱肉强食、赢者通吃是一条越走越窄的死胡同，包容普惠、互利共赢才是越走越宽的人间正道。各国应超越差异和分歧，发挥各自优势，推动包容发展，携手应对全人类共同面临的风险和挑战，落实《2030年可持续发展议程》，减少全球发展不平衡，推动经济全球化朝着更加开放、包容、普惠、平衡、共赢的方向发展，让各国人民共享经济全球化和世界经济增长成果。

总而言之，中国引领的全球经贸治理应以发展为根本出发点。市场化、自由化和私有化是实现发展的方式与手段，而并非最终目标。中国应将发展议题置于全球经济治理的首要位置，强调实现"包容性增长"，为全球经济治理确立"发展坐标"。发展导向的全球经济治理新规则不仅包括现有体制下强调的非歧视、市场准入、公平贸易、规制融合、争端解决等原则，更要关注和解决基础设施不完备、市场机制不健全、产业发展不均衡、融资渠道不畅通、收入分配不平均等制约广大发展中成员和最不发达国家的问题。因此，中国引领全球经济治理应特别考虑发展中国家谋求广泛发展目标、实现产业和技术升级、维护公共利益和保留政策空间的诉求，强调对低收入国家在基础设施与互联互通、贸易融资、技术合作、能力建设等方面的支持，为落实联合国《2030年可持续发展议程》做出实实在在的贡献（盛斌等，2018）。

大国博弈，应对欧美新冲击

当前中美之间战略竞争关系正在发生本质性变化，处于由"接触＋遏制"向"竞争＋遏制＋少数互利点合作"战略转变的关键转折期（张杰，2018）。广受关注的中美贸易战也反映了一个不可忽略的事实，就是中美之间的经济关系正在发生本质变化，华盛顿对北京的战略开始发生重大调整，中美经济利益中的相互依赖关系正在被竞争关系逐步替代，经济相互依赖关系对中美战略竞争的缓冲机制以及制约作用正在快速弱化。中国经济的崛起、中美产业分工从互补走向竞争以及中美在价值观、意识形态、国家治理上的差异，导致了近年来美国政界、商界以及社会各界对中国看法发生重大转变，鹰派言论不断抬头，部分美方人员认为中国是政治上的威权主义、经济上的国家资本主义、贸易上的重商主义、国际关系上的新扩张主义，这是对美国领导的西方世界的全面挑战。中国经济崛起挑战美国经济霸权，中国进军高科技挑战美国高科技垄断地位，中国重商主义挑战美国贸易规则，中国"一带一路"挑战美国地缘政治，中国发展模式挑战美国意识形态和西方文明。中美经贸摩擦让我们清醒地认识到中国在科技创新、先进制造、金融服务、高等教育、关键核心技术、军事实力等领域与美国的巨大差距；清醒地认识到中国在减少投资限制、降低关税、保护产权、国企改革等领域还有很多工作要

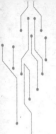
做；清醒地认识到随着中国经济快速发展，以及中美产业关系逐渐从互补走向竞争，中美关系从合作共赢走向竞争合作甚至战略遏制。因此，我们必须继续保持谦虚学习，必须坚定不移地推动新一轮改革开放，保持战略定力和清醒。面对内外部形势，以更大力度、更大决心推动改革开放，建设高水平市场经济和开放体制，降低关税，放宽投资限制，减少负面清单，加强知识产权保护，营造国企、民企、外企公平的竞争环境，展现中国自信。

在力促 WTO 改革过程中发挥中国作用

在美国的推动下，欧盟、日本、加拿大、韩国等美国的盟友正在联手推动世界贸易组织（WTO）规则体系的改革。为响应美国的改革倡议，欧盟甚至于 9 月 18 日正式公布了一份题为《世界贸易组织现代化》（WTO Modernisation）的概念性文件（concept paper），系统提出了欧盟设计的 WTO 改革方案。从现有的公开资料看，欧美等国不仅可能着手改革由《1994 年关税及贸易总协定》（GATT 1994）所确定的关税机制和 WTO 争端解决机制，还可能在未来的协定中更加强调公平贸易原则；为保障这一原则的实施，欧美国家应该会将其矛头直接指向中国，并通过修改 WTO《补贴与反补贴措施协议》对国有企业和补贴进行限制。

面对正在启动中的 WTO 规则体系改革和美欧可能提出的改革建议，特别是明确针对中国的举措，中国需要理性分析，妥善应对。对于美欧具有合理性的共赢建议，中国毫无疑问应采取合作的策略，在协商的基础上达成共识，维持现行全球多边贸易体制的有效性；对于具有歧视性的建议，应援引 WTO 的基本原则坚决回击，确保贸易自由化的总体方向不变。

以更包容的开放、更深入的改革推动建设现代化经济体系

习近平总书记在中共中央政治局第三次集体学习时强调：深刻认识建设现代化经济体系重要性，推动我国经济发展焕发新活力、迈上新台阶。习近平指出，建设现代化经济体系，这是党中央从党和国家事业全局出发，着眼于实现"两个一百年"奋斗目标、顺应中国特色社会主义进入新时代的新要求做出的重大决策部署。国家强，经济体系必须强。只有形成现代化经济体系，才能更好顺应现代化发展潮流和赢得国际竞争主动，也才能为其他领域现代化提供有力支撑。同时，建设现代化经济体系，需要扎实管用的政策举措和行动。[1]

对于此，深深体会起来，建设现代化经济体系应该看重将以下几个方面作为主要实践的重点：第一，大力发展实体经济，筑牢现代化经济体系的坚实基础。实体经济是一国经济的立身之本，是财富创造的根本源泉，经济发展任何时候都不能脱实向虚。所以，必须深化供给侧改革，推动资源要素向实体经济集聚、政策措施向实体经济倾斜、工作力量向实体经济加强，营造

---

[1] "习近平：深刻认识建设现代化经济体系重要性 推动我国经济发展焕发新活力 迈上新台阶"，新华社，2018 年 1 月 31 日，http://www.gov.cn/xinwen/2018-01/31/content_5262618.htm。

脚踏实地、勤劳创业、实业致富的发展环境和社会氛围。第二，加快实施创新驱动发展战略，强化现代化经济体系的战略支撑。党的十九大报告指出，"创新是引领发展的第一动力，是建设现代化经济体系的战略支撑"。当前，针对中国创新能力还有待继续加强的发展状况，习近平总书记指出：要加强国家创新体系建设，强化战略科技力量，推动科技创新和经济社会发展深度融合，塑造更多依靠创新驱动、更多发挥先发优势的引领型发展。第三，积极推动城乡区域协调发展，优化现代化经济体系的空间布局。习近平总书记强调，要下功夫解决城乡二元结构问题，力度更大一些，措施更精准一些，久久为功。实施乡村振兴战略和区域协调发展战略，推动京津冀协同发展和长江经济带发展，同时协调推进粤港澳大湾区发展，对于优化现代化经济体系的空间布局具有重要意义。第四，着力发展开放型经济，提高现代化经济体系的国际竞争力。实践证明，只有充分统筹利用好全球资源和市场，不断发展开放型经济，才能真正提高现代化经济体系的国际竞争力。要继续积极推进"一带一路"框架下的国际交流合作，加快培育国际经济合作和竞争新优势，推动形成全面开放新格局。正如习近平总书记强调，"中国开放的大门不会关闭，只会越开越大"。第五，深化经济体制改革，完善现代化经济体系的制度保障。现代化经济体系必须有制度保障，而现在仍然存在着多方面体制机制的障碍。只有不断深化社会主义市场经济体制改革，才能破除弊端，激发全社会创新创业创造活力。

参考文献

［1］Lau, L. J., 陈锡康，杨翠红，Leonard K.C., K.C. Fung, Yun-Wing Sung，
祝坤福，裴建锁，唐志鹏．非竞争型投入占用产出模型及其应用——
中美贸易顺差透视 [J]. 中国社会科学，2007（5）：91—103.

［2］毕阳等．"一带一路"倡议视阈下的中非关系：合作共赢、共同发
展 [J]. 西部学刊，2018（8）：40—43.

［3］蔡勇志．全球价值链下我国电子信息产业集群转型升级的思考 [J].
经济体制改革，2013（5）：124—127.

［4］曹方超，隆国强．把握新技术革命机遇推动劳动密集型产业转型
升级 [EB/OL].2018.2.27.https://mp.weixin.qq.com/s/O8wlG-s1vA-
py-r6Gz1Qbqw.

［5］岑丽君．中国在全球生产网络中的分工与贸易：基于 TiVA 数据与
GVC 指数的研究 [J]. 国际贸易问题，2015（1）：3—13.

［6］柴斌锋，杨高举．高技术产业全球价值链与国内价值链的互动——
基于非竞争型投入占用产出模型的分析 [J]. 科学学研究，2011
（4）：533—540.

［7］陈爱贞，刘志彪．以并购促进创新：基于全球价值链的中国产业困
境突破 [J]. 学术月刊，2016（12）：63—74.

［8］陈东，刘细发．产业转型升级的高级要素治理——垂直分工再整合

　　背景下的机遇识别 [J]. 学习与实践，2014（8）：14—21.

[9] 陈昊洁，韩丽娜. 我国高端装备制造业产业安全问题研究 [J]. 经济
　　纵横，2017（2）：79—82.

[10] 陈凯华，官建成. 创新活动的动态绩效测度指数研究——基于高
　　校科学创新活动的建模与应用 [J]. 科研管理，2012（1）：103—
　　108.

[11] 陈敏，桂琦寒，陆铭，陈钊. 中国经济增长如何发挥规模效
　　应？——经济开放与国内商品市场分割的实证研究 [J]. 经济学
　　（季刊），2008（1）：125—150.

[12] 陈启斐，刘志彪. 反向服务外包对我国制造业价值链提升的实证
　　分析 [J]. 经济学家，2013（11）：68—75.

[13] 陈雯等. 中国在全球价值链的地位、贸易收益与竞争力分析：基
　　于增加值贸易核算方法 [J]. 国际商务研究，2017（4）：5—18.

[14] 陈羽，黄晶磊，谭蓉娟. 逆向外包、价值链租金与欠发达国家产
　　业升级 [J]. 产业经济研究，2014（4）：1—12.

[15] 程新章. 发展中国家支持全球价值链升级的政策体系——基于演
　　化经济学的视角 [J]. 社会科学，2015（4）：42—54.

[16] 戴翔. 我国外贸转向高质量发展的内涵、路径及方略 [J]. 宏观质
　　量研究，2018（3）：22—31.

[17] 杜传忠，杜新建. 第四次工业革命背景下的全球价值链重构对我
　　国的影响及对策 [J]. 经济纵横，2017（4）：110—115.

[18] 段光鹏. 关于习近平"一带一路"国际合作倡议的理论思考 [J].
　　厦门特区党校学报，2018（4）：34—39.

[19] 段婕，孙明旭. GVC 视角下我国民用航空制造业产业升级动因及
　　影响因素研究 [J]. 科技进步与对策，2012.12（24）：67—71.

［20］段瑞飞等．自主创新是我国半导体产业的唯一出路 [EB/OL].
2018.7.17. https://mp.weixin.qq.com/s/mW_Xz0nGYukUIKP3N1LTyg.

［21］范爱军，李真，刘小勇．国内市场分割及其影响因素的实证分
析——以我国商品市场为例 [J]. 南开经济研究，2007（5）：112—
119.

［22］伏琳，陈启愉．中国与美国、德国制造业发展战略的比较研究及
启示 [J]. 机械制造，2015，53（8）：67—70.

［23］付苗，张雷勇，冯锋．产业技术创新战略联盟组织模式研究 [J].
科学学与科学技术管理，2013（1）：31—38.

［24］高歌．德国"工业 4.0"对我国制造业创新发展的启示 [J]. 中国特
色社会主义研究，2017（2）：41—47.

［25］高青松，李婷．"中国制造 2025"研究进展及评述 [J]. 工业技术
经济，2018，37（10）：59—66.

［26］葛明，苏庆义．大国必然要雕琢核心技术 [N]. 世界经济报道，
2018.4.25（4）.

［27］葛卫芬．浙江民营企业家创新"低端锁定"的成因分析 [J]. 宁波
大学学报（人文科学版），2007，20（4）：21—25.

［28］耿殿贺，原毅军，侯小康．重大技术装备制造业的技术升级路径
选择——基于持续创新能力视角研究 [J]. 科技进步与对策，2010
（4）：47—49.

［29］工业和信息化部．工业和信息化部关于进一步促进产业集群发展
的指导意见 [R].2015.07.24.

［30］工业和信息化部．中国制造 2025 解读材料 [M]. 北京：电子工业
出版社，2016：87—154.

［31］龚锋，曾爱玲．我国代工企业的功能升级：基于模块化的二重性

[J]. 管理世界，2016（1）：184—185.

[32] 桂黄宝，刘奇祥，郝铖文. 中国高技术产业全球价值链重构研究 ——基于"中兴被制裁事件"的讨论 [J]. 科技管理研究，2017（7）：1—6.

[33] 国家制造强国建设战略咨询委员会. 服务型制造 [M]. 北京：电子工业出版社，2016：27.

[34] 国家制造强国建设战略咨询委员会. 中国制造 2025 蓝皮书（2017）[M]. 北京：电子工业出版社，2017：205—269.

[35] 国务院. 中国制造 2025[R].2015.05.19.

[36] 韩舒淋. 微笑曲线要过时了 [EB/OL].https://mp.weixin.qq.com/s/zW8oRUU cOU0wnDiAKivwbw.

[37] 贺灿飞，陈航航. 参与全球生产网络与中国出口产品升级 [J]. 地理学报，2017，72（8）：1331—1346.

[38] 洪勇，苏敬勤. 发展中国家核心产业链与核心技术链的协同发展研究 [J]. 中国工业经济，2007（6）：38—45.

[39] 胡大立，刘丹平. 中国代工企业全球价值链"低端锁定"成因及其突破策略 [J]. 科技进步与对策，2014，31（23）：77—81.

[40] 胡大立. 我国产业集群全球价值链"低端锁定"的诱因及其突围 [J]. 改革创新，2013（2）：23—26.

[41] 胡国恒. 利益博弈视角下本土企业的价值链升级与能力构建 [J]. 世界经济研究，2013（9）：10—16.

[42] 胡汉辉，邢华. 产业融合理论以及对我国发展信息产业的启示 [J]. 中国工业经济，2003（2）：23—29.

[43] 黄光灿，王珏，马莉莉. 全球价值链视角下中国制造业升级研究 ——基于全产业链构建 [J/OL]. 广东社会科学，2019（1）：

54—64.

［44］黄玖立，李坤望．对外贸易、地方保护和中国的产业布局 [J]．经济学（季刊），2006（3）：733—760.

［45］黄林，朱芳阳．基于交互作用视角下的集群企业双重网络、网络能力与集群企业升级研究 [J]．经济体制改革，2018（4）：108—115.

［46］黄永明，潘安琪．美国再工业化对中国制造业全球价值链分工地位的影响 [J]．区域经济评论，2018（4）：61—68.

［47］江飞涛，李晓萍．当前中国产业政策转型的基本逻辑 [J]．南京大学学报（哲学·人文科学·社会科学），2015，52（3）：17—24.

［48］江三良，陈芮．供给侧视角下创新与企业成长研究——以华为公司为例 [J]．商业经济研究，2017（15）：103—105.

［49］蒋殿春，张宇．经济转型与外商直接投资技术溢出效应 [J]．经济研究，2008（7）：26—38.

［50］蒋海峰．全球价值链治理与企业升级研究——以我国纺织服装企业为例 [D]．西南财经大学，2011.

［51］交银研究在线．促进贸易平衡发展具有四方面积极作用 [EB/OL]．2018.7.10. https://mp.weixin.qq.com/s/GUBxDZq7XnbmyRcPOxgkXw.

［52］康淑娟．行业异质性视角下的中国制造业在全球价值链中的地位及影响因素 [J]．国际商务——对外经济贸易大学学报，2018（4）：74—85.

［53］黎峰．外资进入如何影响了中国国内价值链分工？[J]．财经研究，2017（11）：70—82.

［54］黎峰．增加值视角下的中国国家价值链分工——基于改进的区域投入产出模型 [J]．中国工业经济，2016（3）：52—67.

［55］李丹．全球价值链分工下我国生产要素集聚能力：理性评判与内涵重构 [J]．国际贸易，2016（12）：39—45．

［56］李敦瑞．国内外产业转移对我国产业迈向全球价值链中高端的影响及对策 [J]．经济纵横，2018（1）：123—128．

［57］李俊江，李一鸣．我国承接国际产业转移的新趋势及对策 [J]．经济纵横，2016（11）：82—86．

［58］李美娟．中国企业突破全球价值链低端锁定的路径选择 [J]．现代经济探讨，2010，（1）：76—79．

［59］李平，狄辉．产业价值链模块化重构的价值决定研究 [J]．中国工业经济，2006（9）：71—77．

［60］李田，刘阳春，毛蕴诗．OEM 企业逆向并购与企业升级 [J]．经济管理，2017（7）：67—84．

［61］李研．努力实现"五通"交流合作 积极促进"一带一路"建设——党的十九大后"一带一路"倡议新的挑战和对策 [J]．理论与现代化，2018（2）：16—21．

［62］李燕．以服务型制造促进我国产业迈向全球价值链中高端 [J]．发展研究，2018（6）：67—70．

［63］李毅学，汪寿阳．基于全球价值链的中国产业升级风险管理战略 [J]．中国科学基金，2010（2）：78—82．

［64］刘斌，王杰，魏倩．对外直接投资与价值链参与：分工地位与升级模式 [J]．数量经济技术经济研究，2015，32（12）：39—56．

［65］刘斌，魏倩，吕越，祝坤福．制造业服务化与价值链升级 [J]．经济研究，2016，51（3）：151—162．

［66］刘丹鹭，岳中刚．逆向研发外包与中国企业成长——基于长江三角洲地区自主汽车品牌的案例研究 [J]．产业经济研究，2011（4）：

44—52.

[67] 刘洪愧，朱鑫榕，郝亮．全球价值链在多大程度上是全球性的——兼论价值链的形式及演变 [J]．经济问题，2016（4）：123—128．

[68] 刘洪民，杨艳东．生产性服务业与制造业融合促进我国制造业转型升级的战略思考——基于制造业价值链微笑曲线视角 [J]．经济界，2014（6）：29—35．

[69] 刘佳斌，王厚双．我国装备制造业突破全球价值链"低端锁定"研究——基于智能制造视角 [J]．技术经济与管理研究，2018（1）：113—117．

[70] 刘金山，曾晓文．技术创新的多螺旋模式研究——基于美国制造业创新中心的范式解读 [J]．美国研究，2018，32（2）：50—67+6．

[71] 刘维林，李兰冰，刘玉海．全球价值链嵌入对中国出口技术复杂度的影响 [J]．中国工业经济，2014（6）：83—95．

[72] 刘维林．产品架构与功能架构的双重嵌入——本土制造业突破GVC 低端锁定的攀升途径［J]．中国工业经济，2012（1）：152—160．

[73] 刘卫东．"一带一路"战略的科学内涵与科学问题 [J]．地理科学进展，2015，34（5）：538—544．

[74] 刘向东．美国对经济全球化的真实意图与中国在全球化进程中的作用及对策 [J]．全球化，2018（8）：39—55．

[75] 刘小勇，李真．财政分权与地区市场分割实证研究 [J]．财经研究，2008（2）：88—98．

[76] 刘阳春，李田．基于升级的我国天生国际化企业后续成长战略 [J]．广东社会科学，2012（5）：39—48．

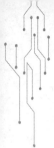

［77］刘英基.我国高技术产业低端锁定问题及解决对策 [J].经济纵横，2013（10）：18—21.

［78］刘友金，周健."换道超车"：新时代经济高质量发展路径创新 [J].湖南科技大学学报（社会科学版），2018（1）.

［79］刘志彪，张杰.从融入全球价值链到构建国家价值链：中国产业升级的战略思考 [J].学术月刊，2009（9）：59—68.

［80］刘志彪，张杰.全球代工体系下发展中国家俘获型网络的形成、突破与对策——基于 GVC 与 NVC 的比较视角 [J].中国工业经济，2007（5）：39—47.

［81］刘志彪，张少军.中国地区差距及其纠偏——全球价值链和国内价值链的视角 [J].学术月刊，2008（5）：49—55.

［82］刘志彪.从融入全球价值链到构建国家价值链——中国产业升级的战略思考 [J].学术月刊，2009（9）：59—68.

［83］刘志彪.从全球价值链转向全球创新链：新常态下中国产业发展新动力 [J].学术月刊，2015，47（2）：5—14.

［84］刘志彪.国际外包视角下我国产业升级问题的思考 [J].中国经济问题，2009（1）：6—15.

［85］刘志彪.回答"创新四问"关键在于战略转型和产业升级 [J].理论建设，2017：102—104.

［86］刘志彪.基于内需的经济全球化：中国分享第二波全球化红利的战略选择 [J].南京大学学报（哲学·人文科学·社会科学版），2012，49（2）：51—59+159.

［87］刘志彪.经济发展新常态下的产业政策功能的转型 [J].南京社会科学，2015（3）：33—41.

［88］刘志彪.攀升全球价值链与培育世界级先进制造业集群——学

习十九大报告关于加快建设制造强国的体会 [J]. 南京社会科学，2018（1）：13—20.

[89] 刘志彪. 培育全球价值链上的"隐形冠军"[J]. 中国经济报告，2018（6）：22—24.

[90] 刘志彪. 去产能、去杠杆、重构价值链与振兴实体经济 [J]. 东南学术，2017（5）：110—117.

[91] 刘志彪. 全球化背景下中国制造业升级的路径与品牌战略 [J]. 财经问题研究，2005（5）：25—31.

[92] 刘志彪. 全球价值链视野下的中国产业发展 [J]. 南京社会科学，2014（8）：9—15.

[93] 刘志彪. 探索经济全球化条件下产业演化的新趋势和新问题 [J]. 世界经济与政治论坛，2018（2）：168—172.

[94] 刘志彪. 沿"一带一路"构建全方位、开放型、由我主导的全球价值链 [J]. 江苏政协，2016（4）：18—19.

[95] 刘志彪. 以国内价值链的构建实现区域经济协调发展 [J]. 广西财经学院学报，2017（5）：20—31.

[96] 刘志彪. 战略理念与实现机制：中国的第二波经济全球化 [J]. 学术月刊，2013（1）：88—96.

[97] 刘志彪. 战略性新兴产业的高端化：基于"链"的经济分析 [J]. 产业经济研究，2012（3）：9—17.

[98] 刘志彪. 中国参与全球价值链分工结构的调整与重塑——学习十九大报告 关于开放发展的体会 [J]. 江海学刊，2018（1）：77—84.

[99] 刘志彪. 重构国家价值链：转变中国制造业发展方式的思考 [J]. 世界经济与政治论坛，2011（4）：1—14.

[100] 刘志中."一带一路"背景下全球贸易治理体系重构 [J]. 东北亚

论坛，2018（5）：70—82.

[101] 刘常勇，刘阳春．产业升级转型的技术与市场生命周期——以新兴经济的高科技产业为例 [J].中山大学学报（社会科学版），2009，49（1）：187—193.

[102] 鲁晓东．技术升级与中国出口竞争力变迁：从微观向宏观的弥合 [J].世界经济，2014（8）：70—97.

[103] 陆铭，陈钊．分割市场的经济增长——为什么经济开放可能加剧地方保护 [J].经济研究，2009（3）：45—52.

[104] 吕铁，黄阳华，贺俊．高铁"走出去"战略与政策调整 [J].中国发展观察，2017（8）：40—42.

[105] 吕铁，江鸿，贺俊，黄娅娜，黄阳华．从铁科院改革看我国共性技术研发机构的建设发展 [J].中国发展观察，2016（4）：34—40.

[106] 吕铁，江鸿．从逆向工程到正向设计——中国高铁对装备制造业技术追赶与自主创新的启示 [J].经济管理，2017（10）：6—19.

[107] 吕越，罗伟，刘斌．异质性企业与全球价值链嵌入：基于效率和融资的视角 [J].世界经济，2015，38（8）：29—55.

[108] 马慧园．推动中国向全球价值链中高端跃升 [EB/OL].https://mp.weixin.qq.com/s/l9Sl3CNwIumtY66Nc_k8Dw.

[109] 毛涛，高浚淇，白旻．美国重振制造业及其对《中国制造2025》实施的启示 [J].全球化，2017（5）：66—77+89+135.

[110] 毛蕴诗，黄程亮．创新追赶情境下技术学习推动产品升级的机制研究 [J].吉林大学社会科学学报，2017（4）：105—116.

[111] 毛蕴诗，黄程亮．企业研发网络与技术学习模式选择：一个文献综述 [J].学术研究，2017（5）：73—78.

［112］毛蕴诗，姜岳新，莫伟杰.制度环境、企业能力与 OEM 企业升级战略——东菱凯琴与佳士科技的比较案例研究 [J].管理世界，2009（6）：135—145.

［113］毛蕴诗，李洁明.替代跨国公司产品：中国企业升级的递进 [J].学术研究，2006（3）：44—48.

［114］毛蕴诗，林彤纯，吴东旭.企业关键资源、权变因素与升级路径选择——以广东省宜华木业股份有限公司为例 [J].经济管理，2016（3）：45—56.

［115］毛蕴诗，刘富先，李田.企业升级路径测量量表开发 [J].华南师范大学学报，2016（3）：103—117.

［116］毛蕴诗，罗顺均，熊炼.基于专业技术深化和应用领域拓展的企业升级——针对大族激光的案例研究与理论模型的提炼 [J].学术研究，2013（9）：57—65.

［117］毛蕴诗，孙赛赛，李炜.从传统产业跨向新兴产业的制高点——广东德豪润达的跨产业升级案例研究 [J].学术研究，2016（9）：104—110.

［118］毛蕴诗，孙赛赛.技术创新与产品替代：中国企业国际化进程研究——基于格力空调的案例研究 [J].当代经济管理，2016.4（4）：12—20.

［119］毛蕴诗，汪建成.基于产品升级的自主创新路径研究 [J].管理世界，2006（5）：114—120.

［120］毛蕴诗，王婕，郑奇志.重构全球价值链：中国管理研究的前沿领域 [J].学术研究，2015（15）：85—93.

［121］毛蕴诗，温思雅.基于产品功能拓展的企业升级研究 [J].学术研究，2012（5）：75—82.

［122］毛蕴诗，温思雅.企业渐进式升级、竞争优势与驱动因素研究[J].东南大学学报，2014（2）：31—40.

［123］毛蕴诗，张伟涛，魏姝羽.企业转型升级：中国管理研究的前沿领域 [J].学术研究，2015（1）：72—82.

［124］毛蕴诗，郑奇志.基于微笑曲线的企业升级路径选择模型——理论框架的构建与案例研究 [J].中山大学学报（社会科学版），2012，52（3）：162—174.

［125］毛蕴诗，郑奇志.论国际分工市场失效与重构全球价值链——新兴经济体的企业升级理论构建 [J].中山大学学报（社会科学版），2016（2）：175—187.

［126］毛蕴诗.中小企业升级的专精发展路径 [J].视野，2015（4）：10—15.

［127］毛蕴诗.重构全球价值链 [J].清华管理评论，2016（6）：34—39.

［128］苗圩.“中国制造2025”落地有声 [OL].http://www.360doc.com/ content/16/0718/18/16788185_576577090.shtmlhttp://mp.Weixin.qq.com/s?_biz=MjM5OTUw,2017.11.15.

［129］倪红福.全球价值链中产业“微笑曲线”存在吗？——基于增加值平均传递步长方法 [J].数量经济技术经济研究，2016（11）：111—126.

［130］农村金融时报：如何弥补短板、支持实体经济？保监会告诉你 [EB/OL].2017.09.21. https://mp.weixin.qq.com/s/BFVz1fgc3ESGIJhqhPZV6A.

［131］裴长洪.我国对外贸易发展：挑战、机遇与对策 [J].经济研究，2005（9）：103—112.

［132］齐俊妍，王岚.贸易转型、技术升级和中国出口品国内完全技术

含量演进 [J]. 世界经济，2015（3）：29—56.

［133］秦全胜. 补齐核心技术人才短板需用非常之策 [EB/OL]. 2018.6.18.
https://www.italents.cn/journal/542.html.

［134］秦升."一带一路"：重构全球价值链的中国方案 [J]. 世界经济
合作，2017（9）：11—16.

［135］青州泓德物流创业园：振兴实体经济，要补生产性服务业短板 [EB/OL].
2017.03.04. https://mp.weixin.qq.com/s/NGModRowDvU_9xPDhngtSQ.

［136］求是网. 为核心技术创新注入"新动能"[EB/OL]. 2018.7.19.
http://www.qstheory.cn/laigao/2018-07/19/c_1123151346.htm.

［137］人民日报. 补短板：当前深化供给侧结构性改革的重点任务
（经济形势理性看）[EB/OL].2018.10.10.http://news.youth.cn/
gn/201810/t20181010_11750023.htm.

［138］人民网. 国家质检总局：过半数强制性标准需要废止或转化 发
力解决标准缺失问题 [EB/OL].2017.3.14.http://finance.people.
com.cn/n1/2017/0314/c1004-29144857.html.

［139］任保全，刘志彪，任优生. 全球价值链低端锁定的内生原因及机
理 [J]. 世界经济与政治论坛，2016，（5）：1—23.

［140］任保全，刘志彪，任优生. 战略性新兴产业技术创新的驱动力：
出口还是本土需求 [J]. 财经科学，2016（12）：77—89.

［141］任曙明，原毅军，王洪静. 损失厌恶、需求萎缩与装备制造业技
术升级 [J]. 科学学研究，2012（3）：387—393.

［142］任妍. 中国产业赶超型自主创新研究 [D]. 吉林大学，2016.

［143］软件 IC 网. 决策参考 | 技术＋资本，电子信息产业发展的两翼
[EB/OL]. 2015.7.7. https://mp.weixin.qq.com/s/QIt6PfJz9UOz-
JKbP1-MSRQ.

［144］桑百川.全球经济治理体系变革与碎片化风险防范 [J].国际贸易，2017（12）：4—8.

［145］尚涛.全球价值链中代工企业能力转型、持续升级与支撑机制构建 [J].中国科技论坛，2016（6）：55—61.

［146］邵安菊.全球价值链重构与我国产业跃迁 [J].宏观经济管理，2016（2）：74—78.

［147］沈坤荣，李剑.中国贸易发展与经济增长影响机制的经验研究 [J].经济研究，2003（5）：32—40.

［148］盛斌.中国与全球经济治理：从规则接受者到规则参与者 [J].南开学报（哲学社会科学版），2018（5）：18—27.

［149］石蕾.发达国家知识产权保护研究及启示 [J].科技管理研究，2012，32（17）：167—169+186.

［150］石耀东.实现从"微笑曲线"到"武藏曲线"和"数字化曲线"的倒 U 型反转——我国制造业数字化转型升级的趋势与路径 [EB/OL].微信公众平台，https://mp.weixin.qq.com/s/RScY7Zu50uHUWKtLnPL5EQ.

［151］宋耘，姚凤，唐秋粮.网络能力对企业产品升级影响的实证研究 [J].学术研究，2013（9）：66—73.

［152］苏东坡，柳天恩，李永良.模块化，全球价值链与制造业集群升级路径 [J].经济与管理，2018（4）：54—61.

［153］苏敬勤，刘静.产品升级导向下的自主创新路径选择：理论与案例 [J].科学学与科学技术管理，2011（11）：65—71.

［154］苏庆义.中国以负责任的姿态应对中美贸易摩擦 [EB/OL].微信公众平台，https://mp.weixin.qq.com/s/QiH80De7hkQNGunfNn7xww.

［155］孙笛.德国工业 4.0 战略与中国制造业转型升级 [J].河南社会

科学，2017，25（7）：21—28.

[156] 孙慧莹. 中国装备制造业参与全球价值链分工的低端锁定问题研究 [D]. 大连海事大学，2018.

[157] 孙淑鸿，石蕾. 高校引进海外高层次人才工作中的问题与对策 [J]. 现代商业，2016（6）：64—65.

[158] 覃毅. 品牌主导型产业迈向全球价值链中高端路径探析 [J]. 经济学家，2018（5）：32—38.

[159] 唐春晖，曾龙风. 资源，网络关系嵌入性与中国本土制造企业升级案例研究 [J]. 管理案例研究与评论，2014，7（6）：477—490.

[160] 唐卫红. 中美贸易摩擦背景下中国产业政策重构研究 [J]. 产业创新研究，2018：5—9.

[161] 滕晓梅. 基于全球价值链下我国服装业产业升级对策研究 [J]. 理论探讨，2011（2）：91—95.

[162] 田智宇，杨宏伟. 完善绿色财税金融政策的建议 [J]. 宏观经济管理，2013（10）：24—26.

[163] 佟家栋，谢丹阳，包群. "逆全球化"与实体经济转型升级笔谈 [J]. 中国工业经济，2017（6）：5—57.

[164] 童莉霞. 完善中国绿色发展政策的方向 [J]. 经济，2018(8).

[165] 汪建成，毛蕴诗，邱楠. 由 OEM 到 ODM 再到 OBM 的自主创新与国际化路径 [J]. 管理世界，2008（6）：148—160.

[166] 汪建成，毛蕴诗. 从 OEM 到 ODM、OBM 的企业升级路径 [J]. 中国工业经济，2017（12）：110—116.

[167] 汪建成，毛蕴诗. 技术引进、消化吸收与自主创新机制 [J]. 经济管理，2007（3）：22—27.

［168］王晶晶，张娜．关注中美贸易摩擦升级 [EB/OL]．微信公众平台，https://mp.weixin.qq.com/s/Ow04752HQCRv8szNOLncqg.

［169］王静．全球价值链中的中国汽车产业升级研究 [D]．吉林大学，2013．

［170］王俊，王春伟．创新驱动和绿色发展的支持性政策研究 [J]．胜利油田党校学报，2016，29（6）：99—103．

［171］王书会．中兴事件对产业强国战略推进的影响因素研究 [J]．学术论坛，2018：170—172．

［172］王喜文．中国制造 2025 解读 [M]．机械工业出版社，2015：38—177．

［173］王永进，盛丹，施炳展，李坤望．基础设施如何提升了出口技术复杂度？[J]．经济研究，2010，45（7）：103—115．

［174］王直，魏尚进，祝坤福．总贸易核算法：官方贸易统计与全球价值链的度量 [J]．中国社会科学，2015（9）：108—206．

［175］王子何，易颖达，魏文郁．"一带一路"倡议下我国对外产业转移趋势研究 [J]．现代商贸工业，2018，39（2）：5—6．

［176］魏峰，周源，薛澜．中国制造数控一代产品升级与有组织创新——以泉州数控一代创新工程为案例 [J]．中国工程科学，2016（6）：110—116．

［177］文新，龚三乐．产业主导权的内涵、评价标准与构建途径 [J]．学术论坛，2015（5）：31—35．

［178］吴海瑾．基于产业价值链分拆理论的产业高端化研究 [J]．山东社会科学，2009（2）：108—110．

［179］冼国明，文伟东．FDI、地区专业化与产业集聚 [J]．管理世界，2006（12）：18—31．

［180］肖静华，毛蕴诗，谢康．基于互联网及大数据的智能制造体系与中国制造企业转型升级 [J].产业经济评论，2016：5—16.

［181］肖仁桥，钱丽．中国高技术产业创新效率其影响因素研究 [J].管理科学，2012（5）：85—98.

［182］熊珍琴，辛娜．中国制造业突破全球价值链低端锁定的战略选择 [J].福建论坛（人文社会科学版），2015（2）：34—38.

［183］徐宁，皮建才，刘志彪．全球价值链还是国内价值链——中国代工企业的链条选择机制研究 [J].经济理论与经济管理，2014（1）：62—74.

［184］央广网．习近平在中共中央政治局第二次集体学习时强调：实施国家大数据战略加快建设数字中国.

［185］央视网．习近平在中共中央政治局第九次集体学习时强调：加强领导做好规划明确任务夯实基础　推动我国新一代人工智能健康发展 [EB/OL]. http://news.youth.cn/sz/201810/t20181031_11770499.htm.2018.10.30.

［186］杨超，林建勇．对外直接投资、吸收能力与中国产业升级——基于中国省级面板数据的实证检验 [J].管理现代化，2018（5）：27—30.

［187］杨桂菊，程兆谦，侯丽敏，李斌．代工企业转型升级的多元路径研究 [J].管理科学，2017（4）：124—138.

［188］杨桂菊，刘善海．从 OEM 到 OBM：战略创业视角的代工企业转型升级——基于比亚迪的探索性案例研究 [J].科学学研究，2013（2）：240—249.

［189］杨桂菊．代工企业转型升级：演进路径的理论模型 [J].管理世界，2010（6）：132—142.

［190］杨勇，达庆利.企业产品升级投资决策研究 [J]. 中国管理科学，2005（1）：65—70.

［191］叶文英.全球治理视域下"上海精神"的弘扬路径 [J]. 党政论坛，2018（9）：46—49.

［192］尹继元.重构国际经贸新秩序 增强中国经济竞争力：应对中美贸易战的策略和选择 [J]. 产业与科技论坛，2018（16）：85—87.

［193］尹玉林.功能升级视角下的企业升级路径研究——以 TH 公司为例 [J]. 企业改革与管理，2017（22）：41.

［194］于津平.全球经济治理体系的变革与中国的作用 [J]. 江海学刊，2018（3）：80—86.

［195］于志强.全球价值链下我国服装产业集群升级研究 [D]. 河北工业大学，2014.

［196］余珮.美国再工业化背景下中美制造业嵌入全球价值链的比较研究 [J]. 经济学家，2017（11）：88—96.

［197］余姗，樊秀峰.自主研发、外资进入与价值链升级 [J]. 广东财经大学学报，2014，29（3）：55—63.

［198］遇芳.中国对外直接投资的产业升级效用研究 [D]. 中国社会科学院，2013.

［199］袁新涛."一带一路"建设的国家战略分析 [J]. 理论月刊，2014（11）：5—9.

［200］原毅军，耿殿贺.中国重大技术装备制造业的技术升级路径选择——政府介入下的业主与中外厂商博弈研究 [J]. 技术经济，2009（9）：23—28.

［201］原毅军，孙大明.FDI 技术溢出、自主研发与合作研发的比较——基于制造业技术升级的视角 [J]. 科学学研究，2017（9）：

1334—1347.

[202] 原毅军，孙大明.合作研发影响制造业技术升级的机理及实证研究 [J].经济学家，2017（8）：49—55.

[203] 张宏、王建.中国对外直接投资与全球价值链升级 [M].中国人民大学出版社，2013.

[204] 张化尧.全球制造网络中本土企业技术能力升级：分析框架的构建 [J].现代管理科学，2012（2）：39—40.

[205] 张慧明，蔡银寅.中国制造业如何走出"低端锁定"——基于面板数据的实证研究 [J].国际经贸探索，2015，1（1）：52—65.

[206] 张建忠.链主控制与中国产业安全 [D].南京大学，2011.

[207] 张杰，刘志彪.全球化背景下国家价值链的构建与中国企业升级 [J].经济管理，2009（2）：21—25.

[208] 张杰.中美经济竞争的战略内涵：多重博弈特征与应对策略 [J].世界经济与政治论坛，2018（3）：1—22.

[209] 张丽.中国纺织服装业攀升全球价值链高端研究 [D].兰州财经大学，2018.

[210] 张莉.解读《中国制造 2025》[EB/OL].2015.07.15.http://www.chinatoday. com.cn/ Chinese/economy/fxb/201507/t20150715_800035214.html.

[211] 张明之，梁洪基.全球价值链重构中的产业控制力——基于世界财富分配权控制方式变迁的视角 [J].经济管理，2016（7）：35—47.

[212] 张茉楠.全面提升"一带一路"战略发展水平 [J].宏观经济管理，2015（2）：20—24.

[213] 张茉楠.全球"再工业化"下的中国困境与战略突围 [J].财经界，2013（2）：50—52.

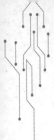

［214］张其春，郗永勤.基于"四链"协同升级的战略性新兴产业发展研究——以我国稀土产业为例［J］.当代财经，2015（5）：86—96.

［215］张若雪.中国电子产业发展及价值链升级——中美德日比较分析［J］.新经济，2016（29）：28—30.

［216］张少军，刘志彪.国内价值链是否对接了全球价值链——基于联立方程模型的经验分析［J］.国际贸易问题，2013（2）：14—27.

［217］张少军，刘志彪.产业升级与区域协调发展：从全球价值链走向国内价值链［J］.经济管理，2013（8）：30—40.

［218］张少军，刘志彪.全球价值链与全球城市网络的交融［J］.经济学家，2017（6）：33—41.

［219］张少军.全球价值链与国内价值链——基于投入产出表的新方法［J］.国际贸易问题，2009（5）：108—113.

［220］张舒.产业升级路径：产品质量阶梯的视角［J］.财经问题研究，2014，10（10）：41—47.

［221］张莹婷.《中国制造2025》解读之：制造强国"三步走"战略［J］.工业炉，2018，40（5）：51.

［222］张幼文.经济全球化与国家经济实力——以"新开放观"看开放效益的评估方法［J］.国际经济评论，2005（10）：5—9.

［223］张玉来.日本制造业新特征及其转型之痛［J］.现代日本经济，2018，37（4）：35—47.

［224］朱帅.美国制造业近期数据分析及形势研判［N］.中国经济时报，2018.06.08(005).

［225］赵放，曾国屏.全球价值链与国内价值链并行条件下产业升级的联动效应——以深圳产业升级为案例［J］.中国软科学，2014（11）：50—58.

［226］赵剑波，吕铁.中国企业如何从"逆向并购"到"逆向吸收"？——以工程机械制造业跨国并购为例 [J].经济管理，2016（7）：35—47.

［227］赵玲等.关于高质量开放若干问题的理论思考 [J].南开学报（哲学社会科学版），2018（5）：11—17.

［228］赵薇.我国高铁动车组技术创新机制研究 [D].北京交通大学，2016.

［229］郑江淮，高彦彦，胡小文.企业"扎堆"、技术升级与经济绩效——开发区集聚效应的实证分析 [J].经济研究，2008（5）：33—46.

［230］中国科学报.百名院士解读习近平科技创新思想：化解产能过剩的根本出路是创新 [EB/OL].微信公众平台，https://mp.weixin.qq.com/s/Nw6cHnOzI-ibG-uG9K-EiQ.

［231］中国廉政文化建设网.高质量发展要补齐创新制度短板 [EB/OL].2018.05.03. https://mp.weixin.qq.com/s/yGhx0himRUXduvVWhmJuDA

［232］中国新闻网.中国制造如何前行？练内功补短板 [EB/OL].2018.07.18. https://finance.sina.com.cn/china/gncj/2018-07-18/doc-ihfnsvza2851017.shtml.

［233］钟昌标.国内区际分工和贸易与国际竞争力 [J].中国社会科学，2002（1）：94—100.

［234］周静.全球产业链演进新模式研究 [J].上海行政学院学报，2016，17（3）：79—87.

［235］周其仁.中国经济增长的制度基础 [J].北京大学学报（哲学社会科学版），2010（1）：18—22.

［236］周升起等.中国制造业在全球价值链国际分工地位再考察：基于

Koopman 等的"GVC 地位指数"[J]. 国际贸易问题，2014（2）：3—12.

[237] 周子勋，隆国强. 以开放创新打造中国国际竞争新优势 [EB/OL]. 2017.1.16. https://mp.weixin.qq.com/s/gJlzudkM5e4rH06P-qsB-jA.

[238] 朱建安，周虹. 发展中国家产业集群升级研究综述：一个全球价值链的视角 [J]. 科研管理，2008（1）：115—121.

[239] 朱正奎. 新中国科技创新政策的文本与实施效果分析 [J]. 科技管理研究，2013，33（9）：18—22.

[240] 邹康乾. 中国汽车产业全球价值链位势分析 [D]. 辽宁大学，2017.

[241] Acemoglud, Antrasp, Helpmane. Contracts and technology adoption[J]. American Economic Review, 2007, 93(3): 916-943.

[242] Antras, P., Chor, D., Fally, T., et al. Measuring the upstreamness of production and trade flows[J]. The American Economic Review, 2012, 102(3): 412-416.

[243] Arrow, K. J. , and M. Kurz.Public Investment, the Rate of Return, and Optima l Fiscal Policy.The John Hopkins Press, 1970.

[244] Bai C-E, Du Y., Tao Z., et al. Local protectionism and regional specialization: Evidence from China's industries[J]. Journal of International Economics, 2004, 63(2): 397-417.

[245] Bamber Penny, Brun Lukas, Stacey Frederick and Gary Gereffi. Global value chains and economic development[J]. Global Value Chains Center, 2017.9.

[246] Correa, H. L. , L. M. Ellram, A. J. Scavarda, and M. C. Cooper.

An operations management view of the service and goods mix. International Journal of Operations and Production Management, Vol. 2007, 27(5): 444-463.

[247] Dunn, E., Sebstad, J., Batzdorff, L., et al. Lessons learned on MSE upgrading in value chains[J]. USAID, Washington, DC, 2006.

[248] Foster, N., R. Stehrer, and G. D. Vries. Trade in Value Added and Factors—A Comprehensive Approach[R]. WIOD Working Paper, 2011.

[249] Gereffi, G. International trade and industrial upgrading in the apparel commodity chain[J]. Journal of International Economics, 1999, 48(1): 37-70.

[250] Gereffi Gary, Karina Fernandez-Stark. Global value chain analysis: a primer[J]. Research Gate, 2016（6）.

[251] Gereffi Gary. International trade and industrial upgrading in the apparel commodity chain[J]. Journal of International Economics, 1999: 37-70.

[252] Girma, S. Absorptive capacity and productivity spillovers from FDI: A threshold regression analysis[J]. Oxford Bulletin of Economics & Statistics, 2010, 67(3): 281-306.

[253] Giuliani, Elisa, Carlo Pietrobelli, Roberta Rabellotti.Upgrading in global value chains: Lessons from Latin American clusters[J]. World Development, 2005（4）: 549-573.

[254] Gorg, H., Greenaway, D. Much ado about nothing? Do domestic firms really benefit from foreign direct investment[J]. World

Bank Research Observer, 2004, 19(2): 171-197.

[255] Grieger, M. Electronic marketplaces: A literature review and a call for supply chain management research[J]. European Journal of Operational Research, 2003, 144(2): 280-294.

[256] Grewal, R., Comer, J. M., Mehta, R. An investigation into the antecedents of organizational participation in business-to-business electronic markets[J]. Journal of Marketing, 2001, 65(3): 17-33.

[257] Haskel, J. E., Pereira S. C., Slaughter, M. J. Does inward foreign direct investment boost the productivity of domestic firms? [J]. Review of Economics & Statistics, 2007, 89(3): 482-496.

[258] Hummels, D., J. Ishii, and K. Yi. The nature and growth of vertical specialization in world trade[J]. Journal of International Economics, 2001(54): 75-96.

[259] Humphrey, J., Schmitz, H. How does insertion in global value chains affect upgrading in industrial clusters? [J]. Regional Studies, 2002, 36(9): 1017-1027.

[260] Jean, R. J. B., Sinkovics, R. R., Cavusgil, S. T. Enhancing international customer-supplier relationships through IT resources: A study of Taiwanese electronics suppliers[J]. Journal of International Business Studies, 2010, 41(7): 1218-1239.

[261] Johnson, R. C., and G. Noguera. Accounting for intermediates: Production sharing and trade in value added[J]. Journal of International Economics, 2012, 86(2): 224-236.

[262] Jiang, Xiao and Milberg, William. Vertical specialization and in-

dustrial upgrading: A preliminary note (April 2, 2012). Available at SSRN: https: //ssrn.com/abstract=2141267.

[263] Knight, G. A., Cavusgil, S. T. Innovation, organizational capabilities, and the born-global firm[J]. Journal of International Business Studies, 2004, 35(2): 124-141.

[264] Koopman, R., P. William, Zh. Wang, and Sh. J. Wei. Tracing value-added and double counting in gross exports[J]. American Economic Revies, 2014, 104(2): 459-494.

[265] Koopman, R., Zh. Wang, and Sh. J. Wei. How much of Chinese exports is really made in China? Assessing domestic value-added when processing is pervasive[R]. NBER Working Paper, 2008.

[266] Ma, H., Zh. Wang, and K. F. Zhu. Domestic content in China's exports and its distribution by firm ownership[J]. Journal of Comparative Economics, 2015, 43(1): 3-18.

[267] MÄRrthaRehnberg, Stefano Ponte.3D printing and global value chains: How a new technology may restructure global production[J]. Global Production Network Centre, Faculty of Arts & Social Science, 2016.

[268] Moreno, R., Lopez-Bazo, E.and Artis, M. Public infrastructure and the performance of manufacturing industries: Short and long-run effects. Regional Science and Urban Economics, Vol. 2002, 32(1): 97-121.

[269] Milberg, W., Winkler, D. Economic and social upgrading in global production networks: Problems of theory and measurement [J]. International Labour Review, 2011, 150(3 - 4): 341-

365.

[270] Mwasilu, F., Justo, J. J., Kim, E. K., et al. Electric vehicles and smart grid interaction: A review on vehicle to grid and renewable energy sources integration[J]. Renewable and Sustainable Energy Reviews, 2014, 34: 501-516.

[271] Perdomo-Ortiz, J., González-Benito, J., Galende J. Total quality management as a forerunner of business innovation capability[J]. Technovation, 2006, 26(10): 1170-1185.

[272] Pietrobelli, Carlo and Rabellotti, Roberta. Upgrading to Compete Global Value Chains, Clusters, and SMEs in Latin America. Harvard University Press, 2006.

[273] Poncet, Sandra. Measuring Chinese domestic and international integration[J]. China Economic Review, 2003, 14(1): 1-21.

[274] Ponte, S., Ewert, J. Which way is "up" in upgrading? Trajectories of change in the value chain for South African wine[J]. World Development, 2009, 37(10): 1637-1650.

[275] Reiskin, E. D., White, A. L., Johnson, J. K., et al. Servicizing the chemical supply chain[J]. Journal of Industrial Ecology, 2010, 3(2-3): 19-31.

[276] Robert W. Lucky.Cloning silicon valley[J]. North American, 2014.

[277] Schmitz, H., Knorringa, P. Learning from global buyers[J]. Journal of Development Studies, 2000, 37(2): 177-205.

[278] Seth Pipkin, Alberto Fuentes.Spurred to upgrade: A review of triggers and consequences of industrial upgrading in the global

value chain literature[J].World Development, 2017.05.009: 536-554.

[279] Sovacool, B. K., Hirsh, R. F.. Beyond batteries: An examination of the benefits and barriers to plug-in hybrid electric vehicles (PHEVs) and a vehicle-to-grid (V2G) transition[J]. Energy Policy, 2009, 37(3): 1095-1103.

[280] Stacey Frederick, Penny Bamber, Lukas Brun, Jaehan Cho, Gary Gereffi, and JoonkooLee.Korea in global value chains: Pathways for industrial transformation[J]. Global Value Chains Center, 2017.

[281] Sturgeon, T. The Governance of Global Value Chains: Implications for Industrial Upgrading[C] Global Value Chains Workshop "Industrial Upgrading, Offshore Production, and Labor"(9-10 November), Social Science Research Institute, Duke University. 2006.

[282] White, A. L. ,M. Stoughton, and L. Feng.Servicizing: The Quiet Transition to Extended Product Responsibility, Boston : Tellus Institute, 1999.

[283] Xing, Y., Detert, H.How the iPhone Widens the United States Trade Deficit with the People's Republic of China [R], ADBI Working Paper, No.257, 2010.

[284] Yamin, M, Sinkovics, R. R. Online internationalisation, psychic distance reduction and the virtuality trap[J]. International Business Review, 2006, 15(4): 339-360.

[285] Yeung, H. W. Governing the market in a globalizing era: Devel-

opmental states, global production networks and inter-firm dynamics in East Asia [J]. Review of International Political Economy, 2014, 21(1): 70-101.